〈死者/生者〉論

──傾聴・鎮魂・翻訳──

鈴木岩弓・磯前順一・佐藤弘夫［編］

ぺりかん社

はじめに

鈴木　岩弓

「死」という言葉、「死」をテーマにした話題が、日本社会の前面で現在のように平然と語られるようになったのはいつ頃からのことでしょうか？

私が「死」に関する宗教民俗学的研究を始めた一九七〇年代後半、「死」は、その言葉と共にタブーの対象として社会の表面からは隠された存在でした。大学院生であった当時、死者の魂が籠もる山と考えられていた、下北の恐山や山寺立石寺、庄内の「もりの山」などの山上霊地における死者観念や他界観念を研究していた私は、自己紹介で研究内容に触れなければならない時には、「死」あるいは「死者」の言葉を使わないで説明することが常でした。「祖先崇拝の研究をしています」「人生儀礼の研究をしています」……のように。こうした処世術を身につけてしまった背景には、たまたま「死」や「死者」の言葉を使って自己紹介をしてしまった際に、相手の眼差しがたちまち汚らわしいものを見るように変化し、私との話を打ち切るような態度に変わってしまった経験をしたからでした。かかる反応は、一般の人のみならず、研究者からも見られました。フィリップ・アリエスの言う、「タブー視される死」の時代だったのでしょう。

ところが現代の日本社会においては、「死」あるいは「死」に関連する事柄は以前に比べてことさら隠蔽されることはなく、特にマスコミを通じた日常生活の表面でもしばしば目に触れる機会があります。例えば、『週刊東洋経済』や『週刊ダイヤモンド』といった共に百年以上も続く経済専門誌においてすら、ここ何年かは「葬儀」「墓」「終活」などといった「死」にかかわるキーワードで構成される特集号が、毎年一回は刊行されて売り上げを伸ばしています。

そうした変化が、いつ、どのような契機で引き起こされたかの線を引くことは、なかなか難しい問題です。ただその契機の一つとして、私が注目すべきと思っているのが「脳死問題」です。これは具体的には一九八五年十二月に刊行された、『中央公論』一九八六年一月号に掲載された立花隆の「脳死」という記事の刊行に象徴的に示されています。

当時の日本では、人の「死」の決め手を従来までの「三徴候の死」とするか、臓器移植を前提とした「脳死」とするかで意見を戦わせている最中でした。こうした時期にまとめられ、その後も引き続き展開された立花隆の記事は、ある意味、脳死をめぐる議論を解き明かしていった啓蒙的好著と言うことができます。かかる議論が世間を巻き込んで提出した最大の功績は、「死」というものが人の手を離れた〝真理〟としてあるのではなく、あくまで人が決める問題であることが示された点でした。即ち、臓器移植に伴って「三徴候の死」か「脳死」かといった「死」の選択の問題が浮上したことで、人は改めて、「死」とは人が選択できる問題であってアプリオリに存在する〝真理〟などではない、ということを認識したのです。言ってみれば、「脳死問題」を通じて「死は文化である」ということが白日の下に示されたと言うことができると思います（以上に関しては、拙稿「死の認識の変遷——現代社会の死の文化」、『変容する死の文化——現代東アジアの葬送と墓制』東京大学出版会、二〇一四年を参照）。

こうして一九八〇年代半ば以降の日本において、「死」は、専門家のみが語ることのできる敷居の高い存在ではなく、一般の人々にとって近しい存在へと姿を徐々に変えてきました。考えてみれば、「死」は誰にでも訪れるものです。とするなら、「死」にかかわる問題に物言うのは、専門家然とした「死」の研究者のみならず、身近な「死」、自己の「死」とかかわらざるを得ない一般の人々にとっても当たり前のことなのでしょう。

そうした変化は、とりわけ社会変動の波に対応する葬送墓制をめぐる新たな動向として次々に現れ、それが今に至るまでさまざまに展開してきています。思いつくままに挙げてみても、葬儀の面においては、葬祭専門業者の参画度合いの急増、自宅葬の減少と会館葬の増加、葬儀規模の縮小化、無宗教葬の増加や葬儀自体を行わない直葬の増加等といったことが。また墓制においては、従来型の墓を作らない樹木葬や散骨の登場、イエ意識の希薄化に伴う墓じまいとしてのイエ墓から永代供養墓への移行等。こうした変化の背後には、少し前までの日本における「死」をめぐる習俗には〝当然〟見られた血縁・地縁・社縁などといった人と人との繋がりが変容し、併せて価値観も大きく変わってきていることが示されています。

このように「死」をめぐる文化的状況が変化のうねりの中にあった日本におき、二〇一一年三月十一日、東日本大震災が勃発しました。そこで犠牲となった、一人一人、掛け替えのない個性をもった死者の総数は一万五千人をはるかに超え、わが国では近来まれな大量死、更に言うなら大量な突然死が生まれたのでした。それが故に震災の被災地やその周辺では、身近に生じた突然の「死」をめぐって、さまざまな人生模様が繰り広げられていました。

本書においては、そうした被災地の人々と直接・間接に触れあった〝場〟が基点となって、死者と生者の関係をそれぞれの問題関心から追究してきた、共同研究者それぞれの思索の足跡がまとめられています。実は、本企画に参加した人々の観点や方法はバラバラで、お互いそれまでお会いする機会のなかった初対面の方々もいらっしゃいました。そんな中での共通点と言えば、国際日本文化研究センターの磯前順一さんの呼びかけに応えて集まった、というただ一点のみではなかったでしょうか。

磯前さんは、良くも悪くもクセの強い研究者ですが、彼の元に集まった研究会の参加者たちは、おそらく彼のクセを〝魅力〟として受け入れ、共に歩を進めることに違和感をもたない人々だったのではないかと思います。と言いますのは、さまざまな観点をもった参加者達の異なった考え方を整理し、もっとマクロな視点から位置関係を整えていこうとする際の磯前さんの秀でた分析能力は、心地よささえ伴って、研究会での議論を楽しいものに深化させてくれてきたからです。研究会に参加させていただいて来た私自身も、私の研究内容を思わぬ視角から切り分け再構成して提示してくださる磯前さんからは、毎回非常に斬新な刺激を受けさせていただいてきました。そしてさらに、共同研究の成果をそうした人間関係の中で論文集にまとめ上げようと企画されてこられたその行動力に対しても、心より敬服しております。その意味からも、この論文集に参加できましたこと、深謝する次第です。

さらに磯前さんは、本書の企画を作るにあたり、私の定年退職祝いの意味も込めるという心憎いご配慮をして下さいました。こうした情に篤い磯前さんご自身に対し、また磯前さんをキーパーソンとして集まり、議論の時間を共有した共同研究者のみなさまに対し、そして、その場を与えて下さった国際日本文化研究センターに対しまして今一度感謝申し上げます。

〈死者／生者〉論＊目次

序章　見えないものを語るために

磯前　順一

宗教者による鎮魂の祈り（金田諦応氏提供）

身代わりの私が語るあなたの物語は、今ここに生きる私自身の限りある言葉では語りようがありません。語らぬままでは、私は生きてはいけません。生きている甲斐がありません。語りえないことだからこそ、語られねばならないのです。それはいつかきっと語られる、私を越えた私の言葉で。そう信じているのです。私はここにいます。私は語ります。

——姜信子『声　千年先に届くほどに』

現状否認という事実

東日本大震災が起きてから六年の歳月が経ちました。現在、東北地方の研究者たちは口々に次のように話します。今回の出来事を被災地だけの経験に囲い込むことなく、世界中の人々と共有していくべきだ。東北大学の鈴木岩弓さんは災害から一ヵ月後に東北を訪れた私にこう言いました。「不謹慎な言い方になってしまうけれど、今回の出来事を大きなチャンスにしなければだめなんだよね」。そうです、そこから新しい宗教観や学問が生い立つチャンスにしなければならないのです。それだけの大きなかつ深刻な出来事だったのですから。それこそが犠牲になった人々に対して生き残った者ができる精一杯の鎮魂行為であるように私にも思えます。では、どうやったら被災者や死者の苦しみを被災しなかった者たちが共有することができるものなのでしょうか。

この六年間で、被災地を取り巻く状況は随分変わったように思います。災害が起った当初は、日本中の、否、世界中の人々が、テレビに映し出された無残な光景に涙しました。そして、「絆」や「がんばれ日本」という言葉がまたたくまに日本中を覆い尽くしたのです。「災害共同体」という言葉がありますが、東北の被災地だけでなく、日本中がその痛みを思いやるひとつの家族のようでした。

だが、こうした状況は長くは続きませんでした。「復興」が進んでいくと、被災地の中に亀裂が顕わになってきました。土木工事などの復興景気でにぎわう仙台やいわきのような都市と、更地のままになった海岸部の村々。それでも住民が戻りつつある宮城県以北の地域と、放射能の影響で帰還困難な福島県の原発周辺地域。復興が進めば進むほど、被災地の内部での地域格差は震災以前に増して大きくなっていきました。三年目には仙台やいわき市内で「がんばれ東北」といったスローガンを目にすることは殆どなくなりました。東北や日本全体がひとつの共同体だという意識が白々しく思えるほど、その格差は大きくなってしまったのです。

福島県の海岸部にある湯本温泉もまた、東日本大震災で大きな被害をこうむった地域です。海から離れているために津波の被害はありませんでしたが、地震で旅館の建物が損壊して、しばらく休業を強いられた旅館も少なくなかったのです。放射能に汚染された海では漁ができなくなり、自慢の地元の魚介類を料理に出すことも出来なくなりました。それでもこの温泉街は風評被害に負けまいと観光地としての復興を目指していますが、土木業者や東電関係者が利用する施設として生計を立てているのが現実なのです。

そのなかで、放射能汚染は否定できない現実だとして、観光旅館からビジネスホテルへと営業方針を転換した業者もいます。日ごろはビジネスマンや運動部合宿の学生たちに宿舎を提供し、希望者がいれば周辺地域の被災地ツアーをおこなうといった経営です。本人たちにとっては足元を見据えた現実的な路線ということになりますが、観光地としての復興の立場を取る人たちからすれば地域の足並みを乱すものと映じたのでしょう。少なからぬ軋轢がこの温泉街の内部にも生じました。

ここから震災復興をめぐる現実の一端を垣間見ることができます。復興といっても、震災以前の状態に戻れる地域ばかりではありません。原発の放射能漏れの影響を受けた地域では観光の復興以上に、農林業や漁業の復興はまったく見通しが立ちません。土も森林も海にも放射能が蓄積しているのです。

除染作業と言っても地表を数センチ削るのが精一杯で、森林や海など、居住地から離れた広大な空間は手付かずのままになっています。

元の状態に戻れない以上、違う方向を模索するのが現実的な選択のはずです。しかし、こうした意見を復興の妨げとして封じようとする声が行政というよりも、住民の中から沸き起こってしまう事態が、震災復興をめぐる問題の難しさを物語っています。今でも観光でやっていけるはずだ、遠からず農業や漁業が再開できる。確かにそれは、地域で生きようとする人々にとってはかけがえのない希望なのです。しかしそれが行き過ぎるならば、精神分析で「否認」と呼ばれる、現実に起きた出来事そのものを否定する心身症に罹ってしまうのです。意識の外に排除した不安は、そのまま追放しきることができず、そうです、「がんばれ東北」や「絆」といった思いやりの気持が、多様な声を抑圧して自他ともに傷つける感情にすり替わるのはたやすいことなのです。

そうした現実否認の症候は東北の被災地だけではありません。日本の社会全体にも明瞭に見て取ることができます。たとえば昨年から、国内の原発が順次再稼動させられ始めています。福島第一原発で起こったような放射能漏れなど起こるはずがない。自分たちの故郷が帰還困難地域になることなどないとして。しかも、そうした日本社会の姿勢は震災以降に始まったわけでもありません。沖縄に基地を置くことで、朝鮮戦争での特需で、福島のみならず日本各地の周辺地域に原発を設置することで、戦後日本社会の経済的な繁栄が勝ち取られてきたのは周知の事実です。阪神淡路大震災でも在日コリアンの人たちを中心とする零細家内工業の地域が復興から取り残されていきました。

こうした経済繁栄の犠牲を強いられた地域の人々の声、日本のみならず、韓国を初めとする東アジアの人々の声は、決して日本社会の中心をなす人々には届くことがありませんでした。声にならない声は、高度経済に沸き立つ大都市の嬌声によってかき消されてきたのです。東日本大震災があらわにした現実とは、そうした「犠牲のシステム」が戦後の日本社会の繁栄を支えてきたという、その恩恵を受けてきた多くの日本人にとっては認めがたい己れの醜い姿でした。しかし、それは日本だけではないはずです。今日の世界を覆うグローバル資本主義が経済格差を拡大することで、一部の人間だけが繁栄を享受するシステムに基づく以上、だれも避けられない現象なのです。

それでも誰かを犠牲にして、自分たちの幸福を手に入れることは、もう止めなければなりません。そこに私たちが、東日本大震災という日本の東北地方に起きた局所的な出来事にもかかわらず、世界中の人々が学ぶべき教訓があるのです。だからこそ、こうした声にならない声に耳を傾ける必要があります。かつて、インド人の研究者であるガヤトリ・スピヴァクは、植民地支配に苦しむ人々の状態を「サバルタンは語ることは出来ない」と呼び表しました。

サバルタンとは服従を強いられる弱い立場の人々のことです。社会的な権利をもたない人たちですから、彼らを社会的な意味で「死者」と捉えることも出来るでしょう。当事者である彼らは声を発することが出来ないのだから、そうした人たちの言葉を聞くことは永遠にできないとスピヴァクはいいます。だからこそ、彼ら死者の言葉を生者に届けるためのシャーマンのような存在が必要とされるのです。日本の東北地方もかつてイタコの活動が活発な地域でしたが、いまや死滅する危機を迎えています。

しかし死者の声を聞くと言っても、シャーマンたちが死者に憑依されただけでは、彼らの語る言葉が確かな意味をもつことはありません。死者たちの辛い思いに取り付かれただけでは、生き残った者は聞こえてくる様々な死者の声に悩まされ、統合失調症に陥ってしまうでしょう。死者の魂、そして生者の魂が救われるためには、死者の声の奥底にある、本当の願いを聞き届ける「翻訳」という特別な技術が求められているのです。

見えないものを語る

昨年の夏、仙台の大学に集中講義に出かけました。一年ぶりの東北訪問でした。一九九五年に起きたオウム真理教による地下鉄サリン散布事件。二〇一一年の東日本大震災。それは旧来の宗教のイメージを揺さぶるとともに、新たな宗教研究の萌芽をもたらしました。そうしたこの二十年間の宗教および宗教学の役割を、学生たちとともに考えるための訪仙でした。仙台の街はすっかり復興し、以前は至るところに掲げられていた「頑張れ東北」というキャッチコピーも見られなくなっていました。七夕祭りを直前に控えて観光客でにぎわう仙台の街を見て、私もすっかり嬉しい気持ちになりました。

夏休みに入ったから集中講義に参加する学生は六、七人といわれていたが、日に日に増えて三十人近い盛り上がりを見せていました。学生たちは、自分たちは現地調査を中心に研究を進めているので、理論を学びたいと口々に話していました。私が理屈っぽい論文を書いてきたからでしょうか。なぜ彼らが理論を学びたいのか、私にはいぶかしかったのです。そもそも「理論」とは彼らにとっても私にとっても、何を意味するものなのでしょうか。

二日目の夕方のことです。ゲストに招いた東北在住の山形孝夫先生が「見えないものを語るのが宗教学なんだよ」と話したとき、教室の感情が大きく動きました。一人の学生がおもむろに手を挙げたのです。「大川小学校にボランティアで通っています。遺族の方が校庭を指してこう言われたんです。『子供たちが今もここで遊んでいるのが見えますか』。気が動転してしまって、いまだ答えられないままなんです」。

八十歳に達したその先生は若い頃、自分の専門とするアフリカのキリスト教研究のためにサハラ砂漠の修道院にしばしば通っていたそうです。ある日、砂漠をさ迷っていると、遠くから自分を呼ぶ声が聞こえたのです。人などいるはずのない砂漠の只中で聞こえた声は、若くして亡くなった彼の母の声であったそうです。「聞こえてくる声、見えてくる光景に耳をふさいだり目を閉じたりしてはいけないんではないでしょうか」。その先生は学生に優しくそう答えました。学生は泣きじゃくりながらこういいました。「本当は私にも見えていたんですね。でも、それが苦しくて苦しくて。見えないことにしようとしていたんですね」。

大川小学校は子供たちの大半が津波に呑み込まれ亡くなってしまいました。その原因が教師にあったのではないかと、遺族と係争中でした。その学生は、こうした子供たちの魂が校庭にいることを認めたのならば、幽霊がいるようなことになってしまい、さらに遺族を傷つけるのではないかと苦しんでいたのです。「どちらが正しいかということは、死者の声に耳を傾けることにはならないと思うんです。二度とこうした惨事を繰り返さないために、みんなでどのように力を合わせていくか。それを考えることが供養だと思うんですよ」。沈黙が支配する教室のなかで先生の言葉が浮かび上がりました。

そのとき、もう一人の学生が目に涙をためながらにこう話しました。「震災から五年が経ちましたけれど、私も苦しかったんです。海外の留学から戻ってきた直後の地震でした。私自身も家族も無事でした。でも、あの地震が私の心のなかにも何か大きなゆれを引き起こしました。家族も自分も無事だったことが、とても苦しかったんです。でも私はそれを考えないように、大丈夫だよ、何も変わっていないよと思い込もうとしてきました。でもそうじゃなかったんですね」。教室自体が再び大きな感情の波に呑み込まれていきました。すすり泣く声があちこちで聞こえたのです。

震災から五年以上経っていた。京都からたまに東北を訪れるに過ぎない私は、かれらが教室の中でこれまでもそれぞれの体験を語り合い、共有した基盤を持っていたと信じ込んでいました。しかし、あの経験はそんな単純で柔なものではありませんでした。五年経っても言葉に出来ない経験に彼らは憑かれていたのです。被災した者はその被災の経験に苦しみ、被害の小さかった者は小さかったがゆえに罪意識に苦しんでいたのです。誰一人として教室でそうした話を切り出すことができないままの五年間だったそうです。見事に復興した仙台の街では、昼間は多くの人がショッピングを楽しみ、夜はイルミネーションが煌めくなか恋人たちが愛を語らっていました。しかし、その心のなかにはいまだ言葉にすることの出来ない暗闇が尽きることなく広がっているのを見た思いであったのです。

クラスの学生たちはそうした経験を言葉にすることで、すこしだけ気持ちが軽くなったようです。しかしそれでも、浮かない顔をしている学生が数人いました。翌日、彼らのひとりにその理由を尋ねてみました。「正直うらやましいです、泣けるなんて。私は福島の帰還困難地域から来ました。故郷の街にまだ戻れない人が沢山います。私も中学から高校時代にはいくつかの街を転々としていました。その後、大学に合格して仙台に来ました。私の街の人たちには表情自体がないんです」。彼女はうつむいて寂しそうに話してくれた。ふたたび、教室は静かな沈黙に包まれていきました。

そのとき彼らがなぜ理論を学びたいといったか、了解できたような気がしました。そう、彼らは沈黙に呑みこまれまいとして苦しんでいる。だから自分たちを包み込んでいる状況を言葉に表したいと願ったのでしょう。本書のもとになった二つの会議に参加した人たちもまた同じでした。被災地に関わった人間は、自分が被災したのではなくとも、被災した人たちを目の当たりにする中で、自分のなかに抱えきれない闇を抱え込み、どうしてよいのか分からずもがき苦しんでいました。だからこそ理論の力をとおして、見えないものを言葉によって形に表わしたかったのです。そのための言葉が「理論」と呼ばれるものなのです。

現場を歩けば多くの光景を目にすることができます。多くの体験を知ることができます。しかし、それを聴く者見る者をも闇に引き込む危険をはらみます。そうした現地の体験は、強い光に満ちた言葉によって形を与えて、被災地の外にいる多くの人たちに共有されていく必要があるのです。そうすることで、経験者の苦しみは共に担う仲間ができ、自分にとっても理解可能なかたちに変換されていくのです。

深手を負った被災地のひとつ、岩手県大槌町には「風の電話」というものが設けられています。亡くなった家族や友人ともう一度話をしたいという人たちは今も被災地には沢山います。電話線のつながっていない風の電話は、この世の住人ではない死者たちと会話を交わすために、生者の心の中にある死者との回線を用いるものです。電話機の横にはノートが置かれ、遺族たちがそれぞれの想いを書くことが出来ます。このノートは訪れた人なら当事者でなくても、誰でも読むことが出来るものです。そこからは、生者と死者の対話に立ち会う第三者の存在が浮かび上がってきます。

生者と死者が直接向き合うと、大きな感情のエネルギーが放流されます。それは生き残った者を励ますだけでなく、その感情に呑み込まれてしまうならば、ときに生きることを辛くする負のエネルギーに転じることもあります。だからこそ第三者の存在を介して、穏やかな感情へと転換していく回路が必要とされているのです。そこに東日本大震災の経験が国内外の非当事者たちへと共有されていくべき理由があります。だから、イタコのような宗教者、私のような学者、あるいは芸術家といった、被災地の経験に新たな意味を付与する表現者の存在が注目されるのです。

第三者の側もまた耳を傾けることで、いまだ経験していないけれど、自分たちも決して部外者のままでいられない問題に対処する準備ができるのです。グローバル資本主義の格差拡大がもたらした大量死や故郷喪失の問題。それは世界中のどこでも起こりえることなのです。特に日本のように原発を多数抱える国であれば、その危険度はいっそう増すことになります。

不十分な理論は過酷な現実の前に敗北していくことでしょう。「オウム真理教事件で宗教は叩かれたけれど、東日本大震災以降、宗教の善い面が改めて認識された」といった程度の評価付けでは、なぜオウム真理教事件で宗教の名のもとに人が殺されたのかは解き明かされることはないでしょう。人間の心はもっと複雑怪奇なものであって、闇と光の入り混じったものなのです。そうした認識こそが、この二十年の間に宗教に対してもたらされた認識なのではないでしょうか。敗戦直後に書かれた作品の中で、太宰治は人間の心の闇を次のように語っています。

それは、そうに違いないだろうけれども、人間の心には、もっとわけのわからない、おそろしいものがある。欲、と言っても、言いたりない、ヴァニティ、と言っても、言いたりない、色と欲、とこう二つ並べても、言いたりない、何だか自分にもわからぬが、人間の世の底に、経済だけでない、へんに怪談じみたものがあるような気がして、その怪談におびえ切っている自分には、所謂唯物論を、……希望のよろこびを感ずるなどという事は出来ないのでした。（『人間失格』）

だからこそ力強い言葉が、卓越した理論研究が混沌とした現実と向き合い、そこから意味を汲みだしていくために求められているのです。心の復興はいまだ成し遂げられていないのです。私たちが被災者から学ぼうとしないかぎり、彼らの声に耳を傾けないかぎり、彼らも救われないでしょう。そして私たちも、彼らを見捨てた罪悪感に呑みこまれていきます。キリスト教で言う「受難 compassion」――苦しみを共にすること――という言葉を思い浮かべていた。東北からは新しい思想が必ずや生まれると私は確信しています。そうでなくては死者も被災者も、そして生き残った私たちも救われことはないのですから。

鎮魂の作法

震災後に東北を訪れた光景は今もまぶたに焼き付いて離れません。晴れ渡る青空、瓦礫だけが広がる大地。一面火の海だった場所からは、幾年たっても木の焦げた匂いが漂っていました。それは、平和ボケとも言われる戦後の日本社会で育った世代の自分にとっては前例のない異様な空間でした。被災地では生者と死者を分かつ境界線は自明ではなく、幽霊をみたという噂がいたるところで囁かれていました。いまだ死者が私たち生き残った者のまわりにいるかのようでした。そのような状況の中、被災地に入った宗教者やボランティアたちもまた言葉のない世界へと沈み込んでいきました。自分が誰かの役に立つ、そんな傲慢な思いは悲嘆にくれた人々を前に瞬時に打ち砕かれたのです。誰もが津波に呑み込まれ、深い海の底から光る水面を眺めているかのようでした。

希望とは闇の深さを知るものしか与えられないものだと私は思います。相手の痛みが分からないという無力感に裏打ちされなければ、絶望の淵にいる他人の気持ちを受け止めることなどできないでしょう。己れの無力さを痛感するとき、人間は無用の存在として自分もまた死者にほかならないことを理解します。しかし、そうした無力な自分を受け入れられることが出来たからこそ、あのとき被災地で死者たちの言葉にならないささやきが聞こえてきたのではないでしょうか。この死者のざわめきこそが、経済的成長に浮かれてきた戦後の日本社会が耳を塞いできたものに他なりません。

それがあの震災から私が無力な非当事者として学び得たことです。死者の無念を汲み取った力強い言葉だけが、未来への希望の光をもたらすことができるのです。本書『〈死者／生者〉論——傾聴・鎮魂・翻訳』は、こうした東北の被災地における死者の思いを、あの場にいなかった国内外の人々の日常の暮らしの中へと伝えるために執筆されました。韓国の光州事件や済州島事件など虐殺された人々、アウシュヴィッツや広島で動物のように殺された人々、いまもパレスチナやシリアで無残な死を強いられている人々。こうした死者たちに向き合う力強い希望の言葉へと、それは鍛え上げられていかなければなりません。

「これほど大きな経験は消化するのに最低十年はかかる」――そう言った、今は亡き老歴史家の言葉が心をはなれません。戦後は、そして近代は根源的に問い直されなければなりません。これからが勝負なのです。そうした犠牲者の立場に思いを馳せる人々に本書が読まれることで、東日本大震災の経験がどのように国内外の人々の暮らしの中へと開かれていくのか、私たちは考え続けなければなりません。

本書のもとになったのは三回の会議でした。最初のものは、二〇一五年九月五日に創価大学で開催された日本宗教学会のパネル「震災と記憶――声にならない声を聴く」。次は二〇一五年十一月二十八―二十九日に国際日本文化研究センターで開かれた「鎮魂・翻訳・記憶――声にならない他者の声を聴く」。最後は二〇一六年三月二十三日に浄土真宗本願寺派総合研究所で開かれた「あらためて〝いのち〟について京都で考える」です。そこには幾重にも異なる立場の者が招かれました。宗教学者、宗教者、マッサージ師と作業療法士、そして新聞記者。あるいは東北を拠点とする者、外部から東北地方に通う者。いずれも鈴木岩弓さんの実践宗教学講座やカフェ・デ・モンクに関心を持つ者がその中心をなしていました。

岩弓さんは定年を数年後に控えて出会った震災によって、その人生計画は大きく変化したといいます。自分の専門とする宗教民俗学での研究を地道にこつこつまとめる時期にあったものが、いきなり臨床宗教師の制度的立ち上げに尽力せざるを得なくなり、世間からも大きな注目を浴びることになりました。それは予想だにしえなかった転機だったといいます。私から言わせれば、岩弓さんもまた「死者たちのざわめき」に突き動かされていたのです。

東北地方の体験で前面に浮かび上がってきたのは、膨大な数の死者の鎮魂祭祀でした。死者の存在に対して、単に申し訳ない、辛いといった罪責観だけで対処しようとするならば、遺族も死者も浮かばれないことでしょう。誰より辛いのが当人とその遺族であって、第三者ではないからです。そのなかで岩弓さん、もう一人編者の佐藤弘夫さんとともに宗教民俗学者あるいは日本思想史家として、死者を悼む歴史的風土が東北地方には存在すること。そうした風土において、どのように死者を悼んだらよいのかということを、感傷的なものに終わらないかたちで、学問的成果を踏まえて解き明かそうとしてきました。臨床宗教師は宗教者の役割を、真理を説法する者から、苦しみを聴く者へと変えました。そして、各宗派のためではなく、被災者のために宗派を超える立場へと意識を変えつつあります。そうした変化をとおして、宗教や信仰のイメージは従来のものから百八十度転換したと言っても大げさではないでしょう。

その岩弓さんも二〇一七年三月末日をもって、東北大学宗教学研究室の教授を定年退職されました（現在は、東北大学総長特命教授として再任）。東日本大震災の勃発以来、獅子奮迅の働きをしてきた岩弓さんに、私たち寄稿者はそれぞれ刺激を受けて自分たちの研究や実践活動を続けて参りました。本書は岩弓さんと共に歩んできた者たちの、その歩みの記録です。被災地という現場に足を踏み入れる中で、あるいは被災地を日常生活の場として生きざるを得ないがゆえに、多くの困難と逡巡、そして迷いを感じて私たちもあの日以来生きてきました。それでも、そこで目の当たりにした語り尽くしがたい光景を言葉に変えて読者に届けたいと願っています。なぜなら私たちもまた死者に突き動かされるものに他ならないからです。

この世の生は無数の死者たちのまなざしやざわめく声に支えられて成り立っています。死者には彼らを祀る生者が必要なように、生者には自分たちを支える死者のまなざしが必要なのです。ではどうした関係を生者と死者は取り結んできたのでしょうか。そしてこれから取り結ぶべきなのでしょうか。それこそが本書の主題にほかなりません。なぜならば、それが私たちが岩弓さんから問いとして受け継いだものだからです。本書が読者への贈り物になっていると同時に、岩弓さんの退職を祝うはなむけになっていれば何よりの幸いです。

第一部　沈黙の声を聴く——傾聴とは何か——

❖死者のざわめき

――「宗教の地平」を探る――

山形　孝夫

志賀理江子『螺旋海岸|album』(赤々舎，2013年)

一　はじめに

東日本大震災の三・一一から六年が経過した。ガレキの山は、あらかた視界から消え、新しい町が生まれつつある。死者一万五八九一人、行方不明者二五八四人、計一万八四七五人。これに関連死を加えると、犠牲者の数は二万千七百人を越える（警察庁・二〇一四年三月十一日現在）。

磯前順一『死者のざわめき――被災地信仰論』（河出書房新社、二〇一五年）が提起する問いは、こうした犠牲者たちの「ざわめき」であり、それは「声にならない声」である。「ざわめき」を辞典で引くと、それは騒音であり、しばしば安眠を妨げ、人の心を不安におとし入れ、日常の仕事の能率を低下させる好ましからざる音である。それが、なぜ信仰論の主題となるのか。

見えてくるのは、失われた街の、失われた生命の、物言わぬガレキの堆積する〈異界からの声〉である。なぜ異界と出会うことが必要なのか。それは宗教学の歴史からすると、「死を前にした人間が、死をいかに受け入れてきたか、その心性と習俗にかかわる人類の二千余年にわたる歴史を辿りながら、いかに死を手なずけてきたか、それに近づくための歴史を手に入れるために……」（島薗進「宗教史の可能性序論」、『岩波講座　宗教3』岩波書店、二〇〇四年）ということになるのだろう。

それにしても、「死者のざわめき」は、読者を途方に暮れさせる。それは彼岸と此岸の〈あわい〉からの声であり、死者たちの悲しみや怒りや、悲愛や断念や、数え上げれば際限のない痛ましい無念のざわめきだからである。それは、散乱したガラスの破片のように、生者の心に突き刺さり、魂を揺さぶる。時には風のように飛散し、拡散しながら、彼岸と此岸の〈あわい〉を越えて、生者に語りかけてくる。宗教学の川村邦光が『弔いの文化史――日本人の鎮魂の形』（中公新書、二〇一五年）に引用する詩人長田弘（一九三九―二〇一五）の「小さな神」のそれのようにである（『死者の贈り物』、『長田弘全詩集』みすず書房、二〇一五年）。そこでは、石もニレの木も、階段や窓さえも、沈黙というまったき言葉をとおして語りかけてくる。

石が話していた。男は黙っていた。／ニレの木が話していた。男は黙っていた。／階段が話しかけた。男は答えなかった。／窓が話しかけた。男は答えなかった。／横たわって、男はじっと目を瞑っていた。／死は言葉を失うことではない。沈黙という／まったき言葉で話せるようになる、ということだ。／わたしはここにいる。／小さな神が言った。／咲き乱れるハギの花のしたで。（／は改行）

二　記憶と忘却

死者のざわめきとは少し違うが、それと似た経験はわたしにもある。四十代のころ、ナイル川西方にひろがるエジプト砂漠のコプト修道院で風の中に語りかけてきた母の声を聞いたのだ。母はわたしが八歳の頃に乳飲み子を残して自ら命を絶っている。それについては、『砂漠の修道院』（平凡社ライブラリー、一九九八年）や『死者と生者のラストサパー』（河出書房新社、二〇一二年）に書いたので、あらためて繰り返すことはしない。ここでは、東日本を襲った大津波の経験から二年ほど経過したある日、東京からわたしの住む仙台の被災地を訪ねてやってきた友人と一緒に、せんだいメディアテークで開催中の志賀理江子写真展「螺旋海岸」を見た時の不思議な経験からはじめることにする。それは被災地に迷い込んだような、あるいはそれ以上の経験だったからである。

会場に一歩足を踏み入れた途端、目の前の風景が突然変わった。日常の何かがいちどに弾けたような奇妙な経験。そこには、破壊された風景が、不意の侵入者に挑むかのように屹立し、グルグル螺旋状にめぐらされた会場の出口のない海岸線の迷路に見る者を誘い込む風に並べられていた。悲惨で残酷で、逃げ場のない、ほとんど滑稽に近いグニャグニャした混沌として、実物大の大きさで眼の前に立ちはだかり、不意の侵入者を詰問するかのようにである。人間も、自然も、動物も全く動く気配がなかった。すべては根っこのあたりから破壊され、息を止めて静止している。そのほかには何もなく、近く見つめすぎると、ただ、ざわめきだけが聞こえてくる。まるで、死者の「語り」のように聞こえてくる。イタコによる死者の口寄せのようにである。人間だけではない。大津波に呑み込まれたおびただしい数の奇妙な岩石も、海岸線を蔽うようにるいるいと重なる黒松の倒木の行列も、浪間に消えた魚市場も、ぐにゃりと曲がった鉄格子の窓も、夜中のカラスも、要するに二百枚を超す一〇〇号大の写真のひとこまひとこまが、何かを語りかけ、つぶやいている。いったい、わたしは何を見ているのか。全くわからないままに死者のざわめきだけが聞こえていた。頼りない、よるべない不安の中に死者たちのまなざしを感じながら、わたしは会場を出た。

会場をあとにして、街に出たあとも、「螺旋海岸」のグニャグニャしたガレキの中を歩いているような感覚であった。わたしたちは言葉もなく歩いていた。

そもそも、この世界はフィクションでできているわけではない。わたしたちはそう思って生きている。しかし、現実は限りなくフィクションに近い。ひとたびバランスが崩れると、奈落の底へ落下していく。見えてくるのは、他者を突き落してしまうかもしれない現実である。

「螺旋海岸」というあの不思議な仮想空間を、あとになって友人は深い海の中に死者たちと一緒に漂っていた感じ、と漏らしていた。わたしの場合も、突き詰めると、背後から追いかけてくる死者のざわめきであるという思いにつきる。その思いは今も、死者に見つめられているという感覚として蘇ってくる。

このたびの三・一一の大津波が露呈したのは、日常は隠されているもうひとつのこの世の現実ではなかったか、とわたしは思った。

そうした経験の地平からすると、わたしたちの生きてきた囲い込みと排除の論理に立つ近代国民国家も、幾重にも防御された民主主義のシステムも、なぜかフィクションのように見えてくる。耳ざわりのよい言葉遊びの擬態のように見えてくる。そして、そのようなフィクションの中心に、あたかも戦後日本の繁栄と正義の証しのように、さながら国家統治の原理のように原発安全神話が君臨していたのではなかったか。

いったい、どちらがほんとうなのか。そうした判断は性急に過ぎる独りよがりの被害妄想に過ぎないのか。しかし、それは違う。なぜなら、わたしたちは確かにこの眼で見たのだから。それこそが、千年に一度のマグニチュード九・〇という大地震と、想像を絶する巨大津波であったのだ。それによって原発安全神話がなすすべもなく崩壊したその瞬間に、わたしたちは立ち会ったのだ。

それにしてもなぜ、わたしたちは語ろうとするのか。そのわけは、島薗がいうように、わたしたちが、この眼で確かめた、この途方もない崩壊をとおして、あらためて近代国民国家が鼓吹するナショナリズムやパトリオティズムや、劣化した資本主義というシステムや、それを生み出し、それを拡散してきた欧米中心の倫理的・宗教的遺産の、その途方もなく大きな物語の、それゆえに残酷でもあれば欺瞞でもある「自発的隷従」や「犠牲のシステム」という名の負の遺産を、あの「螺旋海岸」のそれのように、この眼ではっきり見たからである。そこから聞こえてきた海岸線に打ち上げられた巨大な松の根や石塊のつぶやきや、死者たちのざわめきを、この耳で確かに聞いたからである。

大地震から六度目の春がくる。被災地ではガレキの山が視界から消えつつある。それとともに、自分以外の誰にも属さない個別の記憶も、いま抵抗できない仕方で、忘却の過去へ遠のき、深い喪失の運命をたどりつつある。あらためて思えば、大地震によって消滅した現実は、大川小学校の悲劇を奇跡的に生きのびた当時の小学生が、〈語り部〉として語り始めたそれのように。ほんとうは、こうした小さな記憶の共同体―記憶の森であったのだ。東日本の海岸線の小さな集落が、小さな学校が、小さな野の道がどのように消え、壊れていったか。現に、どのように消えつつあるのか。それを、どのように記憶し、語り伝えていくのか。そのことがいま問われている。それができなければ、わたしたちの大きな物語も、死者たちのざわめきとともに、やがて忘却の彼方に消えてゆくしかないだろう。人間とは、「物語る動物」であると同時に、「忘却する動物」だからである（野家啓一「記憶と忘却のはざまで」、『ミルフィユ07 想起の方則』赤々舎、二〇一五年）。

三　死者のざわめきの地平

こうした想いの中で、改めて日本列島における近代以降の宗教的情念の行方について思いをめぐらすと、「死者のざわめき」に象徴される三・一一の歴史的状況の特異性が、詩人長田弘の象徴的な寓話のように見えてくる。

それは、今世紀初頭の世界を驚愕に追い込んだアメリカの九・一一のテロ事件に続く前代未聞の大災害だったのだ。原発安全神話が崩壊し、人類の未来が破滅に向かう異変に衝撃が走った日のことをわたしたちは忘れない。被災者だけではない。世界中の人びとが大洪水の襲来によって、フクシマの原発建屋が崩壊し、その残骸に向かって、空中から懸命に散水するらしいヘリコプターや右往左往する原発作業員の姿を、テレビをとおして確かに見たのである。

その時である。想像を超える変革がすでに始動しはじめていることを人びとは感知したのだ。その大きな驚きの中に、世界中が「死者のざわめき」を聞いたのだ。

ここで念のために確認しておくと、フロイトはマルクスとほとんど変わらない時期にあらわれ、宗教がそれほど簡単に人びとの脳裏から消滅しない事実に直面し、回りくどい言い方ではあるが、「宗教とは、人類一般の強迫神経症である」と定義した。フロイトによると「宗教教義は、神経症的遺物」であり、「信仰者とは全般的神経症にかかることによって、個人的神経症にかかる被害からまぬがれている人」をいう。これがフロイトの宗教的感情に関する定義である。その道の専門家に言わせると、このフロイトの定義は、マルクスの「人間は自然の一部である」という一元論的自然観とぴったり一致する定義であるという。フロイトやマルクスにとって、「宗教は悩んでいる者のため息」であり、したがって「アヘン」であり、「全般的神経症」であるのは、人間と自然との関係を人間と神との関係においてとらえた誤まてる論理的結果に過ぎない、ということになる。

人間は地上のまじめな農夫として自分の土地を耕しながら、そこから糧を得るものである。来世に望みをかけることをやめ、解放された力をことごとく地上の生活に集中することによって、人生はすべての人に耐えうるものとなり、もはや文化が何びとをも圧迫しない境地に到達できるのかもしれないのである。そうなったら、われわれ不信の徒はもろともに声高らかにこう唱えても悔いないことであろう。天国は、天使と雀にくれてやろう、と。（フロイト『フロイド選集8　幻想の未来』土居正徳訳、日本教文社、一九五四年）

宗教論あるいは宗教的感情の行く方について言えば、フロイトやマルクスの精神と身体あるいは精神と自然との一元論に立つ限り、「死者のざわめき」は神経症の症状にすぎない。そうした批判をかいくぐって、いかに「死者のざわめき」の真相に迫ることができるか。

四　生きている死者

東アフリカのウガンダに、「生きている死者」（living dead）という観念がある。まだ日の浅い死者の霊は、現在も生者の領域にとどまり、生前の個性をそのまま持ち続けて生きているという。記憶の中に生き続ける死者、つまり死のプロセスをまだ完了していない死者、これを「生きている死者」と呼ぶのだ。この「生きている死者」が、現に生きている人びとの生活に、どれほど深く根を下ろしているか。ウガンダ人の生活は「生きている死者」との共棲で成り立っているということができるほどである（ジョン・S・ムビティ『アフリカの宗教と哲学』大森元吉訳、法政大学出版局、一九七〇年）。

アフリカでは部族全体を巻き込む災害や危機が、いつでもどこからでも起こると想定されている。そうした危機に全員が一致して立ち向かうために、しばしば神に祈る。けれどもアフリカ人が祈るのは、遠い異界の神ではなく、身近に住む「生きている死者」なのである。彼らは死後も、部族や家族の一員であり、個々人の記憶の中に、今も鮮明に生きているからである。つまり、まだ「生者」とみられているのだ。正確に言えば、かれらは「死者」と「生者」の〈境界〉（あわい）に生きていて、あの世とこの世を仲介するまことに便利な役割を引き受けていると確信されているのだ。そのために生者は彼らに食物と飲み物を提供し、親愛と歓待の情をあらわにする。「生きている死者」は、家族であり、共同体の成員なのである。

このような例を引いたのは、半世紀以前の、つまり戦前の日本社会も、これとよく似たというよりもほとんど同じような構造から成り立っていたような気がするからである。それが第二次大戦以前の日本社会であったのだ。

どこの家にも仏壇と神棚があり、「生きている死者」から記憶の外の遠い死者まで、数世代にわたる死者たちがひとつ家に住んでいて、毎朝、家族と共に食べ物や飲み物の分配にあずかっていた。それがひとつの家に住む者の欠かせない日課として守られていた。そうした慣習が、家の中から仏壇ごと消えてしまった。今にして思えば、それこそが第二次世界大戦後の急激な社会的変革にともなう〈家〉の崩壊であり、核家族の誕生の結果であったのだ。今では家族はひとつの家の中に暮らしていても、成人すればそれぞれひとりの個人として独立し、家をでていく。それをマニフェスト・デスティニーのように背負い、あたりまえに暮らしている。そこがポイントである。そして、ふと気がつけば、家の中から「死者たち」の空間が消滅してしまっていたのである。これが二十一世紀の日本社会のありふれた家族の肖像である。

こうした「死者たちの不在」の進行が、無縁社会という奇妙な造語の背景に存在しているのだろう。現代の、あたりまえの日本人にとって、自分の死に向き合うこと以外に他者の死と向き合うことなどなく、まして「生きている死者」に思いを巡らすことなどもはや想像を超えるのだ。

「孤独死」という奇妙な造語があたりまえとなるような構図の中で、三・一一は起った。大地震と荒れ狂う大津波によって、東日本の集落がひとたまりもなく崩壊し、小さな家族が死と生に引き裂かれ、その悲惨を背負って生きている現実を、わたしはこの目で見た。被災地には、今も他人には明かしえない悲しみと怒りの孤独の時が、黒い海の記憶とひとつになって、迷い込んだ異界のように流れている。

だが、こうした状況は、巨視的にみれば、もはや被災地だけのことではない。誰にもみとられることなく、ひっそり息を引き取り、発見されない孤独死を「ひとごとではない」と思う人が日本中の都市に増えているのだ。それを「悲惨」とみるか、「望むところ」とみるか。それが無縁社会におけるあたりまえの現象として、どんどん進行している。社会学者の上野千鶴子は、著書『おひとりさまの最期』（朝日新聞出版、二〇一五年）の中で、ひとり暮らしでも、孤独ではない。したがって孤独死などはないと主張し、「在宅ひとり死」という呼び方をして欲しいと提唱しているのであるが……。

どこまでを孤独死というのかは、誰にもわからない。子どもや友人がいても、ひとり暮らしであれば、人にみとられることなく急に亡くなる場合もある。「人はひとりで生まれ、死んでいくもの。ひとりで死んだからといって孤独死というのはオカシイ。複数で死ぬのは心中ですよ」という声もある（「be between 読者とつくる」、『朝日新聞』二〇一七年一月二十三日）。被災地の仮設住宅でなくとも、見回りや安否確認サービスが求められる社会に、わたしたちは生きている。「在宅ひとり死」を見守るのはいったい、どこの誰なのか。三・一一の大津波が露呈した「死者のざわめき」は、被災地ならざる無縁社会の日常のこうした「孤独死」の中に、今やあたりまえのように顔を出している。

五　〈千の風〉から〈花は咲く〉へ

ここで少し視野を広げて、仏教が大陸から伝えられる以前の日本列島に目を移してみよう。そこでは人びとは、山や川や屋敷に宿る、目には見えない「霊」の存在を信じて暮らしていた。「霊」は「カミ」と呼ばれ、死者の霊とひとつになり、この世と異界とをつなぐ、もうひとつの世界を構成していた。このテーマに関しては民俗学に膨大な資料があるが、ここでは、わたしの親しい友人であった奄美群島の徳之島に住む民俗研究家の松山光秀が書き残したエッセイを引用しておこう。

島では人の霊魂をマブイとかタマシと呼ぶ。マブイは時おり、生きている人間の肉体から離れて行動することがある。マブイが肉体から離れるのは、普通は病人であるが、そのマブイが墓の方へいくようになると、もう死期が近い。このような時は、急いでマブイを肉体に呼び戻すため「ノロ」にすがらなければならない。また、マブイは何かの拍子に健康な肉体から突然抜け出すことがある。マブイが抜けだすと、人間は夢遊病者のようになるので、人びとは大変おそれた。（松山光秀『徳之島の民俗1　シマのこころ』未来社、二〇〇四年）

「生きマブイ」（生霊）にたいして、「死にマブイ」（死霊）もあるという。生前に不遇であったり、また充分に供養されない死者霊は、怨霊となって人びとに災厄をもたらす。夜の海を徘徊する「イトワシ」は、海で悶死した人の怨霊として人びとに怖れられた。松山が記述する浮遊するマブイの存在は、仏教伝来以前の上代日本の自然や風土に、巫女（ノロ）文化が存在したことをみごとに映し出しているではないか。

マブイが憑依する場所は、樹木であれ、岩塊であれ、水辺であれ、暗闇の空間であれ、タタリの場所となり、祭祀の空間となった。松山の描くこうした物語の向こうにいったい何が見えるだろう。それが問題である。

折口信夫によれば、タタリとは、もともと霊の示現を意味し、霊が立ち現れる場所を指すコトバであった。それがやがて、怨みを晴らす「怨霊」となり、「怨霊信仰」へ移行したという。怨みを抱く者の霊が、肉体からぬけだして人にタタル話は、そのまま『源氏物語』の幽玄の世界に通じている。そこには、現代に通じる奥深い意味が隠されている。

日本宗教思想史の山折哲雄によれば、こうした状況を背景に、死者の「タタル霊」を鎮めるための加持祈禱者として宮廷に迎えられ、貴族の期待にこたえていったのが平安時代の仏教であり、その代表が空海であり、最澄であったという。そして、この加持祈禱の呪術の競合において、絶大な影響力を発揮したのが、高野山であり、比叡山であったという。このふたつの聖なる空間が、実は「死者のざわめき」を封じこめるための加持祈禱の技術の場として構築されていったのだ。ふたつの山は、いわば宇宙論的呪術体系の、より洗練された絢爛豪華な舞台として機能していった。

このようにして、古代から中世にかけて、一方には死者のタタリを占う神道のシャーマンの世界が、他方には、そうしたタタリを加持祈禱によって鎮静化する仏教的遊行僧の布教活動が「カミ」と「ホトケ」として分業化し、相互補完的に競合し共存してきたことが、その後の日本社会を大きく方向づけてきた。それが、中世以降の日本社会の宗教的構図として機能し、近代にいたるまで「死者のざわめき」をやさしく鎮静化している。

そうした構図が総崩れに崩れ落ちたのは、広島と長崎に落とされた原爆という名の近代物理学の知恵の結晶である〈悪魔の炎〉であったのだ。日本流の宗教的に構築された家族主義も天皇制を支柱とする日本式ナショナリズムも、この〈悪魔の炎〉によって消滅し、機能を失ってしまった。それが第二次大戦の結末である。「死者のざわめき」の震源を辿ると、どうしてもこの〈悪魔の炎〉に辿り着く。

その時から数えて七十余年、東日本を襲った三・一一の大災害が暴露したのは、東北の海辺の町々にひっそり命脈を保ちつづけてきた、思えば懐かしい日本的家族共同体の崩壊であり、その消滅であったのだ。

「死者のざわめき」は、そうした失われた共同体の思えば懐かしい死者たちの今に続く声ではないか。今にして思えば、震災前、日本中を席巻した「千の風になって」（新井満訳詩）に登場する歌い手も死者だった。死者は「私のお墓の前で泣かないでください。そこに私はいません。死んでなんかいません」と歌っていた。新しい知の挑戦であるかのように、テノール歌手の透明な声が日本中に響き渡った。さる高名な僧侶が書いていた。「あの歌のお蔭で、寺の法事が激減した。わたしは愉快ではない」と。わたしは無理もない、と思った。あれは、日本仏教が、タブーとして封印してきた「死者のざわめき」であったのだから。

なぜ封印されたのか。その理由は、はっきりしている。「死者のざわめき」は、平穏な社会秩序をおびやかす危険な亡霊の怨嗟の声とみなされたからである。「千の風」は、それまでのそうした観念をひっくり返す不思議な歌であったのだ。そして、「千の風」の歌の流れは、三・一一以後、こんどは「花は咲く」に引き継がれ、一本のガーベラの花を手に、静かに祈るように歌う東北ゆかりの俳優や歌手をとおして、被災地から日本中にひろまり、世界の各地で歌い継がれつつあると言うに。遠くから「誰かの歌が聞こえる……それが誰かを励ましている……笑顔が見える……」。いったい励ましているのは誰なのか、笑っているのは誰なのか。涙を抑えて歌っているのは、他でもない「死者」ではないか。

六　おわりに

三・一一の震災の頃、今も心に残る一冊の本を読んだ。安田登著『異界を旅する能――ワキという存在』（ちくま文庫、二〇一一年）である。能は、知られるように、今から六百五十年ほど以前の室町時代に、観阿弥・世阿弥親子によって大成され、今に受け継がれている芸能である。このことは、受験生なら、誰でも知っている。それほど長い間、一度も途切れることなく今日に続いているのだ。これはすごい。

著者の安田氏は、能のワキを演ずる役者である。ワキとは、横の部分をさす。だが比喩として使われる脇役とは全く違う。ワキとは、古語で言えば「分く」であり、ドラマの全体を「分ける」人と「分からせる」人という二つの意味を持つからである。

それでは何を「分からせるのか」。それは「シテ」の正体である。シテとは、カミや霊といった不可視の存在、目には見えない存在である。その分からないシテの姿を観客に分からせる。それがワキの第一の役割である、と著者の安田はいう。

旅人であるワキが、あるところでシテと出会う。これが能の始まりである。あるところとは、旅人やさまざまな人が行き交う場所である。そのような場所に、ずっと前からシテは潜んでいる。それは観客の目には隠されている。それを分からせるのがワキなのだ。つまりワキとは、シテの存在を「分からせる人」なのだ。

ところで、シテはなぜに姿を隠して潜んでいるのか。シテとは、その場所に思いを残してこの世を去った〈霊〉だからである。無念の思いを残したままの〈霊〉なのだ。その〈無念〉を、〈残恨の思い〉を誰かに聞いてもらいたい。そのために舞を舞う。舞うことによって積もる恨みを晴らしたい。そのために、この世に出現するのだ。

このようなシテの思いを聞き届け、その願いの手助けをするのがワキの仕事である。だから、ワキの多くは僧であった。漂泊の旅を続ける一所不住の僧、いわゆる堀一郎のいう遊行僧である。ここにワキの第一の役割がある、と著者はいう。とすると、つぎは、いかにシテの〈無念〉を聞き分け、そのグチャグチャに乱れた情念を、著者の表現によれば「快刀乱麻を断つごとく」まさに一刀両断に切り分け、再統合するかである。それがワキの「分ける人」としての第二の役割なのだ。

よく知られる世阿弥の『風姿花伝』も、またあまり読まれることのない『能作書』もともに、こうした第二の役割について、その秘訣を述べた作能論である、と著者は力説している。

今さら、室町時代にさかのぼる『風姿花伝』でもないのだが、磯前順一著『死者のざわめき』を手に、その新聞書評を書きながら、わたしの心に痛切に届いたのは、被災地から聞こえてきた「語り部」になりたいという切実な声であった。声の中には、大川小学校の悲劇を、幸運によって奇跡的に生きのびた若者もいれば、わが子を失って途方にくれる悲しみの親たちもいた。その人たちが、「語り部」になって、生きていきたいというのだ。

振り返れば、歴史の曲がり角には、すぐれた「語り部」があらわれた。谷中村の田中正造、水俣の石牟礼道子……。それに遠藤周作の『沈黙』を加えることができるだろうか。「語り部」とはいったい何なのか。「語り部」とは、人びとの間に伝えられる民話・神話・歴史などの伝承を語り継いでいく人を指していた。だが、東日本の被災地の語り部は、それと重なりながら、大きく違う。なぜなら、同じ「語り部」でありながら、その中心に「死者のざわめき」が埋め込まれているからである。

問われているのは、残された者の悲しみであり、数え上げれば際限のない悔いと、やり場のない怒りである。そうした途方もない理不尽の痛苦と、いかに向き合って生きることができるか。問題は、そうした理不尽や際限のない感情に、どうすれば居場所を与えることができるか。それがどうにも分からない。だから「ざわめく」のである。

確かなことは、この「ざわめき」の地平から「宗教のレッスン」が開始される、ということである。「ざわめき」の奥に、耳を澄ませば、死者たちが、きっと何かを語りかけてくる。「千の風」のように、「花は咲く」のように。

❖声にならない声を聴く
――死者の記憶に向き合う宗教者――

高橋　原

石巻市渡波にて祈りを捧げる宗教者たち（2012年11月）

はじめに

死はなぜ、それが来たるべきおのれの死であれ、身近な他者との死別であれ、耐え難い苦悩を呼び起こすのだろうか。死は、人間が孤独であるという冷厳な事実をあらわにする。人間がたった一人で孤独にこの世を去ると感じることは、同時に、人生のすべての歩みが常に孤独であるという感覚さえ呼び起こし、それが苦悩の源となる。この苦しみを離れるには、孤独の中に安らぐことができる哲学を身につけるか、あるいは人間が孤独ではなくつながりの中に生きているということを知るか、いくつかの道があるだろう。

東日本大震災は、津波による大量の死と死別とをもたらした。なんの準備もないままに突然この世を去ることになった死者たちへの思いと記憶は、遺された者の心に傷跡を残す。死者の記憶と格闘する中で、時に「幽霊」の幻影を見る者もいる。それは、おのれの孤独に怯え、死んだ者の孤独を憐れみながら、人間は孤独でないということの証しを求めて呻吟する心の姿であるようにも思われる。

二〇一四年、厳しい暑さの残る九月の昼下がりに、仙台の南、名取市のA仮設住宅団地を訪問した。震災で亡くなった人との「心の絆」について、対面での質問紙調査を行なうためであった。平日であったので留守の家が多く、呼び鈴に応えて出てくる住人は高齢の方が多かったが、働き盛りの年代に見える人が真っ暗に閉め切った暑い部屋の中から顔を出すこともあった。十分程度で済みますから、と頭を下げて、亡くなった人とどのようにつながりを感じ、それを保っているか、大切にしている品や現在の気持ちなど、いくつかの項目について尋ねた。

意外であったことに、特に「傾聴」を目的として訪問したわけではない、迷惑な調査者である筆者を相手に、玄関先での立ち話が三十分、一時間と続くことが少なくなかった。時に室内に招き入れられてのお茶飲み話になることもあった。ある五十代の男性は、震災以来、魚がまったく美味しくなくなったと語った。漁師をしていて津波で亡くなった父親が、獲れたてのイカで作ってくれた切込み（塩辛）の味が忘れられないのだという。独身で再就職ができていないこの男性のようなタイプが最も自殺の危険性が高いと、警察官や保健師などが頻繁に見回りに来るということだった。

震災後に東京から仙台の中学校に転校してきた筆者の長男は、進学せずに引きこもりを続けていたが、最近、建設現場に働きに出るようになった。そこで出会う作業員の中には、津波で家族が全員死に、自宅も家族も、経営していた会社も従業員も、すべて流されたという人が「ふつうに」いるという。昼食時などに、震災後しばらくは生きている意味がわからなくなり、精神科に通いながら薬で命をつないできたといった話を聞かされるという。

この人たちはなぜ話をするのだろうか。建設現場の男性の場合は、よその土地から来た若者に自分の体験を伝えたいという、いわば教育的配慮も込められているのではないかと想像する。しかしそれにしても、こうした脳裏を去らない記憶や忘れたくない思い出が渦を巻く胸の内は、やはり誰かに明かさずにはいられないものなのだろうか。あるいは、そうした多くの記憶は永久に語られず、声にされないまま消え去っていくのだろうか。本稿では、死者にまつわる記憶と思いを受け止め、生者へとつなぐ、宗教と宗教者の役割について考えていく。

被災地の幽霊

「幽霊」でもいいからもう一度会いたい、という亡くなった身内に対する思いが、遺族となった被災者の口から語られることがある。「閖上を走る幽霊」が出るという噂を聞き、それがもし津波から逃げ切れずに亡くなった息子だったらと、ある母親は深夜一人で家を出るという。走るのが苦手だった息子に、「もう逃げないでいいよ」と言ってあげたいというのだ。[*1] また、行方不明のはずの姉が、家族の安否を尋ねに来たという話をきいて、きっと姉はあの世でも家族を気遣っているに違いないと霊能者を訪ね、口寄せを依頼した男性の話もある。[*2] 親しかった故人との不思議な再会を叙情的に描いたNHKスペシャル「亡き人との再会」（二〇一三年八月二十三日）では、亡くなった人々が遺族を今もどこかで見守っていることを示唆するような、いくつもの体験が紹介された。被災地に「幽霊」が出るという話を考えるときに、亡くなった人々に対する遺族の強い思いを忘れるわけにはいかない。

しかし言うまでもなく、聞こえてくるのはこうした「会いたい幽霊」の話ばかりではない。被災地の幽霊目撃譚は、ネット上の噂話だけにとどまらず、大手新聞紙上にも再三報じられてきた。

「お化けや幽霊見える」　心の傷深い被災者　宗教界が相談室（『産経新聞』二〇一二年一月十八日）

幽霊目撃談、被災地で　切ない思い、姿を変えて（『朝日新聞』二〇一二年十一月十九日）

被災地の幽霊話　ほんのり温かく　死と向き合う心に癒やしも（『東京新聞』二〇一三年八月十二日）

いずれも、それが被災者の心の傷と関わる体験であると示唆され、適切なグリーフケアへとつなげる必要性を訴えるものとなっている。筆者の見方も基本的にはこれと軌を一にするものであり、生活上のさまざまな不安を抱える人が、無意識的に選んだその表現が幽霊のイメージであると考えている。冒頭で言及した仮設団地では、幽霊がたびたび現われるせいでコンビニエンスストアが閉店になったといった、怪談風の噂話を何度も聞いた。漠然とであるが、住人には病んでいる人が多いと感じられた。彼らの多くが、津波で全壊し、何もかも失われてしまった地区から移ってきたことと関係するのだろうか。お盆の季節にこの地区を訪れたとき、墓石も遺骨も流失した空っぽの場所に花が供えられ、夏草のあいだから線香の煙が立ち上っていた。先祖に手を合わせるところであったこの場所も、かさ上げ工事が進み、今は跡形もなくなってしまった。

幽霊が現われる背景にある、より直接的な体験としては、津波の直後に多くの見知らぬ遺体を目撃したということがある。真宗大谷派の僧侶であり、震災当時は名取市職員として遺体安置所の運営を担当した木村敏は、NHKのインタビューに応じて、遺体を扱う現場の壮絶な状況について語っている。[*3]死亡時の苦悶そのままの表情を浮かべ、虚空をつかんだまま硬直した、損傷の激しい遺体が次々と運びこまれた名取市のボウリング場には、五百もの遺体が並んだ。木村は防犯のために泊まり込みで番をすることになったが、帰宅してからも寝つかれず、金縛りの中で、寝室に誰かが入ってくる気配をはっきりと感じ、死者の顔が次から次へと目に浮かんで消えなかったという。教義的には死者の霊の存在に否定的な態度をとることが多い浄土真宗の僧侶にこのような言明を強いるほどにその経験が生々しく強烈であったことがうかがわれる。

そのような日々の中で、木村は、流れ作業のように運ばれてくる遺体が人格を持った人間であるということを忘れ、番号を付されたモノであるという感覚に支配されていくのを感じたという。心を凍りつかせ、麻痺させないと、とてもではないがその仕事を続けるのには耐えられなかったということであろう。筆者も、遺体の運搬に関わった消防団員から、ストレスのために髪の毛がすべて抜け落ちてしまったと聞かされたことがある。

木村はこの体験から葬式の大切さを再認識したという。人の死を人の死として受け入れることができるように、「悲しみや苦しみを一皮ずつ剝いていく」のが宗教者の役割であり、葬式の機能なのではないかと木村は語る。宗教儀礼は、突然訪れる多くの死を目の当たりにした人々の心を落ち着けるために必要なのである。木村が陣頭指揮をとり、震災後一〇〇日目の節目に、名取市主催の合同慰霊祭が行われることとなった。

葬式によって心の区切りをつけるという日常ではごく当たり前の営みが、大震災の現場では当たり前のことではなくなった。このような慰霊祭は各地で行われたが、整然と美しく飾られた祭壇に向かい、喪服を身にまとって参列した遺族たちはどんな経験をしてきたのか。名取市の安置所では、毎日遺体が運び込まれるたびに自分の家族ではないかと見に来る人がいた。別のところでは、入り口に貼り出された写真をもとに家族でないかどうか、遺体と対面して確かめることを繰り返し、安置所めぐりをした人々もいた。

そのようにして家族と出会い、安堵と悲しみの入り混じる中で行われる葬儀は、燃料不足などの影響で火葬がかなわず、仮埋葬として慌ただしく行われることもあった。仮埋葬では、限られた参列者のみが、一家族三〇分までといった制限の中でお別れをしなければならないこともあったと聞く。僧侶を呼びたくても呼べない場合があったほか、菩提寺での葬儀が数家族合同で行われたために不満が残り、後日すべてやり直したという話もある。もちろん、いまだに行方不明のままの人も少なくない。遺体が見つからない人の葬儀を出し、死亡届を書くことは、「あいまいな喪失」のただ中にある遺族の心に少なからぬ葛藤を呼び起こすというが、一枚遺された免許証や、勤務場所の石ころを遺骨代わりにして行われた葬儀もあった。被災地で幽霊が目撃されるということの背後にはこうしたことすべてが横たわっている。

震災と心のケア

東日本大震災に際して、さまざまな支援者とともに被災地に入る中で、モノではなく、心の面で人々を支えるのが宗教（者）の役割だという意識を新たにした宗教者は少なくない。このことを表現するときにしばしば用いられるのが、「心のケア」という言葉である。精神科医の中井久夫によれば、この言葉は、「心的外傷に対するケア」を言うときに、現状維持や向上を意味する「精神保健」あるいは「メンタル・ヘルス」という概念には収まらず、そのはざまにある空白を補うものとして、阪神・淡路大震災（一九九五年）以降に浸透していった新しい概念である。[*4]
「心のケア」は、ボランティアを含む多職種からなる混合集団が、医師や精神保健の専門家では補い切れない部分を担うことによって行われる。東日本大震災（二〇一一年）の被災者支援においては、その担い手の中に加わる存在として、「傾聴」活動に携わる宗教者の姿が脚光を浴びた。「傾聴」という言葉も広く認知されるようになったと言えるだろう。被災地を回る傾聴喫茶「カフェ・デ・モンク」を主催する曹洞宗僧侶金田諦応は、「臨床宗教師」とは何かという問いにこう答えている。

災害の避難所や病院、福祉施設などの公共空間で、人々の苦悩や悲嘆に向き合い、可能な限り宗教的ケアを施す宗教者です。宗教的ケアの定義は難しいですが、宗教者としての体験、祈りや儀式を通して心のケアをするということです。最も大切なのが「傾聴」です。[*5]

二つの大震災を経て、「心のケア」の担い手が拡大し、同時に、「心のケア」の概念自体も、宗教者による宗教行為を含むまでに拡大し、変容してきたと言ってよいだろう。そのことは、大手新聞社の記事データベースを「宗教」「心のケア」というキーワードで検索し、一九九五年から二〇一一年までのヒット数と、二〇一一年以降のそれを比較してみると、一・五倍から二倍ほどに増加することや、テレビ番組のキャスターが、さまざまな現場における宗教者による傾聴活動を取り上げる時に、必ずと言ってよいほどこの言葉を用いることからも直感的に理解できる。「宗教者による心のケア」というのはもはや違和感のないフレーズとなっているのである。

一方で、「心のケア」というどこかうすっぺらな言葉の響きが、被災者の抵抗を呼び起こしたということも忘れてはならないだろう。おそらく「傾聴」という言葉もそうであったに違いないが、被災地の外の、安全で守られた場所からやって来る自称専門家、あるいは善人の顔をしたボランティアがこの言葉を発するとき、それは「上から目線」で偽善的なものとして響いたに違いない。東日本大震災の避難所に「心のケアお断り」という張り紙が出されたことはしばしば伝えられることであり、「心のケアをします」と言っても誰も近寄ってこなかったという宗教者の経験談も聞いたことがある。ある「心のケアセンター」の担当職員は、仮設住宅の訪問先で出会った女性にこう言われたそうである。「あんた、私に何してくれんの？　どうすればよくなるか私はわかっているの。うちの人を返してよ！　そうすればよくなるから」。

上述のカフェ・デ・モンクは「心のケア」も「悩み相談」も看板に掲げないからこそ人を集めている。ただケーキとコーヒーを携えて被災地を訪れ、集まった人たちとざっくばらんに話をするだけである。もちろん、涙とともに深刻な体験が語られることもあるが、最後は笑顔で別れる。この場面から距離をおいて分析的に表現するならば、それは確かに、「心のケア」になっているのだろう。ただそれは、結果的にそう「なっている」のであって、そこでの人間同士の出会い、触れ合いは「心のケア」という言葉だけで尽くせるものではないだろう。

名取市の合同慰霊祭は、僧侶の読経や市民による焼香という宗教的要素が含まれながらも、公的枠組みの中で行われた。また、NHK等の主要メディアが宗教者による傾聴活動や寺院等の避難所としての活用を好意的に報じ、震災後の宗教者個人または宗教団体による被災者支援は、「ソーシャル・

キャピタル」としての宗教の可能性を強く印象づけてきた。[*6] このようにして、震災を機に、宗教の公共性が再評価される流れの中で、公共空間で心のケアを提供するという「臨床宗教師」の育成事業も東北大学で開始され、それが諸大学に波及している。しかし、このような光の当たる側面には回収されない、いつまでも割り切れないさまざまな思いを被災者ひとりひとりが抱え込んでいるのもまた事実であり、「心のケア」という聞こえのよい旗印を用いたとしても、宗教者は淀んだ暗い領域と関わらざるを得ない。

宮城県北部の曹洞宗の僧侶が、六十代後半の男性の告白を聞かされた。[*7] 定期的に行なっている炊き出しボランティアで訪問した仮設住宅で出会ったその男性は、津波から逃げる途中、近所に住む知人がガレキの下敷きになって動けなくなっているのに気付いたという。助けを求められたもののそれはかなわず、見捨てざるを得なかった。まだ遺体の見つからないその人の妻が、同じ仮設住宅に暮らしていることに気付いたのは時が経ってからであったが、「うちのお父さんどごさいったべ」というため息に、何も返すことができなかったという。震災から二年半が過ぎても、この話は誰にも打ち明けたことがなかったと、その男性は若い僧侶の前で泣き崩れたという。

僧侶は言葉に困ったが、「ご供養して、亡くなった人の分まで命を大切にして生きなければ」と伝えたという。この男性が知人を見捨てた行為を責め立てる人はいないであろうが、その苦悩や罪悪感が公認されにくいものとなっていることは理解できる。仮に、亡くなったその知人の葬儀があり、それに参列したとしても、心が軽くなることはなかったであろう。この男性は宗教者と出会ったことで初めて、苦しい胸のうちを吐き出す機会を得たということになる。しかし、菩提寺の住職ではその相手になりにくい。お互いに顔も名前も知らない、見ず知らずの間柄だからこそ、この告白ができたという一面がある。「幽霊」の語りも、そのような秘密と接するものとして現われてくる。

心霊現象の調査

筆者は東日本大震災の被災地において、いわゆる「心霊現象」が相談として寄せられた場合に宗教者がどう対応しているのかを調査したことがある。[*8] この調査は名取市で緩和ケア医療に取り組んできた岡部健医師の提案を発端として取り組んだものであった。岡部医師は、あの世という暗闇に降りていく道しるべを示す専門家として「臨床宗教師」を提唱し、また、死を目前にした患者が「お迎え」を体験することに注目してその実態調査を行なったことでも知られているが、東北地方に特有のあの世の体験様式があると考えていたらしかった。岡部医師はユング研究をしてきた筆者に、津波の後の被災地では「集合的無意識」の内容が噴き出してきていると語り、「現代の遠野物語」をやったらどうかとアイディアを語った。

遠野物語には、津波で妻子を失った男が妻と再会する哀話が収められている。

夏の初めの月夜に便所に起き出でしが、遠く離れたるところに在りて行く道も浪の打つ渚なり。霧の布きたる夜なりしが、その霧の中より男女二人の者の近よるを見れば、女は正しく亡くなりしわが妻なり。思わずその跡をつけて、遙々と船越村の方へ行く崎の洞のあるところまで追い行き、名を呼びたるに、振返りてにこと笑ひたり。男はとみればこれも同じ里の者にて海嘯の難に死せし者なり。自分が婿に入りし以前に互いに深く心を通わせたりと聞きし男なり。今はこの人と夫婦になりてありと云ふに、子供は可愛くはないのかといえば、女は少しく顔の色を変えて泣きたり。死したる人と物いうとは思われずして、悲しく情けなくなりたれば足元を見てありし間に、男女は再び足早にそこを立ち退きて、小浦へ行く道の山陰を廻り見えずなりたり。追ひかけて見たりしがふと死したる者なりしと心づき、夜明けまで道中に立ちて考え、朝になりて帰りたり。その後久しく煩いたりといえり。[*9]

岡部医師は、筆者に、被災地の幽霊話の収集をやってみろとけしかけたのであった。今あらためて、先祖が死に逝く者の枕辺を訪れる「お迎え」という現象も、遠野物語のこのエピソードとともに、死に直面する人間が孤独のなかで、いかにして道しるべを見出すのかというテーマと関わっていたことに気付かされる。

しかし、柳田が記録したような、余韻を湛えた死者の思いを伝える体験にはそう簡単に出会えるものではない。語るべき物語はひとりひとりの生者の側にあるが、現在の被災地に流布している定型化した怪談風の幽霊目撃譚はそれを伝えない。遺された者の物語は誰が受け止めているのだろうか。そこで、対象を宗教者にしぼり、質問紙調査とインタビューによって、具体的な対応の実態や、宗派ごとの解釈の違いなどを明らかにすることに方針を転換した。また、身内を亡くした人々に「幽霊の話はありませんか」と聞いて回るような「侵襲的」な調査の危うさを怖れたことも、筆者が幽霊話の収集へとは向かわなかった理由の一つである。

その調査の中で明らかになったことの一つは、「幽霊」に対して、宗教宗派によって定まった対応方法などないということであった。もっとも、浄土真宗の僧侶の回答は概して霊の存在には否定的であり、曹洞宗の僧侶には、否定はしないがそんなことを気にしても仕方がないというトーンの回答が多いといった特徴は見てとれた。もう一つは、このような相談に実際に応じている宗教者ほど、しっかりとした傾聴を行なっており、その上で、儀礼を上手に用いて、目の前で苦しんでいる人に対応しているということである。儀礼といってもそれは特殊なものではなく、葬儀や法事などで馴染みの経文を唱えることや、厄払いとして通常行なっている所作である。すなわち、そこに現われてきたのは、経験と勘を頼りに、手持ちの道具で、人々の苦悩に向き合い続ける宗教者たちの姿と、型通りの葬儀や公的な慰霊祭では収まりのつかない人々の死者への思いであった。

Aさんという女性の親しくしていた義妹は、福祉施設で勤務中に津波で亡くなった。震災後三年が過ぎたが、Aさんは勤務地への自動車通勤中にこの福祉施設跡を通るのでいつも彼女のことを思い出していた。ある日、この義妹の夫（Aさんの実弟）が再婚したと聞き、祝いの品を持って訪れた。その夜、Aさんは、乗っている自動車を恐ろしい形相の死者達に取り囲まれて襲われるという悪夢を見た。Aさんはこれを義妹の恨みが現れたものと感じ、以来、その施設跡に近づくのが恐ろしくなった。このことを相談された僧侶は、死者供養のために経を唱えて、Aさんに数珠を渡した。以後、Aさんはこの数珠を肌身離さず身に付けており、落ち着いて暮らせるようになった。

弟の再婚をめぐって、Aさんの脳裏に何が去来したのかはわからない。サヴァイバーズ・ギルト

（遺された者の罪責感）という言葉があるが、Aさんは義妹に対する申し訳なさ、うしろめたさのようなものを感じたのかも知れない。これも、先の話と同様に、顔見知りの相手には打ち明けにくい内容であり、相談相手となったのはやはり地元の人間ではなく、傾聴ボランティアとして訪れた僧侶であった。義妹の葬儀はきちんと行われ、当然Aさんも参列したであろうが、導師を務めた菩提寺の住職には、引導を渡されて成仏したはずの義妹が悪夢に現われたとは言いにくかったことであろう。

大学主催の講演会の会場で、筆者に相談を持ちかけてきた女性もいた。墓地で写真を撮ると、津波で亡くなった娘の姿が映るのだという。持参されていた写真を見ると、なるほど、女性の姿に見えるシルエットが中央に大きく現われていた。長い黒髪なので自分の娘に間違いなく、助けを求めているように感じられると言われた。宗教学者にそのようなことを質問されても困るので、菩提寺の和尚さんに相談したらどうかと言おうとして気付いたことは、その和尚さんが「心霊写真」の相談相手としてふさわしくないと考えたから、この女性はその写真を持ってきたのだということだった。その時はたまたま会場にいた僧侶に引き継ぐことができたが、ここで問題なのは、その写真をどうするのか、供養をするのかお祓いをするのかではなく、この年老いた女性の中で消化し切れていない娘さんへの思いをどのように聴き、言葉として受け止めるか、ということであっただろう。死んでいった者、遺された者、双方の孤独というものが写真一枚に凝縮されていると感じた。

あの世に心を開く

ここまでに述べたことは、特定の死者にまつわる思いを誰かに聴いてほしいという、「傾聴」に関わる問題であるといえる。割り切れずに渦巻いている感情はいまだ言語化できておらず、半ば無意識的であるとはいえ、その感情が誰に対するものなのか、およその見当がついている性質のものであると考えられる。話を聴く中で本人の気持ちが整理されて、湧き上がる感情の正体をつかまえることができて、それを受け止める覚悟が出来るのであれば、その話を聴くのは必ずしも宗教者でなくてもよいという面もある。

しかし、こと死者にまつわる思いが問題となっているときには、対話の相手が宗教者であることが独特の意味を持つ。精神科医の塚崎直樹は、「私は死んだ人間です」というような本当の苦しみに直面したとき、「この世」と「あの世」を行き来できるような回路を開くことなしに「癒し」を実現することはできないと書いている。そして、治療者が「あの世」に心を開いていると、面接している患者の心が、自由になっていくという。

ある時、母親が亡くなって嘆いてばかりいる患者と、病院の庭をながめていた。二年ほどの入院生活が終わって、いよいよ退院する日だった。退院への不安もあるので、何か励ましをしたいなあと思っていた。しかし、何を言えばいいのかわからなかった。面接しようとしたら、面接室はどこも使用中で、しかたなく病院の庭に出た。

ベンチに座って、二人で野原を見ていた。気持ちよく晴れた日だった。タンポポが沢山咲いて、風に揺れていた。それを見て、私は

「ほら、あなたのお母さんが、あなたに手を振っているよ」
と言った。その時、患者のこころがスッと動いた。[*10]

塚崎は、治療者が「あの世」に心を開くと、「あの世」があるという前提がなければ表現しきれないことを患者の側が言葉にしやすくなるとも述べている。宗教者とはまさにそのような対話の相手であるはずで、そこで宗教者に求められていることは、一言で言ってしまえば、亡くなった人がもう苦しんでいないということ、穏やかな状態でこちらを見守ってくれているのだと請け合うことである。死者も、残された生者も孤独の中で苦しむ必要はない。このようなメッセージは、世俗的な支援者との対話の中からはなかなか得られないものであろう。

儀礼の力

ところで、素性のわからない見知らぬ死者がもたらす不安を解消することは、特定の身近な死者があの世で安らかにしていると請け合うこととは、また異なった営みである。幽霊目撃譚として伝えられているようなストーリーに現われる死者とは、たいていこの見知らぬ死者であり、それがなぜ現われるのかは目撃者にも見当がつかない。漠然と、成仏しておらず今も苦しんでいるとイメージされるだけである。

上述の調査でも、「心霊現象」として相談されることの多くは見知らぬ死者と関わることであり、それも、人間の形をした姿が現われるということにかぎらず、心身の不調、不審な物音、機械の故障といったことが、死者の霊に関係するのではないかという不安であった。一つの例を挙げる。

石巻市の仮設住宅に暮らす六十代の男性は、津波で多くの死者が出た川沿いを車で通ったときに黒い影を見て以来、悪寒を感じるようになったという。誰かが自分の中に入ってくる感覚があり、近々悪いことが起きると予感することもある。ガレキ処理工場での勤務中に、特定の部屋に入ると空気が重くなるのを感じ、誰かに袖を引っ張られると感じることがあるという。ガレキ処理の工程では、まず大きなものを重機でより分け、最後は手作業による分別となるが、当然その中には津波による死者の遺品や、遺体の一部が含まれていることもあったので、それを担当する作業員には心理的負担をかけたことであろう。ちなみに、この工場では、タイヤ置き場で遊ぶ子供の幽霊が目撃されたこともあったが、供養塔を建てて、地元の僧侶が訪れるようになってからは現われなくなったとのことである。

この男性に対して、傾聴による支援活動で訪れていた僧侶が、時間をかけて話を聴いた後に、知人の中にしっかりお墓参りができていない人がいるのではないかと切り出した。何人か心当たりのある人物を挙げてもらい、その名前をフルネームで、正確な漢字で紙に書き出した。その紙を、仮設住宅に仏壇はなかったが位牌の前に置いて、般若心経を唱えた。読経が終わった後、男性は「楽になりました」と礼を述べた。「楽になりました」というのは、このような場面でよく耳にする言葉である。

この名前を書き出すところに妙があると思われる。漠然とした不安を、特定の死者の姿としてイメージ化することが可能になり、その死者は、心を込めて供養されることによって成仏する。池上良正は著書のなかで、日本の民俗宗教に期待された最大の課題は、「浮かばれない死者イメージ」を「安らかな死者イメージ」に変えることであったと述べているが、[*11] ここでは、死者と無意識的に結びつけられた漠然たる不安を、特定の死者のイメージに置き換えてから安定させるという、象徴による操作が行われていると言える。言葉（傾聴）の力とともに儀礼の力がここに生きている。

儀礼の持つ力というのは、ある程度は心理学的概念を使って理解することもできるだろうが、なぜそれが効き目をあらわすのかは、それを行なう僧侶自身にもよくわからないことのようである。おかしくなってしまった人を落ち着かせるために真言を唱えながら、結界を作るようにその周りを回るというある真言宗の僧侶は、「そんなことやっていて治まるのかなと不安なのですが、不思議なことに、おさまります」と語ってくれた。また、「霊感が強い」という人の依頼を受けた経験を語ってくれた別の曹洞宗僧侶は、「なんとかなるかはわからないけど、やれることはやりましょうというのが我々のスタンスであって、その人が満足、あるいはなんとかなったと思ってもらえればそれでいい」と言う。

津波との直接の関係はわからない例であるが、原因不明の精神病の症状とともに暴力的な発作を起こして入院していた男性が、自宅の新築時に行わなかった地鎮祭を僧侶にあらためて依頼してやり直したところ、急に病気がよくなったという話もある。このケースでは、何度にもわたってこの男性の夫人の相談を聴いていた僧侶が、あるとき、地鎮祭の提案をしてみたところ受け入れられたのであった。住宅の敷地の四隅に穴を掘り、米と酒と香を混ぜたものを埋め、リビングルームにしつらえた祭壇に炊いた白米や果物、野菜、酒等を供えて、地鎮祭が仏式で行われた。式次第にそって不動明王像を前に儀礼が行われ、あわせてこの家の先祖代々の諸霊が供養された。それが功を奏し、夫人はそれまでできなかった夫への面会を決意し、お守りを手渡したところ症状が劇的に回復し、男性はその後仕事に戻ることができたという。

このようなケースについて、差し当たっては、地鎮祭を執行した時期がたまたま男性の回復のタイミングと重なったと考えておけば無難であろうが、いろいろ考え得る要素はある。「たまたま」とは書いたが、傾聴を重ねる中で、医者もさじを投げ、万策つきたところで、夫人が夫に向き合う覚悟を決めたという意思表示が、地鎮祭を試してみるという決断の意味であったとも考えられる。その熟柿落つるがごときタイミングを見極めるのが宗教者としての勘どころであると言えよう。すなわち、ただ何か儀礼をすれば効果があるというわけではないのである。同じ僧侶から聞いた話では、生き霊が憑いたという人に唱えごとを試したが、状況が改善しないので保健師に連絡して入院先を手配してもらったという経験もあるということである。いずれにせよ、儀礼は、言うに言われぬ思いを言葉として受け止める傾聴の営みと相まって、時として大きな効果を発揮するものであろう。

民間宗教者

被災地の宗教者に話を聴く中でわかってきたことの一つに、「心霊現象」について相談に訪れる人の中には、地域の拝み屋を経由してやって来る人が少なくないということである。拝み屋というのは、霊的なものが見える能力を持っていたり、吉凶の占いができたりすることが地域の中で知られている民間宗教者であり、宗教者としての看板は掲げていないものの、家を訪ねると非常に立派な祭壇が祀られていたり、仏教僧侶としての免状を持っていたりすることもある。

死者が出ると寺院で葬儀を行い、また生活のさまざまな節目で神社の神主を呼んでお祓いをし、それでもなお、気がかりなことがあった時に地域の人々が相談に訪ねるのが、こうした拝み屋と呼ばれる人たちである。トラブルの原因が死者の霊の作用によるものだという拝み屋による見立てがあった場合に、どこそこの寺院または神社に行って供養なりお祓いなりをしてもらいなさいと指示を受けることになる。一見すると、地域の宗教者のあいだで暗黙のうちに分業システムが成り立っており、住民の側も相談先を使い分けているように思われる。実際、葬儀のたびに亡くなった人に戒名を与え、仏弟子として成仏させている菩提寺の住職には、迷信めいたことを言いにくいという心理が働くのは事実であるようである。そして、寺の方でも、僧侶たちはほぼ異口同音に、拝み屋は、ありもしない水子の祟りなどということを言って金を取る迷惑な存在であると苦言を呈する。だがなぜ、こうした民間宗教者は自分で供養やお祓いをしないのであろうか。

池上良正は、曹洞宗寺院などで行われている施餓鬼（施食）供養について論じた文章の中で、次のように書いている。


民間において霊感が高い人とは、「苦しむ死者の救済」に素手で立ち向かうことの危険性に鋭敏な人たちであるともいえる。彼・彼女たちの感じ方によれば、「苦しむ死者」の供養とは、きわめて危険な行為である。とりわけ霊能や修行によって守られていない一般人にとって、それは自己の生命にも関わりかねない危険性をもっている。霊能を誇る民間巫者自身であっても（むしろ自らの霊能を熟知するがゆえに）、不特定多数の非業の死者と向き合わねばならないならない施餓鬼的な実践などは、自分には手が負えないとして、大きな寺での僧侶による供養儀礼を勧めることさえある。[*12]

この指摘を踏まえるならば、（多数とは限らないにせよ）不特定の見知らぬ死者の霊におびやかされていると感じる人々の抱える苦悩を受け止めるということがいかに一筋縄ではいかないことであるかが推し量られる。そのような苦しみには、いったい誰がどのように向き合えばいいのか。上に「型通りの葬式」という表現を使ったところがあるが、むしろ、伝統の中で鍛えられ形を成してきた「型」こそが見知らぬ霊を鎮めるためには有効であるということになろうか。

別のところで報告したので詳細は省くが、曹洞宗僧侶による「悪魔祓」に立ち会ったことがある。[*13]津波の犠牲者をも含む何人もの死者に憑依された若い女性が、拝み屋に相談したが状況に改善が見られないので寺院を訪れたことがその発端であった。僧侶は、寺院の本堂で彼女に憑依したひとりひとりの死者達――娘を津波で失って自殺した男など――ひとりひとりに語りかけ、その無念の思いを受け止めた上で経を唱え、光の世界へと導いた。

憑依のない状態での傾聴から、憑依状態の彼女に対して施食会の形式に則った儀礼を施し終えるまでに二、三時間はかけたであろうか、取り憑かれた本人も僧侶も、一部始終に付き添った周囲の人間たちも、疲労困憊であった。数ヵ月の間に何度かこのようなことを続けて彼女の状況は落ち着いていったが、全身全霊で、しかも根気強い向き合いかたを続けてようやく結果が出ることを印象づけられた。ここでも、傾聴に加えて、手持ちの道具による即興的な関わりかたが見られたが、伝統仏教の権威に裏付けられた儀礼の力が発揮されたと見てよいだろう。

孤独への寄り添い

筆者がインタビューした宗教者たちによる「心霊現象」への対応の仕方にはいくつかの共通の特徴があるように思われた。第一に、皆、よく相談依頼者の言葉に耳を傾けていた。僧侶たちは実際のところ、いわゆる幽霊の存在には否定的であり、教理的な解釈はともかくとして、自身の見解を問われたときには、「精神的」であるとか「ストレス」であるとかといった言葉を使い、それが人間の不安から生まれる現象であると考えているようであった。しかし、「あれだけの人が死んだのですから幽霊が見えたとしても不思議はないですよね」という態度で、幽霊が出るという相手の主張を否定せずに受容し、傾聴に徹している人が多かった。

第二に、儀礼の巧みな使い方を心得ていた。ただしそれは特殊なことをするのではなく、本堂に一緒に行き、法事などで馴染みの経文を適切なタイミングで唱えるというのが典型的であった。ただし、ここには法事や葬式に参列するのとは本質的に違う部分がある。筆者自身も経験したことであるが、ある祈禱師が般若心経を唱えてくれた際に、今、自分のために心を込めてこの儀礼が行なわれているという感覚から、自然な感謝の気持ちが生まれた。特に悩み事があったわけではなかったが、こわばっていた身体が温かくほぐれ、文字通りに「楽になった」。

第三に、死者の霊による祟りなどというものはないということ、同時に、先祖供養の大切さを説いて聞かせる。生きている人を遇するように死者を丁寧に大切に扱うことを教える。このような教育の積み重ねによって将来の社会をよくしていくのだという気概を持つ人が多かった。

そして、第四に、経を唱え、儀礼を行ないはするものの、死者の霊が原因だと感じられている心身のトラブル等は、時が経つと自然におさまるものだという冷静なスタンスをとる人が多かった。すなわち、自分たちがやっていることは、いわば宗教的な応急手当であるという感覚であろうか。日にち薬という言葉があるが、神仏に祈った後は、時が自然にことを解決してくれるのを待つのである。

これが宗教者として「寄り添う」ということの一つの形である。ぽつりぽつりと語り出される言葉に真摯に耳を傾け、その人のために心を込めて祈り、死者たちとのつながりを説く。あなたは孤独ではない、死者たちもまた孤独ではない、というメッセージを、身をもって伝えている。

人間は孤独な存在であるが、同時に孤独ではない。死者の記憶に向き合う人々や、それを支える宗教者たちの姿から教えられたのはそんなことであっただろうか。最後に、石巻市の海辺の高台に立つ曹洞宗洞源院の寺族（住職夫人）、小野﨑美紀さんの詩の前半部分を引いて結びとしたい。洞源院は津波の直後に地域住民の避難所となり、一時はそう大きくない敷地の中に四百人もの人々が寝泊まりしたことで知られる。この詩には、津波から三週間あまりが過ぎた四月五日の日付が記されている。これは「傾聴」とは違う態度である。「心のケア」なんという言葉もまったく似つかわしくない。しかし、突き放すような言葉の底に、死者たちの生きる「あの世」を見据えた宗教者として、あなたは孤独ではない、ひとりではないのだと伝える覚悟が感じられる。

ガレキの男[*14]
「ねェ　奥さん　俺サァ　女房もなくしたし
家もないし　俺　何にもないんだョ」

「エッ　アッソ」

「アッソ　じゃないよ　俺もう死にたいよ」

「アッソ」

「アッソ　じゃないよ　何もないって言ってるんだよ」

「アッソ　あと何ないの？」

「エッ」

「エッ　じゃなくて
あと何ないの？　って聞いてんの」

「わかんないよ」
「わかんなくないでしょ
あんたがいるでしょ」
「………」

「立派なあんたがいるでしょ！
津波でやられた奥さんとワン公の供養を
あんたがしないで誰がすんの！
奥さんはお父さんお願いしますって言ってるよ
俺はこっちで手を合わすから　お前はそっちで
ワン公と一緒に手を合わせろ！　ぐらい言ってやって！
男が廃たる!!
ガレキの男なんて　いらないよ!!」

註

＊1　丹野祐子さんのエピソード（第二部木越論文参照）。「被災地で聞いた不思議な体験談「幽霊の噂を聞いて夜中に見に……」」（『女性自身』ウェブ版、二〇一五年八月二十七日）。
＊2　「不明の姉どこに　霊能者「もう捜さないで」」（『毎日新聞』二〇一五年九月四日）。
＊3　NHK・Eテレ「こころの時代・シリーズ私にとっての3.11　苦と共にありて」（二〇一六年三月十三日放送）。
＊4　中井久夫「「こころのケア」とは何か」（『「伝える」ことと「伝わる」こと』ちくま学芸文庫、二〇一二年）。なお、「心のケア」という言葉自体はガン告知の文脈において一九八五年前後から用いられている。
＊5　「臨床宗教師という仕事　僧侶・臨床宗教師、金田諦應さん」（『朝日新聞』二〇一五年四月二十二日）。
＊6　稲場圭信・黒崎浩行編『震災復興と宗教』（明石書店、二〇一三年）。三木英『宗教と震災——阪神・淡路、東日本のそれから』（森話社、二〇一五年）。

＊7　以下、事例についてはプライバシー等に配慮して加工してある。
＊8　科学研究費課題「東北被災地域における心霊体験の語りと宗教者による対応に関する宗教学的研究」（研究代表者・高橋原、課題番号・25580012）。
＊9　柳田國男『遠野物語・山の人生』（岩波文庫、一九七六年）六三―六四頁。
＊10　塚崎直樹『精神科主治医の仕事――癒しはどのように実現されるのか』（アニマ2001、一九九三年）六四頁。
＊11　池上良正『死者の救済史』（角川書店、二〇〇三年）二〇頁。
＊12　池上良正「宗教学の研究課題としての「施餓鬼」」（『駒澤大学文化』三二号、二〇一四年）九〇頁。
＊13　高橋原「臨床宗教師の可能性――被災地における心霊現象の問題をめぐって」（『現代宗教2013』国際宗教研究所、二〇一三年）一八八―二〇八頁。
＊14　小野崎美紀『あったかい手』（ぱんたか、二〇一一年）。引用は前半部分のみ。

❖生者のざわめきを聴く
——遺族の想いから生まれるもの——

金沢　豊

陸前高田市のJR大船渡線竹駒駅跡（2012年３月）

一　はじめに――二つの問いかけ

「私らには、泣くことしかでけへんねやろうか？」

十九歳の夏、事故死した同級生の葬儀に参列した際、友人から投げかけられた疑問は、私に混乱をもたらした。溢れる感情を押しとどめることができずにいた自分と、何か空虚感を抱えながら疑問を口にした友人は、同じ場にいながら異なることを考えていたのかもしれない。友人は、自分に何ができるのかを真剣に考えていた。何かをするために葬儀の場に赴いているはずなのに、何をして良いのかわからない。葬儀に参列する。〝この行為が、本当に亡き同級生のためになっている〟その確信がなければ、なぜ葬儀に参列するのだろうか。と。疑問をぶつける相手として選ばれた私は、はっきりとした答えを示せず、友人の期待に応えることができなかった。

　また後日、その亡くなった同級生の自宅へ弔問に行った際、我が子に先立たれ突然遺族となった母親から「あの子の分まで生きて」と泣きすがられ、私は勢い「はい」と答えた経験がある。これをどのように捉えればよいのか、今も悩み続けている。もちろん、その時その場面では本気で「彼の分まで生きる」そのように思った。勉学に勤しみ、努力を重ねてきた彼が、たった一度の判断ミスで命を落とすことに、納得、合点のいっている者などいない。況してや母親の無念は計り知れず、声のかけようがなかった。そんなとき、不意にかけられた言葉に反射的に反応してしまった私に、彼の人生をどれだけ背負えるのか。その重みは、言葉を受け取った私の中に深く沈み込み、時には忘れたり、そむいたりしながら生きている。これが申し訳なくも正直な気持ちである。では、本当の意味で「亡き人の分」まで生きるとは、どういうことなのだろうか。

ほぼ同時期に差し向けられた、この二つの問いは、人ごとの「死」ではなく、私自身の「生死」を問われた初めての経験と言えるかもしれない。書物に残された概念としての「死」ではなく、具体的な「死者」を想起した体験でもある。「死者」が立ち上がるその途端、自分が生きている人間としてあぶり出され「生者」となる。それは、同時に私が遺された人間であること突きつける。その意味で、私にとっての「死者」は、私に対して働きかける存在でもある。

身近な人の死と向き合うとき、喪失感や絶望感が沸き起こり、言葉によって説明、回収ができなくなる経験はないだろうか。虚無感や焦燥感の絡み合う複雑な感情は、日常可能な動作を当たり前でなくしてしまう。自分の思い通りにならないことや、意思に反する身体的反応は、死者から与えられたものとして理解する他、収拾がつかない。死者から与えられる感覚や感情は手触りとして存在すると言えるだろう。しかし、反対にこちら側から能動的に、死者のために何ができるのだろうか。それは儀礼に参列することなのか。それとも行為としての献花や香を焚き上げることなのだろうか。いや、そもそもそういった、行為を把握してくれる死者はそこにいるのだろうか。当時の私にはもちろん、わからなかった。

本稿は、東日本大震災の復興支援活動における一つの取り組みを総括する些細な試みである。津波に襲われた複数の町の限られた仮設住宅を一日数件、おおよそ五年間にわたって訪問した経験を元とし、その射程が限定的であることを予め断っておきたい。また、訪問の姿勢は、遺族の霊体験や怪異現象を聞き出す性質のものではなく、苦悩を抱える人々（生者）の傍で、一人ひとりの気持ちを支えるねらいを持ったものである。そのような支援活動の中で聞き得た人々の言葉に通底する気持ちを見直すことで東日本大震災による遺族（生者）の想いを考えてみたい。また、自身の立場である僧侶（宗教者）としての学びを行動に移すのではなく、行動する中で自身の立脚点に気づき、得たものを明文化したいと思う。加えて、筆者の現在立っている思考の地点と、そこに至るまでの経路を開き、先の死者をめぐる「二つの問いかけ」を背負った十九歳の私にも一定の答えを与えることを以下で目指したい。

二　私にとっての死者

死を超える

「泣くことしかできないのか」「亡き人の分まで生きるとは」の壁に当たった私が、「死」を初めて意識したのは、いつ頃だっただろうか。テレビアニメ「一休さん」（第九五話）には、足利義満の誕生会に招かれた一休が、貴族も庶民も人間一枚の皮の下は同じ骸骨であり、貴賤の差なしと説いた「一休骸骨」の物語がある。その一休の振る舞いに影響を受けていた幼少の私が、参加した友達の誕生会で居心地悪さを感じていたことが思い出される。私は、招かれた身でありながら誕生会に対して「何がめでたいのだろうか」という感覚を持っていた。祝う人も祝われる人もいずれ死ぬのだ。望まれて生まれてきたのかもしれないが、望んで生まれてきたわけではない。年次に誕生を祝うという祭りごとの無意味さに辟易していた記憶がある。そんな、誰にも打ち明けられない心の溝を埋めてくれたのは、生まれることを決めることはできないが、死ぬことは自分で決めることができるという発見だった。

駅のプラットホームで流れる「白線の内側まで下がってお待ちください」というアナウンスに抗えば、死ぬことができる。難しいことを考える必要はない。通過電車に身を委ねれば、望んで生まれたわけでもない人生に終止符が打てる。これを希望と言わずになんというのだろうか。電車通学環境にあった小学生の私は、時折知らされる人身事故のニュースに、えも言われぬ希望を感じると同時に、自分に問いをぶつけていたように思う。「では、お前はどうやって死ぬのか?」と。

そう考えた瞬間に「どうやって」振る舞うかが「生きる」実感へと直結することに徐々に気づいていく。どうやって死に向かうのかは、死に至る過程であり、過程は生きることを示している。どうやって死ぬかを考え、ギリギリの線で「生きていく」、安穏のうちに生を貪るのではなく、ヒリヒリとした肌感覚を保つことこそが「死」を超えていく可能性を持つのではないだろうかと考え始めた。他人が、どうやって死ぬのかが無性に気になり始め、緊張感を持って生きていたように思う。意味としての「死」に拘泥する必要はない。どうやって死ぬのか、生きてみようと決意を固めた自身の心持ちは、何かこれまで持っていた「死」への凍てついた感覚を超えたように感じた。他者に称賛を受けるような善きものとしての生への転換ではない。死に対する意識が生の種子に甘露を与えるような「ほんものの生」が芽生えた瞬間だった。倫理学者の三谷尚澄（一九七四― ）は「ほんものの生とは何か」悲嘆にくれる西田幾多郎らの言葉を拾いながら、自らの言葉を絞り出している。

悲しみの感情において、わたしたちはほんものの生に接近する。生きること、そして死ぬことの深さ、重さ、奥行きといったものに出会うのである。*1

「ほんものの生」には、悲しみの感情によって近づくことができるという。多くの悲しみの感情の背景には音すらも立てない死者の存在がある。向きを変えれば、悲しむ生者の感情によって、死者がそこに生き生きと存在することが許される。だとすると、葬儀の場における涙は無意味ではないのではないだろうか。悲しみをもたらす死者の存在を明確に感じることで、不確かな自らの生者性（生きている感覚）を取り戻すことができる。しかし、その結論には、まだ辿り着くことはできない。なぜなら、死を超えるためには、対象である死者との距離の取り方を理解する手順が必要と考えるからだ。

死者との距離の取り方

ここで、死者との距離を考える手がかりとして、冒頭の写真の解説を試みたい。二〇一二年三月十一日に岩手県陸前高田市のJR竹駒駅跡で筆者が撮影したものだ。津波は市街地の西側を流れる気仙川に沿って逆流し、海岸から約一キロ内陸に位置する駅舎を飲み込んだ。誰もが、ここまでは津波が来ないと思っていた場所だそうだ。多くの家や人を巻き込んだために、津波到達地点の駅跡地周辺では多くの遺体が見つかったと聞いている。写真に映る花束はおそらく、一周忌の命日に際して遺族が手向けた供花だろう。第三者として写真を見ると、単に花束がそこに存在している。あるいは他者の祈りの跡地を示すものと感じていただけるだろう。

アメリカの批評家スーザン・ソンタグ（一九三三―二〇〇四）は、写真を通して他者との苦痛を共有することは不可能であり「他者の苦痛を救おうとする行為は、他者の苦痛を撮る行為と両立しない」という意味を戦争写真に関する考察の中で示している。*2 その言葉の通り、花束を目の前にした私は、献花した人と同じ強度の苦痛を共有することは不可能かもしれない。一方で、死者との距離を考える場合、死者に思いを馳せ（手向けた人と同じ気持ちにはなれないが、自分勝手に）悼むことは可能ではないだろうか。もちろん、死者への想いに関して、花束を手向けた人物と、撮影した私とは異なる距離がある。それを読者に伝えることは、伝言ゲームのようにさらなる歪みを生じさせている。

では、どれほど対象に近づくことができれば、遺族の痛みを真に引き受けることができるのだろうか。結論から言うと、おそらくどこまで近づいても、できないのではないだろうか。実際に、遺族が遺体発見現場に花を手向ける光景は多く見られた。浸水域で法要を勤めてほしいという思いを聞き、実際に勤行も執り行った。そのことによって、皮肉にも生者側の当事者（遺族）と非当事者（私）との線引きは鮮明になり、隔たりを認識した経験がある。津波浸水域における外来支援者は、痛みを丸ごと引き受けることはできない。あるいは、どれほど身を捧げても想像の域を出ない。そのことを認めた上で「私たちには何ができるのだろうか」この問いから逃げることは許されないと考えている。

「死者と生者の想いが混じり合う光景」として提示した写真は、生者による「供花」という形をとったメッセージを「死者」が受け取った場所である。祈る人によって、祈りたい場所と時間が選択され、献花が死者への通路を開いた景色である。生者は死者とどのような会話をしたのだろう。祈る主体は、あふれんばかりの死者への想いによって、どれほど心の痛みが伴い、いかほどの安楽を得たのだろう。その行為に伴う感情こそが、生者にとって生者であることを担保し、生きている証左となるのではないだろうか。

どこにもいない？／違うと、なくなった人は言う。／どこにもいないのではない。
どこにもゆかないのだ。／いつも、ここにいる。／歩くことは、しなくなった。[*3]

詩人の長田弘（一九三九―二〇一五）は亡き人への想いを詩に託して、自身と死者との距離を打ち明けている。生者は、一人ひとり異なる死者との距離を持っている。「私たちは写真を通して痛みや苦しみ、喜びなど、どれほど気持ちを感じ取ることができるのだろうか」改めてそう自らに問いかけてみたい。一枚の写真を通して伝播する痛みの強弱を感じ取ることが、対象との距離を測るソナーのような役割を果たす。次節から、生者である遺族から、気持ちを感じ受け取ることについて考えていきたい。まず、その実践である仮設住宅訪問活動の意義を説明する。

三　遺族の気持ちを聴く

気持ちを感じ受け取る意義

二〇一一年秋から、岩手県陸前高田市、大船渡市で、地元の方々と共にいわゆる傾聴活動を続けている。仮設住宅や公営住宅の居室を一軒ずつ二人一組で訪問する活動である。このチームは同じ研修を受講したうえで共通の姿勢を持ち活動をする。自分が苦悩を抱えているとき、どのような態度で接してもらいたいかを事前に考え、想像力をもって相手と関わることを活動の肝に据えている。以下「私たち」というのは、このチームのことを指す。

私たちの活動を象徴するいわゆる「傾聴」は、行為であり、目的達成の一手段であると考えてきた。その目的は「被災された方の死にたいほどの苦悩を和らげるため」と設定し、仮設住宅内で行政のサポートからこぼれ落ちる人、本音に蓋をして過ごしている人の存在が見えることから、活動チーム内の中心メンバーが会議を重ね目的達成のための手段を次のように具体化している。*4

それは「気持ちを受け取ること」「そばに居続けること」の二点である。一点目は、苦悩を抱える目の前の相手の気持ちを受け取ることである。相手の気持ちを感じ、受け取って湧き起こる気持ちを言葉や態度で相手に表現をする。相手の気持ちの受け取り方にマニュアルは存在せず、決まり文句も持ち合わせていない。相手の苦悩に関わりたいという気持ちで目の前の方と向き合い、双方の気持ちが近づくことによって生じる温かさが苦悩の和らぎに繋がるということが、私たちの経験から言えるせめてもの答えである。「傾聴」をどう理解するかによるが、私たちの活動は「聴く」行為に留まらない。対等な人間関係を大切にし、一時間でも一五分であっても、他者の人生の一部分に関わることを意識している。

二点目「そばに居続けること」はチームで関わることである。同じ態度で関われる人材を養成し、訪問先の方に「同じ方向を向いてくれる人たちがいる」と認識してもらうことをねらいとしている。

しかしそこには「非当事者に何がわかるのか」という問いも常に存在する。その思いを引き受けたうえで置かれた環境が同じでないからこそ分かりたいと思ってくれる人の存在を提供している。目的を共有し常に相手の立場を中心に考えて訪問するチームは現在、結成から五年を経て「被災された方のために」外部の人々が支援する形から、外部の支援者と被災しながらも支援活動をする人々の協働活動「被災された方とともに」へと変化し、現在は「被災された方によって」運営されている。

試行錯誤の取り組みを続ける中で、活動自体は地元に少しずつ根付きつつある。しかし、被災された方の中で死にたいほどの苦悩を抱えている人の数に比べて、関わる側の数は圧倒的に少ない。東日本大震災における被害の甚大さを語る際「約二万人の死者」と言われるが、もう一歩踏み込んで考えてみれば、一人の死者の背後にどれほどの遺族がいるだろうか。おおよそ死者一人に対して、五人程度が大きな心的外傷を受けると言われる。ならば、二万人の方が亡くなったと言うことは、一挙に十万人以上の方が遺族として強い悲嘆の中にいらっしゃることが予想され、関係性だけで言えばその何十倍もの人が遺族感情を持つことになったと想像ができる。また、亡くなられた一人ひとりに目を向けると「老少男女問わず多くの人びとが亡くなった」という事実がある。「将来のある若者が死んで、どうしてわしのような年寄りが生き残ってしまったのだろうか?」と自問される初老の男性と仮設住宅の片隅で時間を共にした時「こんなことは隣近所の人には言えないことだけど」と前置きしたうえでおっしゃった。

「地震の後は、人を助けることを考えずに逃げなければいけない。」

「全員が自分のことだけを考えて避難すれば助かったし、命さえあれば家や財産が無くても助け合えるんだ。」

「津波が来るまでは地震から約30分あった。それでも〝ここまでは津波は来ないだろう〟と考え、油断して逃げなかった人が命を落としたんだ。」

男性の大胆な言葉に驚きつつ表情から非常に悔しい気持ちを感じとった私は「悔しいですよね」と声を掛けた。すると、語気を荒げておっしゃった。

「悔しいよ！　海の近くの人じゃなくて、山手や街中に住んでいた人がたくさん津波に飲まれたんだからな。」

歴史的に津波の被害を繰り返し受けてきた三陸の人たちは「津波てんでんこ」という言葉で、地震の後は各々が高台に逃げることを語り継いできた。男性の言葉の端々から「津波てんでんこ」を実践できなかった悔しい思いがにじみ出ていた。経験したからこそ力強く、同じ目にあって欲しくないという気持ちが充分に伝わってきた。「誰にも言えないけれど」と、小声で始まった会話は、悔しい気持ちいっぱいに溢れていた。共に涙をためて向き合うと、安心したような笑みを浮かべられた。

訪問によって、丁寧に相手の気持ちを受け取り、こちらの気持ちをお返しする。そのことで、目の前の方の気持ちが変化することを目の当たりにしてきた。少し前まで知らなかった者同士が、思いを共有することで気持ちが触れ合う関係になる。ここに第三者による訪問活動の意義が見出されるように思う。

いわゆる「傾聴」「気持ちを受け取ること」「そばに居続けること」が形づくるものは、双方向の温かい関係性の構築である。それは、被災者／支援者の関係を越えた「わたし」と「あなた」の関係性とも言える。「被災された方の死にたいほどの苦悩を和らげたい」という目的は宗教者であるなしに関係なく居室訪問ボランティアの共通した活動の目的になった。またこの活動は東日本大震災の被災者支援においてのみ有効な事例として特殊化されることはないだろう。世界中で起こる様々な災害によって被災した人びとにとって、今を生きて生活していることは、その日に生み出された「喪失」と別なことがらではない。生き残った人々の心情は、いわゆる「サバイバーズ・ギルト（生存者の罪悪感）」という言葉でまとめられるような単純なものではないからだ。

先の男性は生き残ることができて「良かった」のでなく、「悔しい」という感情をお持ちで「どうしたらこの思いを伝えれるのか」お悩みだった。実際には、まだ言葉を形成するまでに至らない思いが存在しただろう。そのような言語化されない悲痛な思いを可能な限り受け取りたいと思う。なぜなら思いの突起は、強ければ強いほど、自らの心を傷つけたり、他者を傷つける心ない言葉へと変換されてしまうからだ。苦悩が暴力性を帯びる前に私たちは、苦悩を抱える人の思いを感じ、また発話者自身が納得のいく言葉を生み出すお手伝いをしたいと思う。

次に、震災から五年を越えた頃に聞いた個別の三者の声を紹介する。簡単に表出することが難しい苦悩や悲しみには個別性があることに注意を払いながら、併存する心象風景を見てみたい。

有り難みを噛み締めて生きる

仮設住宅敷地内には、住民の方々が集い様々な催しが開けるように集会所が設置されている。設置から五年以上の年月が経つと入居者数の減少に比例して利用者も減るが、大切な憩いの場であることは依然として変わりない。むしろ、憩いの場としての機能は時間の経過とともに増している。

その日は、追悼法要が開催されるという宮城県石巻市内のある仮設住宅の集会所を訪れた。集会所には、住民に混じって外部支援者も多く出入りし、他愛もない会話や挨拶があちらこちらで行われる賑々しい雰囲気であった。ただし、それだけでなく追悼法要を迎えるにあたっての緊張感が混じり込んでいたことも確かである。

私は、混雑する集会所の入り口付近で出入りする人々に挨拶をしていた。一人の少女が近づいてきたので「こんにちは」と挨拶をすると、弾ける笑顔で「エミ先生とマユミ先生が可愛いの」と唐突に教えてくれた。さすがにその意図が摑めなかった私は、大人の笑顔で「どういうこと？」と尋ねると、「小学校の先生のこと」と応えてくれる。子どもとの会話に堅い前置きは必要なく、その無邪気な微笑みによって心はほぐされる。「小学校は楽しい？　今はどんな遊びが流行ってるの？」そんなおしゃべりを交わし、互いに笑っていると「子どもたちが楽しそうにしてる様子を見るのが一番だね」と、その子の母親がやってきた。どうやら、私たちのやり取りを遠目から見ていたようで、少女同様、気さくに話かけてくださった。「この子は、知らない人が来てくれると喜ぶようになったのよ」と母親の口から、以前、少女は知らない人と関わることができない子、人見知りが強い子だったということが示唆された。そこで私は、少女と遊びつつ、もう少し母親の話を伺ってみることにした。

当時二歳の娘を抱えて逃げた震災から五年間。自宅が流されたため、避難所、仮設住宅へと、住環境の変化だけでも骨が折れるうえ、語りつくせない様々な生活の苦労があったという。特に母親自身は育児の不安に押しつぶされそうだったそうだ。想像に難くない。子育ては安定した生活基盤のうえにあっても、必ず親の思い通りに子育てができるということはないだろう。被災ストレスに加えて、子どもの育ちを多く引き受ける母親の心的負担は計り知れない。

二歳の娘を〝過酷な環境の中で育ててきた〟と言う母親は、自分の抱いてきた不安の大きさからか「街の復興なんて気にしたことがない」と述べられた。私はその言葉に驚きを隠せなかったが、子どもを中心に考えるならば優先順位が私の感覚と異なることは当然のようにも同時に感じた。

「お子さんの成長の方が気がかりですもんね。」

「そう。でも、もう安心なの。今年になって、この子はようやく話ができるようになったから」と安堵の表情でおっしゃった。

私をはじめ直接被災をしていない人間にとって、震災からの経年は、復興への着実な道のりだと考えやすい。実際、沿岸部を休むことなく走る土砂を積載したダンプカーを見るにつけ、本当に復興への道を歩んでいると思う。しかし、個別の経験を有する被災された方が、単に月日が経って安心できるということはおそらく、ない。安心のうちに暮らせる材料が人によって異なるからだ。母親は、津波によって失ったものや、亡き人との別れの時間の中で、ようやく娘の成長を感じ取れるようになり、今、安心できていらっしゃるのだった。不安の中、他人よりスピードが緩やかであっても、ようやく発語、会話ができるようになった娘の成長を実感し、やっと光が見えてきた六年目なのだろう。笑顔の表情の向こうには、安堵感とともに自分にとって大切なことを見据えて生きるという強い思いを感じ取ることができた。

申し訳なさを抱えて生きる

復興支援活動に関わることで新たに紡がれた関係もある。それは、被災地域の実情を日々取材する新聞記者の方達との信頼関係だ。彼らは自らが直接被災した／していないに関わらず、被災者のそばで耳を傾け、休むことなく取材を続けている。被災者の声にならない思いに気持ちを寄せ、得た情報や事実を凄まじいスピードで明文化していく。どのタイミングで、どういう形で世に出すか世相を読み解きながら仕事を続けていらっしゃる。土地勘があり地元に人脈を持つ彼らとの対話は、刺激的だった。大手メディアには伝わらない些細で幸せなニュースから、反対に表面化できないような不条理な話まで、取材者と取材対象者という関係を超えて様々な情報交換を行ってきた。

先に紹介した仮設住宅を訪問して話を聞く私たちの活動と、記者の取材とは、〝被災された方の話を聞く〟という点では似通っている。しかし、記者たちは私たちと聞き方が違うと謙遜する。事実そのものに焦点を当てて聞き、コメントをとるものなのだという。相手の言葉の背後にある想いを受け取る私たちの活動とは似て非なるものなのではないかと彼らはいう。それでも、話者の気持ちを感じなければ対話は開かれない。また、読み手（相手）を第一にするという点においては共通項も多い。そのような気づきも含めて、街の未来や住民の気持ちの変化について本音で意見を交わし合う関係を築いてきた。

そんな記者の一人から、転勤の報を受け取った。しばらくして、いつもの三陸沿岸部ではない場所で再会を果たした彼の口から、意外な一言を聞いた。「転勤後は震災報道を意図的に見ない」というのだ。はじめ、私はその真意を摑み取ることができず、記者たるものが情報を収集しないのはどういうことなのか。気持ちが離れてしまうというのは、こういうことなのだろうかと憤った。彼はそんな私をたしなめるように「そうではない」と述べた。震災直後から毎日取材をした土地を離れると、余計に気になる。気になって見るテレビに映された景色は全てが懐かしい。それどころか、配信される情報に登場する人々は知り合いばかり。しかし、離れて関われない自分に罪悪感を抱くのだという。報道を通して知らされる問題点に関して、出来る事は多分にあり、これまでの人間関係の蓄積もある。でも、目の前の仕事を横に置いてそれはなすべきことなのだろうかと自問するうちに何もできない罪悪感や、申し訳なさを抱くのだという。できない状況にある自分は、沿岸部の震災報道を遮断することで平生を保つしかないのだという。

私は、申し訳なさで崩れてしまいそうになる彼の気持ちを感じ受け取った。きっと、多くの遺族と接してきたからこそ、生きている人間の限界性を理解し、やりきれない心情を抱いている。そこから言葉を発したのだと思い知った。

確かに震災からの復興という巨大な事象に対して、少しでも関わったものは、まず自分の無力さから被災された方への申し訳なさを抱く人が多い。しかし、「ボランティア」の中には、被災地で頼れることによって自分の居場所を確認し、自分の可能性を伸ばしたいと考える人もいたそうだ。そんな〝自分のためにボランティア活動をしている人々〟が、本当に助けを必要とする人々の期待を裏切っている。彼が苦々しい表情で口にしたことがあった。目を覆いたくなるような厳しい現場を彼は多く見てきたのだろう。記者にとって平凡な日はない。毎日の事実に特別な言葉を与え、他者に伝えることを使命としている。特に非常時は、複雑極まりない人間関係の網目の中で気持ちを保ち続けなければならず、普通に生きることですら楽ではない。仕事といえども、崩壊しそうな自らを捧げて他者の役に立つという行為は、被災地を離れた今の彼が生きるうえでなすべきことではない。それよりも、彼が新たに担当するフィールドで活躍すること自体が、回り回ってこれまで沿岸部で出会った人の役に立つだろう。

人々が困難な状況にあることを前にして、自分の出来ること、できないことの見極めをし、線引きをするのは決して容易ではない。厳しい自己点検と葛藤のうえにしか真摯な行動は成立しないものだと思う。自分の限界を知った時に滲み出た彼の生き方と告白は、波動のように私に響いた。

死者と対話する使命を背負って生きる

被災された多くの方が、津波来襲後の不気味な静けさ、身を裂くような寒さ、灯りを失った街から見えた異様なほどに綺麗に瞬く星空の思い出を語られる。二〇一六年三月十一日も、日中こそ陽気に恵まれたものの、日没が迫ると零度近くまで冷え込み、被災された方が五年前を思い起こす条件が整っていた。

私たちは一日のスケジュールを終えたのち、日没近くになって南三陸町志津川地区の旧市街地を通りかかった。志津川地区は、病院や行政機関が集中する地域で大きな被害を受けた場所である。五年が経ち、土砂のかさ上げ事業が進み、生活の車道も日々刻々と変化していた。積み上げられた土砂の隙間から、不自然にライトアップされた南三陸町防災対策庁舎が見えてくる。接近すると、テレビ局の中継車が並び、アナウンサーはリポート準備に余念がない。おそらく、普段はあり得ない異様な賑やかさが、そこにあった。私たちは、中継車をかき分けるようにして庁舎前の献花台へ向かうことにした。献花台に接近すると、一人の僧侶の背中が見えた。私たちは、その僧侶の背後に立ち、漏れ聞こえる経文に声を合わせ、合掌をした。私たちの念仏の声に少々驚かれた様子だったが、焼香を勧めていただき笑顔で会釈をされた。「いいご縁を頂戴しました」そんな声がけを受けたのがきっかけでお話を伺うと、その方は地元の住職だとおっしゃった。亡くなった檀家さまの三分の一がいまだ行方不明であり、この合同庁舎で亡くなられた方々の一人ひとりの顔が思い出される、と苦悶の表情を浮かべながら語られた。「なんだかんだで丸五年を迎えたよ」と言葉をこぼされたが、その「なんだかんだ」には言葉に含みきれない想いがあったように感じた。

被災地域の住職方の五年間もまた、平坦な道ではなかっただろう。檀家の離散、地域に差はあれども依処としての寺院の力は、震災以前に比べて減退したと伝えられる。それでも震災以前の状況に戻ることを目指して法務をし、地域のために身を削ってこられた。

お話を聞いた住職は月命日には、必ずこの場所で勤行をするという。「なぜならそれが私にできることだからだ」と力強く述べられた。テレビクルーがどれだけ深刻な表情をし、思いを馳せようとも、その住職ほど鮮明に死者の顔は浮かんでいないだろう。遺されたもの（生者）、かつ宗教者という重層的な立場で出来ることを考え続け、自分の役割を自らに課して継続されている。誰も見ていない寒空の下でも、住職は死者の存在を感じ、突き動かされているようだった。誰もいないところで法要をすることになんの意味があるのか。世俗的な価値観で辛辣な言葉を浴びせられることもあるかもしれない。それでも、自らのざわめきを抑えることなく、行動をする。死者と生者（遺族）の両者に対して分別なく心を砕く地元の住職は、いま私たちの目の前で亡き方々の顔が思い浮かべながら、すべての安穏を念じている。

このささやかな行為を私たちはどう位置づけることができるのだろうか。これまで報道されてきた東日本大震災における宗教者の活躍というスポットライトの外側に、当事者にとっては当たり前で地道な活動が存在する。夜の街の光を失った場所に、微かではあるが強い想いを持った灯火が存在する。この尊さに私たちは宗教者の力を知らされた。「寒いと、あの日を思い出すね」満天の星空の下に、遺族としての住職の声が何度もこだましたように感じた。

「生きる気持ち」を聴く

「東北の人は我慢強い」や「人々から海を恨む発言を聴くことはなかった」と言われるが、人々の声はそれほど単純でない。むしろ我慢の中にもやるせない思いが存在し、恨むべき津波を通して生き方を再考している人々が多くいらっしゃる。実際に、津波は三陸沿岸部で生活を営む人々に対して「生きていることは当たり前の日常ではない」ことをたびたび刷り込んできた。震災直後聞かれた被災者の象徴的な語りは「普通に生きることの有り難み」だった。

先の母親は、娘の成長が実感できることの幸せを第三者である私に語ってくれた。時間に比例して復興が進むのではない。むしろ周りと同じようには進まない気持ちが、もどかしさを生み出していた。不安な生活の中で周囲に気遣い払っていた視点を、娘の成長に見定めることによって娘と出会い直し、他者と比べる苦しみから解放されていったのではないだろうか。「津波がなければこの娘は普通に喋れていた」そんな津波を恨むような呪縛から解かれた様子で、生きることの有り難みを打ち明けてくださった。「普通に生きることの有り難み」は直接の被災者から、次第に支援に入った外部の支援者の生き方にまで波及したように思う。例えば、学生ボランティアが地元に帰って述べる感想の多くは「支援に行ったはずが、こちらが助けられた」であったり、そこから自らの生活の見直しへと繋がっていく効果が見られた。これは「遺族の想いから生まれるもの」と言い換えることができる。

外延へと波及した声がある一方で、死者に近ければ近いほど「普通に生きる有り難み」を超えて、痛みを伴う「申し訳なさ」へと変化する気持ちも知り得た。報道に一番敏感な新聞記者が震災報道を見ないという選択をした背景には、遺族への申し訳なさが明瞭に感じ取れた。彼の「震災の情報は意図的に見ない」という言葉は、これまで死者や遺族との距離が近かった分だけ、強く「申し訳なさ」を産み出してしまった。内へ内へと分入って簡単に表出することのできない「申し訳なさ」を抱えながら、それでも生きていくという宣言でもあった。

彼のように、死者との距離が近く限りなく当事者に近い遺族の言葉だからこそ響くものがある。それは震災後、何となく生み出された「頑張ろう」のスローガンが目立たなくなり、主体が限定的になる方言「がんばっぺし」「がんばっと」など、それぞれの土地の言葉へと変化したことが思い出される。後者が共感を生むのは、主体が明確で死者との距離が近く「遺族の想いから生まれる」言葉だからではないだろうか。

最後に紹介した住職の役割は二人と異なっていた。住職からは、今後の生涯を死者とともに過ごし、死者を思う遺族と一緒に生きる覚悟を感じた。津波について、自然科学は現象を説明しても、なぜ愛する人が死んで、自分が生き残ったのかを説明してくれる人はいない。もちろん、それは宗教者にも簡単には説明できない。そもそも、震災後を生きるすべての人は、どういう理由で生活を営み、なぜ苦しみながら生きていかなければいけないのかを問う隙間すら与えてくれない。だから、死者に近い人ほど割り切れず迷っている。これでいいと納得のいく地点にたどり着くまでの物語は深く、悲しみを伴って存在するのだと思う。住職は、おそらくそういった遺族の語りを聞き、亡くなった人の分まで生きる決意を持っていた。そこから悩みながらも産み出された行為は、私たちの想像以上に重く尊い。人々と共に生きる宗教者として、生者と死者、両者の想いを受けて生きる立場と言えるのではないだろうか。

ここまで述べてきても第三者、被災経験のない者が、遺族の想いをどれだけ汲み取ることができるのか。疑問がなかったといえば嘘になる。それでも、先の人々との関わりの中で「わたし」が役割を持ち込んで成し得ることは限りなく少なく、むしろ隔たりある他者によって、聞き手の役割を与えられた「外側のわたし」が、心の琴線に触れる経験を重ねてきた。

三つの生者のざわめきに共通する、遺族の想いから生まれるもの、それは「生きる気持ち」ではないだろうか。その源泉は死者から与えられ、生者を経由する。そして、その波形は一人ひとり違うために他者と比べたところで、誰もその手に確信が持てない。言語化し他者に確認することが難しい。だから人に伝えることを躊躇し、思いを直接伝える言葉にならず、そっと漏れ聞こえるような声になる。そのような生者のざわめきを聴くものは、被災体験の有無に関わらず、目の前の人の気持ちに丁寧に接することができる人だ。

遺族の想いに対して丁寧に接する姿勢そのものが「聴く」ことに連なる。聞き手は話し手に何かを与えるのではなく、相手の思いを感じ受け取る。三者三様に語られた「それでも生きる」という気持ちをしっかり受け止めることだと考える。死にたくなる状況下を生きてきた経験から生まれる言葉は、ひょっとすると「もう、死にたい」かもしれない。そこから滲み出る「生きる気持ち」へ気持ちを差し伸ばすことが「聴く」ことではないだろうか。

四　私にとっての生者

「わたし」のあり方

ここまで支援活動の経験から「聴く」ことの意義を述べ、生者の声に通底する「生きる気持ち」を聴いてきた。ここでようやく、これまで聞き流し続けてきた「泣くことしかできないのか」「亡き人の分まで生きるとは」という問いかけに答えを見出したいと思う。

まず、この言葉を投げかけられた「わたし」のあり方から考えてみたい。それは、まずここまで一人称の語りを続け自己開陳してきた「わたし」であるということは認められる。だが、死者について論じ始めた「わたし」の自己認識は、極めてあやふやなものであった。漠然とした「わたし」への不安を抱いていたことは、はじめに言及した通りだ。しかし、だいたい根拠脆弱な「わたし」が「わたし」に疑問を抱く以前から、過去の人は考え悩み、一定の答えを用意している。

父がいなければ、子どももない。子どもだけが自立したものとして存在するのではない。父がいて、子どもがいることになる。それぞれ二つの存在についても、同様であると仏教徒たちは言い伝えてきた。

因縁はまた空である。因縁は定まらないからである。それは父子の喩えのように。
「父」が生じるので「子」という名づけがあり、「子」が生じるので「父」という名付けがある。
（鳩摩羅什訳『大智度論』第三一巻、大正蔵二五巻、二九〇頁上）

いわゆる「父子の比喩」は、「空《くう》なるあり方」の喩えとして仏教徒に多用されてきた。「父」「子」と認識される対象は、個別に自立的に実在しているわけではない。また、「子」が生まれた瞬間に「父」というあり方が生まれ、同時に「父」によって「子」のあり方が成り立つ相互依存的なあり方である。その「わたし」は子どもの前では父親となり、「わたし」自身の父親の前では「子」となる。また友人間や職場では違う名称が付与される。固定できない他者に依存的な存在である「わたし」は、幾重のラベルを貼られることで成り立つ。

「わたし」にとって「わたし」を存在づけるつながり（縁起としてのわたし）は、仏教の智慧を通してしつらえられた。られるという受け身でしか表現できない「わたし」がいる。その輪郭をかろうじて保った存在が、二〇一一年三月以降、死者を含む未知の他者とつながりを形成することによって、「わたし」には「わたし」が捉えられないことを一層鮮明にしてくれた。では、受け身として表現させる「わたし」の主体は一体何者なのか。

十方微塵世界の　念仏の衆生をみそなはし　摂取してすてざれば　阿弥陀となづけたてまつる*5

実は、この親鸞の和讃に出遇ったとき、私はようやく自分の根元に気づかされた。他者とのより良い関わりを模索するエネルギーも、ボランティア活動に迷いながら勤しみ続ける主体も「阿弥陀」という源泉からのいただきものである。自分自身を依りどころにしている限り「わたし」は顕れえない。それが、「わたし」を存在せしめる阿弥陀と私との関係である。ただし、そのような「わたし」の捉え方は宗教者の特別な自己認識に過ぎないと断じる立場もあるだろう。そういった反論にしたがって、違う角度から生者について考えてみたい。

死者を思う気持ちを有する者

そもそも、死者を思う気持ちを表現するのは容易なことではない。大槌町の私設電話ボックス「風の電話」や、死者へのメッセージの宛先として手紙を受け入れている陸前高田市の「漂流ポスト」を利用する人の苦しい胸の内はメディアを通して広く知られることになった。生者（遺族）による渾身のメッセージに対する死者からの反応の弱さ、手ごたえ無さに、生者（遺族）が迷ってしまう感覚は、多くの遺族に共有されてきた想いではないだろうか。宗教者によって、死者が迷っているように仕立てたり、生者の思い通りのあり方を死者に投影するような事象は論外としても、震災後に聞こえた「あの人は成仏したのだろうか」という声や「亡き人と夢でいいから会いたい」という素朴な思いの数々は、深い不安の表象として聞こえてきた。私たちは、年月を経るごとに死者とのコミュニケーションを諦め、次第に死者の存在を認めず、考えることすらやめてしまいがちである。だからこそ、年忌ごとに死者を思い出すこと。普通に生きることの有り難みを感じること。今の自分があるのは亡きあなたがいたからと感謝を捧げること。被災の教訓を生かすことなど、死者との距離を適切に把握しておくことが大切になる。やはり、いまを生きる生者とは、死者を想う者であると同時に、生者は、死者によって照らし出された存在であると言うことは、まだ乱暴な物言いだろうか。

ただ少なくとも、ここに「亡き人の分まで生きてくれ」という遺族の思いを受けて初めて生まれた「わたし」の存在を認めることができるのではないだろうか。本当の意味での「亡き人の分まで生きる」とは、死者の「あるはずだった生」をなぞって生きるわけではない。死者にとっては、大きなお世話だろう。お前には無理だ。俺とお前は違う。気負いすぎだ。そんな声が聞こえてくる。しかし、それを決して軽く扱ったり、いなすわけにはいかない。遺族から託された想いを引き受け、生者のざわめきを聞き得たものの責任でもある。自立的には存在し得ない「わたし」が、亡き人を想う遺族の声を受けて生まれ、その自覚が芽生える。十九歳の時、遺族の声がなければ「わたし」は存在しなかった。当たり前の日常を有り難く生きること、それが遺族から私へ託された思いである。「あの子の分まで生きて」の声によって「わたし」が生まれた。その自覚に、ようやく辿り着けた気がする。

もう一つ「わたし」に突きつけられた問いに答えを与えなければいけない。葬儀の場で「泣くことしかできないのだろうか?」と私に訴えてきた友人からの問いだ。当時、泣くことに疑問の余地がなかった私にとって、答えられずに受け流した質問だ。友人には申し訳ないが、明文化するまで約十八年を費やしたことになる。

先日、祖母の初七日法要の際、檀家寺の住職は私たち親族に向かって優しく語りかけた。「みなさんの心の中におばあさまは生きていらっしゃいます」。浄土真宗のみ教えをいただく親族は一様にうなずき、「倶会一処」また会える浄土の世界に想いを馳せていたように思う。もちろん、先月まで私たちの目の前に存在した形で祖母がいるのではなく、各々の記憶の中にとどめている形でおられるという投げかけであった。

祖母は、念仏の教えに生き西方極楽浄土に往生するという素朴な思い、往生の素壊を遂げた。速やかに仏となって還相回向の働きとして私たちに念仏を勧めてくれている。その証拠に私たちの口から出る「南無阿弥陀仏」は、阿弥陀仏からの働きかけによるものだ。そういった働きを持つ仏は、私たちの心の中に生きているということができる。したがって、浄土真宗のみ教えを伝道する住職の話に矛盾はない。その意味で、無常なる肉体を持つ生者（遺族）は死に向かい、死者は（仏となって）生き続ける。


死者は決して通常の「人の間」の言葉では語らない。死者は沈黙を通してしか語ることができない。語りえない言葉、沈黙の言葉を聞き取るのは生者の務めである。しかし、死者の言葉を聞き取ったと思っても、それが生者の勝手な思い込みでないとどうしていえるのであろうか。死者の言葉と称して、じつは生者の自分勝手な欲望を語っているだけではないのか。この疑問はつねに付きまとう。そして、それに対する客観的な判断基準はまったくない。[*6]

「死者は決して通常の「人の間」の言葉では語らない」ので、死者とはコミュニケーションが取れない。この前提は理解できる。末木文美士は「沈黙を通してしか語ることはできない」といい、それを聞き取ることは思い込みであることも同時に指摘する。

もちろん筆者も、死者とはこれまでのようなコミュニケーションが取れるとは考えない。しかし、死者の声を聞き取ることができる可能性は沈黙を聞くこと以外にあると考えている。それは、死者への想いから生まれる自身の感情をつぶさに感じることである。つまり、葬儀の場であふれ出す感情は、死者からのメッセージであり、仏から私に向けられたはたらき、還相の回向であるという提案である。判断基準のない空虚さを埋めるのは、死者から与えられた悲しみの涙ではないだろうか。「泣くことしかでけへんねやろうか?」と問う友人の目から溢れる涙は、日常生活では得ることができない亡き人から生者に与えられた産物だ。声に出して伝えることはできないかもしれないが、死者の温もりを感じ、安心して泣くことができる。それは紛れもなく死者に生かされているということだ。もし、人生を遡り時計の針を一八年前に戻せるならば、そんな想いを表に出し、念仏とともに声を出して泣きたいと思う。

註

＊1　三谷尚澄『若者のための〈死〉の倫理学』（ナカニシヤ出版、二〇一三年）一六九頁。

＊2　スーザン・ソンタグ『他者の苦痛へのまなざし』（北條文緒訳、みすず書房、二〇〇三年）一五四頁。訳者も

「あとがき」で、現実の苦痛と写真の苦痛との間には無限の距離が存在するということを強調している。

＊3　長田弘「花を持って、会いに行く」（『詩ふたつ』クレヨンハウス、二〇一〇年）。なお、／は改行を示す。

＊4　特別非営利活動法人京都自死・自殺相談センターに指導を仰ぎ、協働してきた。詳細は、金沢豊・安部智海「【報告】浄土真宗本願寺派総合研究所における東日本大震災復興支援活動」（『浄土真宗総合研究』第八号、二〇一四年）。

＊5　『浄土和讃』第八十二偈（『浄土真宗本願寺派註釈版聖典』本願寺出版社、二〇〇四年）五七一頁。

＊6　末木文美士『仏教vs.倫理』（ちくま新書、二〇〇六年）一九五頁。

◆コラム

ざわめきと声の汽水域

安部　智海

「汽水域」とは、川が海へと流れ込む河口にあって、淡水と海水とが混在する場所を指す。そこは、川とも呼べず、海とも呼べないような水域。しかしそこに間違いなく存在するが故に「汽水域」という名称も与えられている。

いま、「ざわめきと声の汽水域」と言う。ざわめきとも呼べず、声とも呼べず、そんな状態のことを、ここでは言おうとしている。ざわめきは声へと収斂しようとしてできないでいるのか、それとも声へと収斂されることをそもそも拒んでいるのか。いずれにせよ、ざわめきと声との間の「汽水域」と呼びたくなるような場所が、私たちの心のなかにも確かにあるのではなかろうか。

東日本大震災では、多くの「いのち」が失われた。そして震災以降、いのちといのちとの繫がりを予感させる「絆」という言葉が、日本中で見聞きされるようになった。あえて「いのち」といい、「絆」という。それらの言葉があえて用いられる状況とは、どのような状況なのだろうか。たとえば、それが脅かされようとするとき（生命の危機・連帯の消滅）、あるいは、それが新たに付与されようとするとき（生命の誕生・連帯の発

高台より陸前高田市内を望む（2011年12月）

生）が思い浮かぶ。生命や連帯が何者かに脅かされようとするとき、また生命や連帯が新たに付与されようとするとき、それまで前提にあって、意識さえされなかったそれらが、あらためて意識のなかで健在化される。

東日本大震災の発生直後、日本全土を覆っていた気分は、言うまでもなく前者（生命の危機・連帯の消滅）のものであった。生命や連帯が何者かに脅かされることで、あらためて「いのち」、「絆」という、それまで前提にあったはずのものが意識化され、言葉となって浮上してきたのだ。言葉となって浮上するからには、その水面下で、声（言葉）にならないざわめきもあったに違いない。

さきの震災は、私たちの心のなかに、多くのざわめきを引き起こした。

田畑を飲み込んで内陸へ遡上してくる津波の映像。押し流される家屋や自動車。激しく揺れるカメラアングル。飛び交う悲鳴や怒号。サイレンの音。次々に増えてゆく死者・行方不明者の数。状況を伝えるニュースキャスターの緊迫した声。原発の事故。続く余震。震災直後、メディアから流れてくるそれらの情景は、耳目を覆いたくなるものばかりであった。被害の大きさに圧倒されつつも、「被災地のために、何かできることをしよう」とする動きが盛り上がり、各地から支援物資が続々と届けられた。それと平行するように、今度は日本全体が自粛ムードに包まれる。あのとき、私たちはいったい何を自粛していたのだろうか。それはまるで、日本全体が不用意な声を発しないようにと息を潜め、自らのなかに湧き起こるざわめきさえも、何かに憚っているようだった。

同じ頃、どこからともなく聞かれ始めたのが「絆」という言葉だった。湧き起こった行き場のない感情に、そのなんとなく据わりのよさそうな言葉が用意されたことによって、一旦の落ちつきどころを得た感があった。あのとき私たちは、「絆」という言葉に何を仮託していたのだろう。何でもいいから被災地に対して、支援をしなければという焦りと、不安。何の支援もすることができないという引け目、無力感、罪悪感、脱力。いずれにせよあの重苦しい空気のなかで、「絆」という言葉を使うことで、私たちは被災地と繋がることができると錯覚したのかもしれない。しかし、そうした落ちつきどころを、どこか違和感として感じる人々もいた。

震災発災時、東京に勤務する友人は強い揺れを体験していた。棚という棚は軒並み倒れ、職場中が混乱するなかでの停電。あらゆる都市機能はすでに麻痺しており、街道はたちまち避難者で混雑したという。それでいて帰宅困難となった人々は、薄暗い駅構内の停止したエスカレーターを、声もなく上ってゆく。静かに続く人々の行列。そのときの光景は、今でもときおり思い返されて、彼女の心に澱んでいる。しかし、彼女は言う。「でも、東北で被災された方々に比べれば」と。自分の被災体験など、被災体験とも呼べない。そう言い放つことで彼女は、自分の中に起きたざわめきを飲み下そうとしたのだろう。声にならないざわめきは、苦い表情となった。

その後、筆者は、東北の仮設住宅を訪問して住民のお話を伺う対人支援活動に、数年にわたり従事することになるのだが、そこでも彼女と同じ表情に幾度となく出会うのだった。

「うちは家を流されただけだから」という五十代の女性は、それでも「家族は無事だったから」という言葉で。「弟を流された」という六十代の男性は、しかし「他の者は無事だったから」と言って。「息子の遺体が見つからない」という八十代の老婆は、「自分が津波に流されたわけじゃないから」と、あの苦い表情をしたあと、「自分よりも大変な人がいるから」と言葉を続けるのだ。それらの表情、言葉の水面下では、どんなざわめきを飲み込んでいたのだろう。

「自分よりも大変な人がいるから」という言葉で、素直な気持ちを吐露できなかったのだとしたら。では、いったい誰ならば自分の気持ちを素直に吐露する資格を持ちうるのだろうか。

帰宅困難者にとっては、自宅を流された方がそうなのだろうか。そして、自宅を流された方にとって、それは家族を亡くされた方。では、家族を亡くされた方にとっては？　より多くの家族を亡くされた方になるのか。私たちのなかには無意識のうちに、こうした悲しみの比べ合いがある。「自分よりも大変な人がいる」という、その比べ合いの行き着く先は、ついには「真に悲しみを語りうるのは、死者のみである」という陳腐な結論も導き出しかねない。

あの重苦しい空気のなかで、「絆」という言葉を使うとき、無意識に、そんな悲しみの比べ合いが行われていたのではなかったか。「私に悲しみを語る資格があるのか」と、自粛という態度で互いに互いを牽制し合いながら、口を噤まざるを得なくなったのではないか。その結果、唯一、発することを許された声が、あの「絆」という言葉になったのではなかったか。

震災から四年後。津波被害の場所を見渡せる、ある小高い丘に建つ仮設住宅でのこと。

震災から、月日の経つごとに変わる景色を眺め続ける五十代の女性がいらした。彼女がこの仮設住宅に入った当初は、瓦礫の山がまだ片付いておらず、毎朝目覚めてはその景色が目に入り、震災のことを思い出さない日などなかったと言う。

それからしばらくして、瓦礫の撤去が終わり、自分の住み慣れた街並みが更地になった眺望に呆然としたこと。盛り土が進んで、自分の住んでいた家の場所さえ思い出すことが困難になってきたこと。日に日に復興へ向けて景色が変わってゆくことに戸惑いを感じながら、それでも前を向いていくしかないのだと自分に言い聞かせていること。

小高い丘に建つ仮設住宅から眺める景色の変化は、そのまま彼女の心の変化でもあったのだろう。いま目の前にある風景を眺めながら、彼女はふと、「どうしようもないね」と言った。自分の今ある状況を省みてこぼれたつぶやきだったのだろうか。自分の住んでいた場所さえ思い出せない悔しさはいかばかりだろうと尋ねてみると、彼女は困惑した表情で、

「くやしいというより、どうしようもないよね」

と、もう一度同じ言葉を繰り返した。

「きっとさみしい思いにもなるんじゃないですか？」

と再び尋ねると、

「さみしいというか……」

少し笑いながら首を傾げる。自分の気持ちをどのように表現すれば、訪問してきたボランティア（筆者）に、伝えることができるだろうか、と考えあぐねているようだった。そして、「やっぱり、どうしようもないね」と繰り返すのだった。その声は、繰り返されるたびに自分のなかの感情を確認するように、ついには確信するように変わっていった。

彼女にとってそれは、「どうしようもない」という言葉でしか表現しようのない気持ちだったのだ。「くやしい」「さみしい」という言葉には載せきれない想いだったに違いない。私が提示した「くやしい」とか「さみしい」という出来合いの言葉では、彼女の中にあるざわめきを、掬い取ることなどできなかったのだろう。なぜなら彼女は、自身のざわめきを、彼女自身の言葉で表現しようとしていたのだから。「どうしようもない」という、その言葉で言う以外に、彼女にとっては術がなかったのだから。

「そうとしか言いようがないでしょうね」

そのことを伝えてみると、彼女は何度も頷きながら「どうしようもないね」と答えた。そのとき初めて、彼女の表情が和らいだように見えたのだった。

彼女の気持ちを、こちらであれこれ推し量りながら「くやしい」のではないか、「さみしい」のではないかと質問を重ねている間、私が感じていたのは、「あなた」と「わたし」という分断された個体（あなた）と個体（わたし）であった。しかし、彼女の「どうしようもない」という言葉の奥にある、ざわめきとも声ともつかない汽水域に、二人の焦点が当たった途端、それまで別個のもの同士であったものが、互いにその枠を越え出たような。それとも、もっと単純に、ただ「わたしたち」とでも言いたくなるような気持ちになったのだった。

大災害は、彼女から多くのものを奪い去った。そのことで、心のなかに大きなざわめきを引き起こした。震災から四年という歳月の間、そのざわめきが一度たりとも静まることはなかっただろう。むしろ、復興してゆく景色からも、新たなざわめきが彼女のなかで引き起こされていた。そのざわめきを、彼女は自分の言葉で伝えようとした。その姿は、ざわめきが声（言葉）という落ち着きどころを求めて彷徨っているようでもあった。そして、それは、自らの実感を伴わない誰かの言葉で満たされることなど、ないのだろう。満たされることのない気持ちは、ざわめきとなって、自分自身の言葉を探しつづけるのかもしれない。ならば人は本来、自分の声（言葉）で生きようとしていると言うこともできるのだ。

さきの「絆」という言葉は、そうした声のひとつではあっただろう。誰かのざわめきが、「絆」という言葉となり、その言葉が担った感情もあったに違いない。だが、その一方で、自分の声で生きようとする人々、声の水面下でざわめいている人々にとっての違和感ともなった。奇しくも「絆」という言葉が表現しようとしたものと、その言葉が起こした現象とが相反した形になっていたのではないか。いのちといのちとの繫がりを予感させる「絆」は、「絆」という言葉としてよりも、ざわめきと声との間の汽水域でこそ成り立つ出来事だったのかもしれない。その汽水域において、「あなた」と「わたし」との境界が曖昧となり、ひとつの感情を一緒に生きているとでも言いたくなるようなとき、一人ひとりが個体として分断される「いのちの境界」もまた、超えられてゆくのだろう。

ひきつづき、「いのちの境界」をとおして「ざわめきと声の汽水域」ということを考えている。これまで、生者と生者との間にある境界について述べた。つづいて、生者と死者との間にある境界について考えてみたい。「いのち」という言葉が改めて想起されるのは、それが脅かされようとするとき（生命・連帯の危機、消滅）であることはすでに述べた。死というものが意識されるとき、生もまた意識される。

「生者と死者」、「いのちの境界」という言葉から思い起こされるのは、震災から数ヵ月後、東北で仮設住宅を訪問する対人支援活動に、筆者が従事し始めた当初の頃のことである。

震災で亡くなったはずの家族や友人が「帰ってきた」と言う住民の方が、幾人もいらっしゃったのだ。亡くされたご家族に対する強い想い、もう一度会いたいという、その方の願望が、なにかを錯覚させたのだろう。そう思った。しかし、「確かに見た」、「聞こえた」と言われる表情には、錯覚なのではないかという疑問など、差し挟む余地はなかった。その方にとってそれは、確かに見え、聞こえたのだ。

震災以降、メディアなどで、こんな怪異譚を耳にしたことはないだろうか。津波被害のあった場所で、誰もいないはずなのに、「おーい、とこちらを呼ぶ声を聞いた」、「あんたのとこはいいな、という声に振り返ると誰もいなかった」、「おかあさーん、と言う声が夜な夜な聞こえる」など。そこで多くの命が失われたからこそ、そうした話がまことしやかに語られたのかもしれない。

ところが、私の限られた仮設訪問の経験を振り返ってみると、状況は異なる。亡くなったはずの家族や友人を見た、聞いたという、どなたのお話をとってみても、亡くなった方が明確な言葉をもって何事かを語ったという例は、じつはあまりない。「帰ってきた」というその内容は、「寝息が聞こえた」、「帰ってくる足音がした」、「天に昇っていくのが見えた」というようなもので、死者の明確な声や、意図をもった言葉としてよりも、感覚や感触という、ざわめき寄りに語られるケースが多かったのである。

どうやら、具体的な言葉をもって死者が語りかけてくるという怪異譚・幽霊譚の類は、むしろ第三者の立場から語られる場合が多いようなのだ。もちろん筆者の限られた活動範囲のなかで聞かせて頂いた、それも個人的な印象の話でしかないと断ったうえで、しかしその差異は何か重大なことを示唆しているように、私には思えてならない。

「もし、そんなことがあるのなら」と言うのは四十代の女性だった。まだ年若い息子さんを津波で亡くされたこの女性は、震災からの年月を重ねてゆくうちに、いつしか息子さんの声を忘れつつある自分に気がついたという。どんな声で話し、どんな声で笑っていたのか。息子の声を忘れる自分は薄情なのではないか、母親失格なのではないか、と自分を責め苛むなかで、「亡くなった方が、自分が死んだことに気付かず、家族を探して、通りすがりの人に声をかける」という、上記のような怪異譚の噂を耳にされたというのだ。

「もし、そんなことがあるのなら」、「一度だけでもいいから息子の声が聞きたい」その思いで、深夜、津波の浸水区域に足を運んだこともあったという。

「もし、そんなことがあるのなら」、「幽霊でもいいから会いたい」それは、彼女の切実な思いが溢れ出したような訴えだった。なぜ、亡き者は、第三者には雄弁に語りかけ、親しい者にはその雄弁さを失ってしまうのだろうか。「もし、そんなことがあるのなら」親しい者にこそ死者は、雄弁に物語ってもよさそうなものなのに。

仮設住宅の集会所を訪ねたときに出会った五十代の男性のことを思い出した。

その日の集会所は、珍しく男性だけの集まりが持たれているところだった。いつもの集会所とは雰囲気が異なり、二十名近くの男性陣の吸うタバコの煙で空気は淀み、卓上には酒も並んでいた。気さくに席に呼ばれると、話の輪に混ぜてくれた。他所から来たボランティアに、とにかく被災地の現状を訴えようとしてか、それとも酔いのせいか、複数の男性がそれぞれ別の話を同時にされる場面もあった。働き盛りの男性たちの話題は、進まない復興に対する憤りと、国や政策に向けての不満が大部分を占め、子どもたちや、家族のことにも話が及ぶ。自分が家族を支えなければという強い責任感からの憤りや不満なのだった。

憤りや不満をある程度話されると、今度は誰からともなく震災の話になった。津波が襲ったあのとき、どこで何をしていたのかということを一つひとつ、まるで互いに確認しあうように、当時のことをふりかえるのだった。

その男性は、自分の住まいや、近隣の家が屋根に住人を乗せたまま流されてゆくのを、どうすることもできず、ただ見ていることしかできなかったと言う。「情けなかったね」「世界の終りだと思った」と、当時のことを振り返って言われた。そして、老いた母と手を取り合って逃げたこと、病気の父が震災の時まで生きていたら、逃げられなかったかもしれないこと、津波が迫って母と死を覚悟したとき、友人の車が運よく通りがかったことなどを一気に話された。少し間があって、

「どうして津波なんて来たんだろう……。なんで俺が生きてるときに、こんな目に遭うんだろうね」

しばらく男性の視線は宙を彷徨《さまよ》い、当時のことを思い返しておられるようだった。次の言葉を待っていると、

「死んだ父ちゃんや祖父ちゃん祖母ちゃんは、俺がこんなふうになってるの、どんなふうに見ていてくれるかな？」

何かに区切りをつけたかのように口を開いた男性は、少し微笑むと、

「おれ、頑張ってんだよ？」

まるで父や祖父母に訴えかけるようにして言った男性の、なつかしそうに微笑んだ目には、涙がすこし滲んで見えた。

「おれ、頑張ってんだよ？」というこの男性にとって、死者は何も語りかけてはいない。にもかかわらず、死者からの眼差しを男性が、温かく感じていることが伝わってくるのだ。

「深淵をのぞく時、深淵もまたこちらをのぞいている」という有名な言葉があるが、その人が、死者をどのように見ているかが、そのまま死者からどう見られているのか、ということなのかもしれない。自分に災いするものとして、あるいは自分を見守るものとして。それとも自分とは関わりのないものとして……。

死者の言葉を雄弁に語る第三者がいる一方、近親者を亡くされた方が、どちらかといえば、ざわめき寄りに語る背景の一つには、亡くなった方への気持ちや感情を、声（言葉）にするにあたり、既存の物語ではない自分自身の物語で語ろうとされることが挙げられるのではないだろうか。人は本来、自分の声（言葉）で

生きようとしているのではないかと先に述べた。喪失から生まれたざわめき（悲嘆、寂寥など）は自分自身の言葉を探そうとして、それができずにいる。亡くされた方との関係が、何者とも代替しがたい、かけがえのないものであるからだ。かけがえのないものだからこそ、意味が限定される言葉（声）になることを、容易にできないでいるのではないか。

ざわめきが声（言葉）になり、また、言葉（声）からざわめきが呼び返される。その狭間にある汽水域について考えている。

東日本大震災では、多くの喪失があった。景色が、生活が、そして多くの命が失われた。あまりにも突然の喪失は、程度の差こそあれ私たちの心をざわめかせた。数多のざわめきのなかで、ひとつ言えることがあるとすれば、死者の言葉を雄弁に語る第三者にとっても、近親者を亡くした方にとっても、どこかで自分と同じ喪失体験をしたであろう彼がいて、自分と同じ悲しみを抱えているかもしれない彼女がいるということである。それは見知らぬ「彼／彼女」かもしれない。しかし、自分と同じざわめきを共有している「彼／彼女」である。その「彼／彼女」が、自分と同じ時間、同じ場所に生きているということに頷けたとき、その地平で初めて「絆」という出来事は、自ずと立ち現れるのかもしれない。

第二部　支え合う死者と生者——鎮魂とは何か——

❖「死んだら終りですか？」

――慈悲のかかわりめ――

木越　康

東日本大震災の津波により犠牲となった旧閖上中学校の生徒14名の慰霊碑

一　親鸞と往生極楽への問い

おのおの十余か国のさかいをこえて、身命をかえりみずして、たずねきたらしめたまう御こころざし、ひとえに往生極楽のみちをといきかんがためなり。しかるに、念仏よりほかに往生のみちをも存知し、また法文等をもしりたるらんと、こころにくくおぼしめしておわしましてはんべらんは、おおきなるあやまりなり。[*1]（皆様方がいくつもの国境を越えて、命を懸けて訪ね来てくださいましたお心は、ただただ極楽浄土へ往生する道を問い聞きたいがためなのでしょう。しかし、私親鸞が念仏の他に往生極楽の道や教えを知っているとお考えでしたら、それは大きな誤りです。）

鎌倉期の仏教者親鸞の言葉である。有力な弟子の一人である唯円が書き記したとされる『歎異抄』に残されたものである。

承元元年（一二〇七）、三十五歳の親鸞は、師と仰ぐ法然への念仏弾圧のあおりを受けて、京から越後へと流罪となった。およそ四年を経た建暦元年（一二一一）には赦免となるが、その後すぐに都へは戻らず、佐貫や下妻や稲田など、現在の栃木・茨城・群馬・埼玉あるいは福島県にまたがる諸地域で暮らした。極めて高度な知的作業の成果である『教行信証』の執筆など、秀でた思想家としての業績もこの地で成立することになるが、親鸞が「いなかのひとびと」[*2]と呼んで晩年まで親しくした民衆との交流も、この地ではじまった。「りょうし・あき人、さまざまのものは、みな、いし・かわら・

つぶてのごとくなるわれらなり」[*3]と、晩年には記している。「いし・かわら・つぶて」とは、およそ役に立たない、雑多な存在を意味する言葉である。直接には越後や東国で出会った農民や漁師、あるいは商人たちをさすが、親鸞が「われら」と言ったこれら「いなかのひとびと」との出会いは、後の思索にも決定的な影響を与えたと考えられる。親鸞は、法然から継承する念仏の教えを「いし・からわ・つぶてなんどを、よくこがねとなさしめん」[*4]ものであると言う。「いし・かわら・つぶて」のような人々を、黄金のように輝かすことのできる道を、法然の念仏思想に見出したのである。

冒頭の言葉は、『歎異抄』一八条中の第二条のものである。東国を離れて晩年に京都へ戻った親鸞のもとに、はるばる弟子たちが来訪した様子を伝えている。彼らは、日頃の疑問を親鸞に尋ねに来たのであろう。『歎異抄』は基本的に親鸞語録であるため、弟子たちの問いは直接記録されてはいない。しかし、書き留められた親鸞の返答から、問いも想定される。この場面では、弟子たちの疑問が「往生極楽のみち」であったことが知られる。どうすれば極楽と呼ばれる阿弥陀の世界に生まれることができるのか。自らの将来に対する不安なのか、あるいは先立つ者の行方への不審なのか、生命をかけた旅の果ての、師への疑問である。

そのような質問に対して、親鸞の答えは極めてシンプルであった。「念仏の他に往生極楽の道や教えを知っているとお考えでしたら、それは大きな誤りです」と応える。そして続けて、次のように語った。

親鸞におきては、ただ念仏して弥陀にたすけられまいらすべしと、よきひとのおおせをかぶりて、信ずるほかに別の子細なきなり。[*5]（私親鸞にあっては、「ただ仏を念じて阿弥陀にたすけられなさい」と教えた師法然の言葉を信じるほかに、特別なことは何もないのです。）

関東の地からはるばるやって来た門弟たちは、さぞかし落胆したことであろう。自らの極楽往生への備えとして何をなせばいいのか、無念の中に先立って逝った人々のために何をしてやればいいのか、さまざまに不安を抱えていたはずである。しかしそれに対して親鸞は、恐らくは彼らが過日からたびたび聞いていた教え以外、特別なことは何も語らなかった。親鸞は再び、「ただ念仏」を説いたのである。

この条の問答は、次の言葉で結ばれる。

愚身の信心におきては、かくのごとし。このうえは、念仏をとりて信じたてまつらんとも、またすてんとも、面々の御はからいなりと、云々。[*6]（私のような愚かな身においては、このようなことであります。この上は、念仏ただ一つを選び取って信じようが、また捨てようが、それぞれご自由になさってください。）

と、親鸞は言い放つのである。

二　東日本大震災と閖上中学校の一四人

宮城県仙台市に隣接する名取市閖上地区。沿岸部に位置するこの地は、漁業や農業が盛んで、かつては七千人を超える住民が暮らしていた。狭い地域に密集して住宅があるため、多くが知り合いで、みんなが静かに、安心して暮らせる場所だったという。

二〇一一年三月十一日、この穏やかな地域に、未曾有の大地震が起こった。東日本大震災は、地域住民の生活を大きく変えてしまった。地震後に襲った津波によって、およそ八百人の人びとの尊い生命が失われ、あるいは不明となった。地震発生から津波が襲うまで、およそ一時間。情報が錯綜し、あるいは正確に届かずに、多くの人々が逃げ遅れ、あるいは逃げあやまり、津波に巻き込まれてしまった。かつて地元の子どもたちが通った閖上中学校でも、一四人の子どもたちの生命が失われた。地震から津波発生まで避難の時間は十分あったにもかかわらず、この学校でも、多くの犠牲をだしてしまったのである。

震災後五年をすぎて、校舎は取り壊されてしまった。地域全体を嵩上げして、再び街を復興させようという工事の一環として撤去されたのである。取り壊し以前は、校舎前に亡くなった子どもたちの名前を刻んだ真っ黒な慰霊碑と、二つの教室机が据えられていた。現在は旧中学校から程近くの地に移設された「閖上の記憶」のそばに設置されている。「閖上の記憶」とは、震災の記憶を語り伝える言わば語り部小屋としての機能を果たしている。しかし本来は、子どもたちの慰霊碑を管理する施設、いわば社務所なのだと言う。したがって、旧中学校前から移設された慰霊碑のそばに「閖上の記憶」が併設されている、と言った方が正確であろう（ただし現在これらが設置されている場所も、嵩上げ工事のための移動が要請されているそうだ。最終的な落ち着き先は、残念ながら現段階では不明である）。

黒い石でできた慰霊碑は、ちょうど腰ほどの高さとなっている。テーブル状に、ただ表面だけ、少し手前に傾いている。そこには、亡くなった一四人の子どもたちの名前が刻まれている。誰もが手で触れることができるように、腰の高さに、面をこちらに向けて名前がみえる。遺された者の心に刻み付けるかのように、真っ黒の石に一四人の名前と津波の記録。

中学一年生
荒井和巳　丹野公太
濱田瑠衣　邊見珠菜

中学二年生
大川駿　菊池ななみ
櫻井綾香　佐々木和海
高橋昌司　沼田亮子
樋口明日香

中学三年生
荒川貴栄　遠藤一生
沼田香織

平成二十三年三月十一日午後二時四十六分
東日本大震災の津波により
犠牲となった閖上中学校の
生徒の名をここに記す。

「閖上の記憶」スタッフの一人である上條幸恵さんは、来訪者たちに静かに語り掛ける。「どうぞ慰霊碑を触ってあげてください。名前を撫でてあげてください。子ども達を、忘れないでください。ずっと温かい石にしてやってください」と。その言葉に促されて、訪れる人々は、はじめは少しためらいがちに、しかし後にはゆっくりと一人ひとりの名前を指でなぞり、そして手でさする。隣には、学校で使用されていた教室机が二台置かれてある。一台には、次のようなメッセージ。

閖上中の大切な大切な
仲間14人が
やすらかな眠りにつける様祈っています。
津波は忘れても14人を
忘れないでいてほしい。
いつも一緒だよ。

周囲には、一四人の子どもたちの名前が書かれている。「一生くん、貴栄くん、香織ちゃん」、「ななみちゃん、あやかちゃん、大川くん、昌司くん、かずみちゃん、りょう子ちゃん、あすかちゃん」、「和巳くん、るいちゃん、珠菜ちゃん、公太」。遺族の一人、丹野祐子さんが、名前と言葉を書き付けて設置したものだという。当時一年生であった息子の公太くんが、犠牲となった。公太くんの名前だけが「公太」と呼び捨てになっているのは、書いたのが母親であることを意味するのだろう。どのような経緯で机を据えたのは、震災の年の九月頃だったと言う。献花台だったそうだ。どのような経緯で机を置き、なぜこの言葉を記したのか、次のように話してくれた。

瓦礫が次々と片付き、町がきれいになっていくと、ここに町があった事、沢山の人々の命があった事まで片付けられてしまったような気持になり、淋しくて悲しくて、教室から机を持ち出し勝手に献花台を作りました。震災の年の9月です。献花台に花を供え、ペットボトルを置きました。毎日通ううちに、ここで何が起きたのか？知ってほしくなり、14人の子供の名前を書きました。

震災後、世界中から支援者や視察の人々が閖上中学校にもやってきた。「閖上の記憶」で語り部たちの話を聞き、慰霊碑の前で目を閉じ、あるいは手を合わせる。一人ひとりの子どもたちの名前をやさしく撫で、横に設置されている机の前で足を止め、言葉を見つめる。「津波は忘れても14人を忘れないでいてほしい」。

横にはもう一台机がある。やはり公太くんの母、丹野さんが置いたのだという。そこには次のような言葉が、太いマジックで書かれている。

あの日、大勢の人達が津波から逃れる為、この閖中を目指して走りました。
街の復興はとても大切な事です。
でも沢山の人達の命が今もここにある事を忘れないでほしい。
　死んだら終りですか？
　生き残った私達に出来る事を考えます。

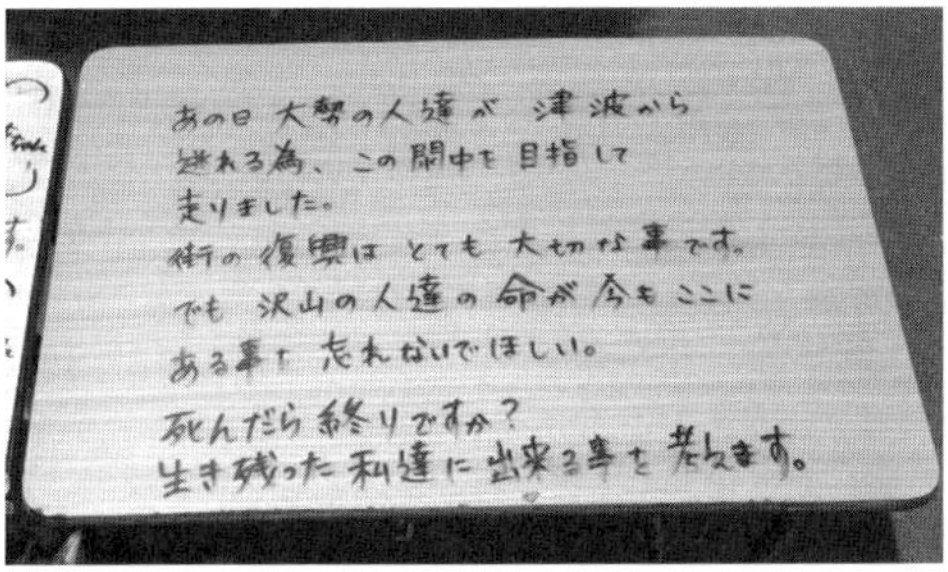

丹野祐子さんが中学校前に置いた１台の机

多くの仲間を失い子どもを失い、そして何よりも大切なわが子を失った母親の言葉である。彼女は言う、「街の復興はとても大切な事です。でも沢山の人達の命が今もここにある事を忘れないでほしい」と。そして問いかける。「死んだら終りですか？」と。

人は、死んでしまえば終わりなのだろうか？　昨日まで元気で笑い、泣き、怒り、そして疲れ果てて眠っていたわが子も、死んでしまえばもうそれで終わりなのだろうか？　もしそうだとするならば、子どもたちが生きていたという事実には、いったい何の意味があったのだろうか？　あるいは、あるのだろうか？　机の言葉を前に、さまざまな問いが胸の奥から突き上げてくる。

彼女は「沢山の人達の命が今もここにある事を忘れないでほしい」と言う。そして「生き残った私達に出来る事を考えます」と言う。失ってしまった多くの生命に対して、生き残った私たちに出来ることとはいったい何なのかと、問いかける。

三　慈しみの心、悲しみの心

『歎異抄』には、往生極楽の道に不安をおぼえる「いなかのひとびと」に向けた親鸞の教えが多く残されている。先に紹介したのは第二条だが、第三条にある「善人なおもて往生をとぐ、いわんや悪人をや」[*7]は、親鸞が法然から継承した悪人成仏の思想をよく象徴するものとして、もっとも有名であろう。「厳しい戒を守らない者に仏の救いはない」「無智の者には仏の悟りは無縁である」、ただ念仏のみで救われるのだという教えを信じてきた人々にとって、これらの批判は、大きな動揺を与えることになったであろう。しかし親鸞はそれに対して、悪人は悪人のままで、ただ念仏によって救われるのだと説いた。「愚かなものは愚かなままに、愚かであってこそ往生浄土はかなうのです」と、教えたのである。

そして第四条。この条には、人を救いたいという切実な思いと、その思いが届かない虚しさについて、次のような言葉が残されている。

慈悲に聖道・浄土のかわりめあり。聖道の慈悲というは、ものをあわれみ、かなしみ、はぐくむなり。しかれども、おもうがごとくたすけとぐること、きわめてありがたし。*8

「慈悲」とは、他者を慈しみ悲しむ心を言う。これについて親鸞は、「聖道と浄土のかわりめがある」と教えるのである。「慈悲」は、古くから「あの人は慈悲深い人だ」という称讃の意味や、「どうかお慈悲を！」と許しを乞う場面で使用されるが、元来は仏教用語で、他者に喜びを与えたいとする心の「慈」と、他者の苦しみを取り除きたい心である「悲」からなる。誰に対しても平等にはたらく慈悲心、つまりあらゆる他者を慈しみ悲しんで救いきろうとする心、そのような完成された慈悲心は、仏のみが有するものだとされる。これは「無縁の慈悲」とも言われ、いかなる人をも嫌わず、平等に慈しみ悲しみ、そして安らかさを与えるとされる。

悟りを目指して修行する菩薩や行者たちには、したがって常に仏のように完璧な慈悲心を保持することが要求され、救いを完遂させることが期待される。第四条で親鸞が言う「聖道の慈悲」とは、そんな菩薩や行者に求められる慈悲をさす。仏になることを目指して聖の道に入った者の慈悲心、それが聖道の慈悲である。

この場面で弟子たちは、何を親鸞に問うたのであろうか。どのように慈悲の心を完成させればいいのか、どのように人を慈しみ悲しみ、そして救うことができるのかを尋ねたのであろう。親鸞は「聖道の慈悲とは、他者を憐れみ悲しみ、そして育もうとする心です。しかし、いくらそのような慈悲心を持とうとしても、思いの通りに人をたすけ遂げることはないでしょう」と応えるのである。いかに深く他者を慈しみ、苦しみを取り除いてやりたいと思っても、思い通りに救い遂げることは極めて困難だ、と言うのである。また、次のようにも述べる。

今生に、いかに、いとおし不便とおもうとも、存知のごとくたすけがたければ、この慈悲始終なし。

（今、この世に生きている世界において、どのようにあの人を愛しく不憫に思ったとしても、決して思い通りに助け遂げることはできないのだから、このような慈悲は、終には満たされることがないのです。）

弟子たちは、常に念仏を説く親鸞に対して、他者を救う心を保持し続けることの大切さや困難さを相談したのかもしれない。念仏のほかに往生浄土のための道がないと教える親鸞に対して、それでも仏道修行の要件として伝道される慈しみ悲しみの心を問いただしたのかもしれない。あるいは、先立って逝った者の行方を案じ、慈しみ悲しみ、守りたい心をどのように届ければいいのかを尋ねたのかもしれない。いずれにしても親鸞は、訪れた「いなかの人びと」に対して、「おもうがごとくたすけとぐること、きわめてありがたし」と言い、「いかにいとおし不便とおもうとも存知のごとくたすけがたければ、この慈悲始終なし」と言う。どれほど深く悲しみ、慈しみの心が果てしないものであったとしても、決して思い通りに助けてやることはできないのだ、と告げるのである。「この慈悲始終なし」と、私たちの慈悲心は、始まりはあっても終わりを迎えることは出来ないのだと、言うのである。自力の無功であることを、門弟たちに語って聞かせるのである。

四　「死んだら終りですか？」

沢山の人達の命が今もここにある事を忘れないでほしい。
死んだら終りですか？

母親のこれらの言葉に導かれるように何度も閖上を訪れ、慰霊碑の前に身を置くのは私だけではないであろう。これらのメッセージは、誰からの、誰に対する言葉なのだろうか。遺された母親を通しての訴えであることは、訪れるすべての者が承知していることである。しかし、それとは何か別者の声が、母親を通して発せられているような気がしてならない。この地を繰り返し訪れる者には、慰霊碑に刻み付けられた一四人の子どもたちの声として、響くのかもしれない。「沢山の人達の命が今もここにある事を忘れないでほしい」「死んだら終りですか？」は、生者と死者に交錯する声として、慰霊碑とともに人々に語りかけている。

丹野さんは、献花台として教室机を据えた時のことを、次のように語ってくれた。

あの頃、閖上にちょくちょく来るもの好きは、たぶんいなかったんです。来るのは私ぐらいのものだった。閖上の街が何もなくなって、来る理由がないから。だから私も、「何しに行っているの」と、かつての仲間たちにも言われたことがあります。行く意味のない場所だったんです。私も「何しに来ているの」と言われるぐらいに。でも私にすれば、もしかしたら息子に会えるかもしれない大事な場所だったんです。もしかしたら息子の思い出を何か拾えるかもしれない、大切な場所だった。だから毎日のように、意味がなくても通った。自分の中では、ここに来るのが当たり前だったんです。何も不思議なことではなかった。

そのうち、ただ学校を見て終わるのではなく、ここには一四人の生命があったんだよということを何か伝えたいと思って、最初にメッセージを書いたんです。

何もかも失われた街。子どもの生命が奪われた街。行く理由のない場所、行く意味のない場所だったそこに、丹野さんは通い続けた。何もない場所、すべてが失われた場所であるが、丹野さんにとっては、大切な場所だったのである。それは「もしかしたら息子に会えるかもしれない大事な場所」であり、「息子の思い出を何か拾えるかもしれない大切な場所」だった。だから彼女は、そんな大事で大切な場所に毎日通った。他の人にとってはすべてが失われた、何の意味もない場所なのかもしれない。あるいは、嵩上げして復興に向けて前に進むべき場所なのかもしれない。しかし彼女にとっては、何物にも代えることができない場所、息子たちのいるかけがえのない場所だったのである。そんな中で思わず書きつけた言葉が、「街の復興はとても大切な事です。でも沢山の人達の命が今もここにある事を忘れないでほしい」という言葉なのだろう。一四人の名前と共に、静かに置かれた言葉である。

しかし、丹野さんのこのような気持ちは、その後思いがけず、つながりと広がりを持つことになる。

自分が献花台を作ったら、次の日、私が置いたのとは違うペットボトルが置いてあったんです。「あーもしかしたら、ここに来ているのは私だけじゃなく、ほかにもいるんじゃないかなあ」って、そう思うと、何となく心強くなって。それで、やっぱりあの場所に子どもたちのゴール地点を作りたい、子どもたちが生きていた証を作りたいと、強く思うようになったんです。

死んだら、終りなのか。終りであるとするならば、子どもたちが生きていたという事実は、今ではもう何の意味もないのだろうか。丹野さんは、やはり失った子どもたちを想って足を運びつづける仲間たちの心と出遇う中から、決して死んだら終りではないことを感じ取っていったのかもしれない。そしてそんな気持ちに促されるように、「子どもたちが生きていた証」を作らなくてはならないんだと、強く思うようになる。「生きていた証」とは、「ゴール」であった。彼らが目指し、走り、そして行き着くことができなかった「ゴール」。それを、彼らが生きていた証として作りたいと、彼女は強く思ったのだという。

三月十一日の震災当日は、閖上中学校の卒業式だった。午前中の式典を終え、子どもたちはすでに学校を離れていた。式を終えた卒業生たちは午後になって、学校から二百メートルほど離れた公民館で開かれた謝恩会に参加していた。幼稚園の謝恩会も併せて行われており、百人ほどの住民が公民館にはいたという。地震が襲ったのはその最中のことであった。余震が続き、住民を屋外に待機させていたが、そこに津波が襲うという情報がはいってきた。鉄筋コンクリート二階建ての公民館は、市の防災計画では避難所として指定されていたが、なぜか三階建ての中学校のほうが安全だという指示が出され、子どもたちを含めた多くの住民は、中学校へと走ったのである。二百メートルを、懸命に走った。そこに、大きな津波が襲ってきた。あわてて公民館の二階に上がった人々は、危うく難を逃れた。しかし、学校に向けて再び避難をはじめた人々の中から、犠牲がでてしまったのだ。

一旦は下校した子どもたち。地震が来て、やがて津波が襲うとの情報を受けて、再び避難先となった中学校に向かって走りだした子どもたち。行き着くことができず、尊い命を失ってしまった。丹野さんはそんな子どもたちに、彼らが生きた証として「ゴール」を作りたいと、願うようになったのだ。

やがて震災の年の十一月に、遺族会が立ち上げられた。そこで丹野さんは、「できれば慰霊碑を作りたい、すぐに作りたい」と訴えた。何人かの賛同を得て意見がまとまり、話し合いの末に、震災一年後の三月十一日に慰霊碑を置くことになった。そして一年後、ようやく子どもたちのゴールが完成した。彼らが生きていた証としてのゴールである。

丹野さんは言う。

地震から津波が来るまで一時間以上この町はありました。逃げるという行動さえすれば、全員たすかることが可能だった街。津波が来ないだろうと勝手に解釈してしまった。それでこれだけの犠牲を出してしまった。地震の後には津波が来ることをちゃんと子どもたちに教えるべきだった。自分も学ぶべきだった。勉強しなさいとか、宿題しなさいとか口うるさいことは言っていたけど、親より先に死んではいけないという一番大事なことを私自身、いっさい伝えることができなかった。勉強なんかできなくていいから、生きてさえいてくれればよかったのに。宿題できる子どものほうが立派だって勘違いしていたバカな親だった。そうならないように今は、「生きていることが最大の親孝行だ」ということを皆さんに伝えたい。生命さえあれば、なんでもできたんです。

「閖上《ゆりあげ》」の地名の由来は諸説あるようだが、津波で観音さまが揺り上げられたのにちなんで付けられたものであると言われる。街の名前は津波と共にあった。しかし多くの住民はそのことに学ぶことはなく、子どもたちに教えることもできなかったのだ。このことを悔いるたくさんの大人たちが、いまは「閖上の記憶」で語り部として記憶をつないでいる。

五　すえとおりたる大慈悲心

聖道の慈悲というは、ものをあわれみ、かなしみ、はぐくむなり。しかれども、おもうがごとくたすけとぐること、きわめてありがたし。

今生にいかに、いとおし不便とおもうとも、存知のごとくたすけがたければ、この慈悲始終なし。

親鸞は尋ね来る弟子たちに、いくら慈しみ悲しみの心を深くし、守りたい思いを強くしても、思い通りに助け遂げることはできないのだと言う。「存知のごとく」とは、「自分の思いの通りに」という意味である。そして「この慈悲始終なし」とは、「助けたい渇望も、終には満たされることはないのだ」ということを意味する。親鸞はこのような厳しい言葉で弟子たちの思いを受け止めた上で、聖道の慈悲を離れて浄土の慈悲への「かわりめ」を迎えることを勧める。

慈悲に聖道浄土のかわりめあり。……浄土の慈悲というは、念仏していそぎ仏になりて、大慈大悲心をもって、おもうがごとく衆生を利益するをいうべきなり。（慈悲には、聖道の慈悲と浄土の慈悲とのかわりめがあるのです。……浄土の慈悲というのは、仏を念ずることによってすみやかに仏となり、大慈大悲心によって思い通りに衆生を利益することを言うのです。）

「大慈大悲心」と、慈悲に「大」がつくのは、この心が仏の慈悲心だということを意味する。親鸞は、衆生を自在に利益できるのは、衆生の慈悲ではなく、仏の大慈悲だけなのだと教えるのである。仏の慈しみ悲しみのこころだけが、すべての衆生を「利益する」ことができるのだと言うのである。ここに言う「利益」とは、仏教的救済をさす。親鸞にとってそれは、商売繁盛や不老長寿、まして冥途での福徳を期待するものではない。仏教的覚醒、涅槃の証を得ることを言う。あらゆる怒りや妬み、欲望などの滅しきった安らかな世界、寂静なる世界、大いなる静けさへの目覚めを意味した。

親鸞は、助けたいとして訪ねくる「いなかのひとびと」に、やはり「念仏」を勧める。ただ仏を念じ、仏の大慈悲に助けられるものとなりなさいと説くのである。助けようとするものから助けられるものへ、仏の慈悲によって大いなる安らかさを得る以外に、すべての衆生に救いが完遂されることはないのだと言うのである。最後に、次のように言う。

しかれば、念仏もうすのみぞ、すえとおりたる大慈悲心にてそうろう。（仏を念ずることだけが、真に完遂される大いなる慈しみ悲しみの心なのです。）

いかに愛おしく不憫と思っても、決して助けることができずに苦悶する人間にとっては、ただ仏を念ずることだけが、寂静なる世界に至る唯一の道なのだ、と。

『歎異抄』を座右の書とした明治の哲学者に、清沢満之がいる。キリスト教界における内村鑑三や大西祝などにならび評される、近代仏教の先駆である。真宗僧侶でもあった彼は、今に至るまで多くの思想家に影響を与えるが、思い通りにならない人生の苦悶について、日記に次のように記している。

如意なるものに対しては、吾人は自由なり。制限及び妨害を受くることなきなり。不如意なるものに対しては、吾人は微弱なり。奴隷なり。他の掌中にあるなり。この区分を誤想するときは、吾人は妨害に遭い悲歎号泣に陥り神人を怨謗するに至るなり。……疾病死亡貧困は不如意なるものなり。之れを避けんと欲するときは苦悶を免るる能わじ。土器は破損することあるものなり。妻子は別離することあるものなり。[*9]

清沢はエピクテタスの教訓書によって、「如意なるもの」と「不如意なるもの」を説く。今生には、自らの意のままになる事柄「如意なるもの」と、意のままにならない事柄「不如意なるもの」とがある。「如意なるもの」、つまり自分の意のままになる範疇の事柄については、私たちは自由である。思いのままに活動し、多少の制限や妨害を受けたとしても、それらを乗り越えて思い通りの結果が得られることも期待される。しかし不如意なるもの、意のままにはならない範疇の事柄については、そうはいかない。私たちの力は実に微弱であって、行方も結果も、選択の権限は私たちの掌中にはない。病気や貧困、そしてなによりも死に関しては、絶対的に不如意の範疇であるとする。罹りたくはなくても病に臥せ、無念の中に生命終えていかなければならない。とても受け入れることができない現実、それがもたらす最悪の事態に悲歎号泣し、途方に暮れても、自らのうえに覆いかぶさるそれらの悲惨は、決して意のままに自らのもとを去ってはくれない。救いたい、救われたい人間の想いは、「不如意」のことに対しては「この慈悲始終なし」である。

清沢は不如意について、「土器は破損することあるものなり。妻子は別離することあるものなり」と述べる。これらの言葉を清沢が日記に記したのは、明治三十一年十月であったが、その四年後の明治三十五年六月、清沢は十一歳の長男を亡くし、同年十月に妻を看取った。清沢自身の結核の看病が原因だったとされる。さらに翌年四月には、五歳になる三男も失う。そんな清沢は人間について、やはり日記に次のように記した。

自己とは他なし。絶対無限の妙用に乗托して任運に法爾に此境遇に落在せるもの即ち是れなり。[*10]

私とは何であるのか。他でもない、圧倒的不如意の世界の中で、人間そのものを大きく包む絶対無限の妙なるはたらきの内に身を委ねて生きるほかない存在である。「絶対無限の妙なるはたらき」とは、如来であり、仏の大慈悲であり、他力である。不如意なる世界から与えられる境遇に、微弱な存在である「自己」は、ただただ苦悶の中に身を委ねるほかない。しかし清沢は、絶対無限の妙用に乗托することによって、大慈悲に包まれてそこに落在することができると言う。そんな清沢自身、三男を亡くしたその年の六月六日に、この世を去った。四十一年の生涯であった。

親鸞は、聖道の慈悲から浄土の慈悲への「かわりめ」を教え、弟子たちに「ただ念仏」を勧めた。憐れみ悲しみ、育みの心をもって他者を助けたいと渇望する主体が、いつの間にか仏を念じ、仏の大慈大悲心の中に、寂静なる利益を受けるものとなる。それが「かわりめ」である。愛おしいと想い、不憫と思い、何とか助けてやりたいと切望する「いなかのひとびと」も、実ははじめから、不如意の世界の中にあり、絶対無限の妙なるはたらきの中に包まれてあるのであろうか。「かわりめ」とは、不如意なる世界に苦悶するものが、不如意なる世界の前に平伏し、そこに帰依する態度を言うのだろう。すべてを包む大いなるはたらきにあって、はじめから慈しみ悲しみの中に包まれてある自己を見出すのであろう。そのとき、助けようとするものから、助けられてあるものへの大きな転換があるのである。自力から、他力への「かわりめ」をむかえるのだろう。

六　一四本のチューリップ

あの場所に子どもたちのゴール地点を作りたい、子どもたちが生きていた証を作りたい……

子どもたちの「ゴール」が完成した。彼らが生きていた証としてのゴール。しかし、丹野さんにとってこれは、彼らが生きていたことの証ではなく、生きている証としてある。仲間たちと共に、今、子どもたちはゴールにいる。丹野さんは、それを間違いなく確信している。その大きな転換点となる出来事について、話してくれた。

語り部小屋「閖上の記憶」には、一四本のチューリップの写真が置かれている。飾るでも飾らないでもなく、中学校から運び出された思い出の品々と共に、そっと床に置かれてあった。丹野さんははじめ、自らはその写真のこと、一四本のチューリップの意味について説明してはくれなかった。私の方から、写真の意味について尋ねた。実は私は、一四本のチューリップについては少しだけ由来を聞いていた。しかし丹野さんが自ら話さなかったので、こちらから尋ねた。彼女は笑顔で、次のように教えてくれた。

慰霊碑の後ろに、草がボーボーの場所があったんで、そこに季節の花々を植えていたんです。海水が入った場所でもあり、かなり瓦礫も入っていたので、土は悪く、花はなかなか育たなかったんです。

いつも応援してくださっている栃木の方に、チューリップの球根をスーパーの袋いっぱいにもらいました。花が咲く前年九月に、勝手にそこに、袋いっぱいのものをザザッと、ランダムに植えたんです。もちろん、この場所はだれが管理する場所でもないので、私以外の人間が親切で草を取ってくれたり整地してくれたりするので、私が球根を植えたのを知らずに、掘り起こされたりもしたんです。私も「あら、私が球根を植えたのに知らない方が掘り起こしているわ」と思いながら、それでも一冬を越えました。

春になって、にょきにょきと葉っぱが出てきたんです。それで花が咲いたので、写真を撮って、球根をくれた人に写メを送ったんです。「チューリップ咲いたよ、ありがとう」って。するとその人から、「ちょっと、花を見てみな」と言われたんです。そこでまじまじと見ました。そしたら、チューリップが一四本咲いていたんです。スーパーの袋ひとつ分、ゴソッと貰ったのが、なぜか咲いたのが一四本。一四という数字は、亡くなった子どもたちと同じ数……。それを見た時に、「これは偶然ではないなあ」と思ったんです。最初からいっぱいあったけど、咲くのは一四本って決まっていたんだなあと思い、なんとなく嬉しくなったんです。

丹野さんは、「これは奇跡ではないんです」と繰り返し言った。そのうえで一四本のチューリップについて、このように話してくれたのだ。不思議な話をしている、奇怪な話をしていると相手に違和感をもたれないように配慮する様子が伝わってくる。しかし、「奇跡ではない」と笑顔で言いながら、続けて次のようにも語ってくれた。

決して奇跡ではないけれども、もしかしたら子どもたちは、「身体はなくても、ちゃんとここにいるよ」と教えてくれているんだと思う。これが、私がそう思うきっかけにもなったんです。

「地震の後には津波が来ることをちゃんと子どもたちに教えるべきだった」「勉強しなさいとか、宿題しなさいとか口うるさいことは言ってたけど、親より先に死んではいけないという一番大事なことを私自身、いっさい伝えることができなかった」と、届かない思いを語ってくれた丹野さん。教えるべきこと、伝えるべきことがたくさんあったのに、過去にさかのぼって教えることも、逝ってしまった世界に向けて彼らに伝えることもできなくなってしまった。そんな丹野さんに、逆に子どもたちの方からメッセージが届いたのである。それが一四本のチューリップ。子どもたちは丹野さんに、「身体はなくても、ちゃんとここにいるよ」と知らせてくれたのだ。

「沢山の人達の命が今もここにある事を忘れないでほしい」と彼女は机に書くが、それは決して、失われた生命を忘れないでほしいという意味ではないのだろう。子どもたちが生きていたことを憶えていてほしい、ということではないのだろう。「ちゃんとここにいる」ことを、忘れないでほしいと彼女は言うのだ。「今もここにある事」を、忘れないでいてほしいと彼女は訴えるのだろう。

彼女の言う通り、彼女自身、奇跡は起こるものだということを伝えたいわけではないのだろう。しかし「ちゃんとここにいる」というメッセージを、彼女は間違いなくチューリップを通して、子どもたちから受け取ったのである。これが、「死んだら終りですか？」という問いに対する、彼女自身による答えなのであろうか。

これには、後日談があるんです。チューリップが全部風でダメになった後に、ちっちゃい花がもうひとつだけ、下のほうにあったんです。実は今回の震災では、閖上小学校でたったお一人だけ、犠牲になった女の子がいたんです。このちっちゃいのは、実は小学校の女の子。そうだと思ったら、やっぱりこれは偶然ではなく、ちゃんとここに咲くことが決まっていたのだなあと思うんです。

そして最後に、次のように語ってくれた。

毎年三月十一日には、ハトにメッセージを書いて空に向かって飛ばす「ハト風船のメッセージ」をするんです。今年も、前の日まで雪が降って天気が悪かったのだけれども、またある日は、当日にものすごい風が吹いていたこともあったのに、ハトを飛ばすその瞬間だけは、いつもぴたっと風がやむんです。そして海に向かって、ちょうどいい風が吹くんです。なぜかその日だけ、ちゃんと守られるんです。これはきっと、こういう風に、ちゃんと守られるように、子ども達が操作してくれているんだと、そう思うと、なんとなく「死んでも終りじゃないよ」ということを、そのことをちゃんと伝えたいと思うようになったんです。今、一緒にここで活動している何人かの仲間たちにも、見えないけれども、いろんなところでそれを感じるんです。守られていると。

守ろうとして守ることのできなかった子どもたちに、今は守られている。助けたいと思っても、もう助けてやることができない子どもたちに、今彼女は助けられている。見えないけれど、彼女は今、間違いなくそのことを実感しながら生きている。守れなかった子どもたちに、今は逆に守られているのだと「いろんなところでそれを感じる」日々を送っている。

七　結びにかえて――「かわりめ」ということ

『歎異抄』第五条。慈悲の「かわりめ」を説く次に、このような親鸞の言葉が残される。

親鸞は父母の孝養のためとて、一返にても念仏もうしたること、いまだそうらわず。そのゆえは、一切の有情は、みなもって世々生々の父母兄弟なり。いずれもいずれもこの順次生に仏になりて、たすけそうろうべきなり。[*11]（私親鸞は、父や母を供養するために念仏を称えたことは一度もありません。なぜなら、すべての生きとし生けるものは、それぞれが、それぞれの時代と世界において親であり子であり、また兄弟姉妹として互いに支え合って生きてきたのです。それら有限なるものも、誰もがみんな生命を終えた後には仏となり、すべて守り助けるものとなるのです。）

親鸞は、先立った父母のために念仏をしたことは一度もないと言う。当時も今も、遺された者が先立って逝った者のために念仏を手向けるのが、宗教的行為としての常であろう。しかし親鸞は、そのようなことをしたことはない。なぜなら、すべての存在はそれぞれの時代と世界において、互いに結ばれ命を与えて養う父であり母であり、また支えあって生きる兄弟姉妹であったが、それら互いに生きて生きた者たちもやがて寿終えればみんな仏となる。そして今度は、生きとし生けるものすべてを守るものとなる。大慈悲というかたちによって。父母兄妹として互いに支え合うものが、そのまま終には仏となり、すべてを繋いで守るものとなる。

このように第五条を翻訳することは、伝統的には許されないのかもしれない。しかし、弟子たちに慈悲の「かわりめ」を伝える親鸞、そして守るべきであったわが子に逆に今は守られているのだと語る母親の言葉から、このように五条を読むことも許されるのではないかと考えるようになった。

人は死んだら、それでおしまい。それが近代的合理精神に則った生命理解なのかもしれない。さまざまに死後の世界や滅後の生命を伝えてきた宗教的言説も、近代以降は例えば「非神話化」の名のもとに再解釈がなされ、親鸞の浄土教思想も、過度に近代理性の中で読み解かれてきた。

加えて、そもそも仏教思想の場合、無常、空、無我など、根本原理そのものが、死んでもなお残る主体や世界を妄想であるとして拒絶する思想性を有する。縁起や無常を説くブッダの思想からすれば、確かにそうであろう。また、死後の浄土を希求するあり方を方便であり、仮門であり、真実とは区別して浄土教思想を捉えなおそうとする親鸞においても、そうなのかもしれない。死後の世界や滅後の生命は、人間の迷いの象徴として理解され、あるいは癒しを与える方便として受け止められるのかもしれない。

しかし、人間は人間であって、ブッダではない。また、親鸞が生涯を朋として大切にしたのは、往生極楽の道を問い、先立つ者やわが身の行く末を案じる「いなかのひとびと」であった。届かない「あわれみ、かなしみ、はぐくみ」の心に、それでも「いとおし、不便とおもう」想いを断ち切れずにいる生身の人間である。妄想や迷いであると指摘されても、遺されたものは死者とのつながりを求めるのであろう。自ら妄想であり迷いであると疑ってはみても、死んでもなお遺る生命とのつながりを確かに感じ、共に生きていこうとするのである。

愛児を亡くした西田幾多郎の手紙に、次のようなものがある。

唯亡児の俤を思い出ずるにつれて、無限に懐かしく、可愛そうで、どうにかして生きて居てくれればよかったと思うのみである。若きも老いたるも死ぬるは人生の常である、死んだのは我子ばかりでないと思えば、理に於ては少しも悲しむべき所はない。併し人生の常事であっても、悲しいことは悲しい、飢渇は人間の自然であっても、飢渇は飢渇である。人は死んだ者はいかにいっても還らぬから、諦めよ、忘れよという、併しこれが親に取っては堪え難き苦痛である。時は凡ての傷を癒やすというのは自然の恵であって、一方より見れば大切なことかも知らぬが、一方より見れば人間の不人情である。何とかして忘れたくない、何か記念を残してやりたい、せめて我一生だけは思い出してやりたいというのが親の誠である。……折にふれ物に感じて思い出すのが、せめてもの慰藉である、死者に対しての心づくしである。この悲は苦痛といえば誠に苦痛であろう、併し親は此苦痛の去ることを欲せぬのである。[*12]

日本を代表する哲学者であり禅家である西田の手紙である。人は理において、あらゆることを理解するのであろう。もちろん仏教における無常の道理を、理において了知することも、実はそれほど難しいことではない。しかし理において了知することと、無常の道理を悟りきることとは、まったく次元の違う出来事である。理において承知し得ても、人は理において生きるのではない。「若きも老いたるも死ぬるは人生の常」であることは、理において承知することはできる。しかし理において承知はしても、「悲しいことは悲しい」し、「何とかして忘れたくない、何か記念を残してやりたい、せめて我一生だけは思ひ出してやりたい」のが親としての心情である。忘れずに思い出し、そして再び苦痛を抱くのであろうが、親としてはこの苦痛が癒えて去ることさえも望まないのだ、と西田は言う。

親の愛はまことに愚痴である、冷静に外より見たならば、たわいない愚痴と思われるであろう、併し余は今度この人間の愚痴というものの中に、人情の味のあることを悟った。……人間の仕事は人情ということを離れて外に目的があるのではない、学問も事業も究竟の目的は人情の為にするのである。而して人情といえば、たとい小なりとはいえ、親が子を思うより痛切なるものはなかろう。徒らに高く構えて人情自然の美を忘るる者は反ってその性情の卑しきを示すに過ぎない、

親の愛は、愚痴であるのかもしれない。「老いも若きも死ぬる」という人生の常事に反し、「時は凡ての傷を癒やす」という恵みにも抗して、忘れることを拒み、苦痛の去ることを望まない。西田はそれを愚痴と言う。しかし、そのような愚痴の中に、実は人間としての情がある。そこに人間の自然の美がある。そしてそこにこそ、真の人間世界があり、死者と生者とが生き合う世界が広がるのである。

親の愛の中で、忘れえぬ苦痛の中で、丹野さんはついに子どもたちからのメッセージを受け止めた

のであろう。失った子どもたちとの出会いは、一四本のチューリップとの遭遇からはじまった。そして、咲くチューリップに子どもたちからのメッセージを受け取ったと確信した瞬間に、遺された人々は「かわりめ」を迎え、守ろうとするものから守られるものへ、助けようとするものから助けられるものへ、転換を遂げるのである。わが子のために何かしてやりたい母親から、大慈悲となったわが子を実感し、わが子に感謝する生活への「かわりめ」であろうか。

最後に丹野さんは、次のように語ってくれた。

私たちは本当は、子どもたちを守ってやらなければならなかったんです。でも、守ってやれずに亡くしてしまった子どもたちに、今は守ってもらえてるんです。子どもたちがちゃんと、うまく人と人との絆をキュキュッと結んで、それで生かされている。私だけではなく、ほかの遺族の方も、そう思っているんです。だからこそ、震災は過去じゃなくて、今でも私たちは、震災と共に生きているんです。決して過去の話じゃないんです。

「復興、復興」という言葉の中で、死者が死者として、完全に葬り去られようとしている。しかし遺された多くの人びとにとって死者は死者ではなく、私たちを見つめ、守る生者としてある。私たちを守る大慈大悲として、確実に生きている。

註

＊1 『歎異抄』（金子大栄校注、岩波文庫、一九八一年）四二頁。以下、引用文についてはすべて読みやすさを考えて、字体や仮名づかいを現代表記に改めた。
＊2 親鸞『唯信鈔文意』（『定本親鸞聖人全集』第三巻、法蔵館、二〇〇八年）和文篇、一八三頁。
＊3 同前、一六九頁。
＊4 同前。
＊5 前掲『歎異抄』四二―四三頁
＊6 同前、四三頁。
＊7 同前、四五頁。
＊8 同前、四七頁。
＊9 清沢満之『臘扇記』一九〇二年（『清沢満之全集』第八巻、岩波書店、二〇〇三年）三五六頁。
＊10 同前、三六三頁。
＊11 前掲『歎異抄』四八頁。
＊12 西田幾多郎「国文学史講話 序」一九〇八年（『西田幾多郎全集』第一巻、岩波書店、一九四七年）。

❖二・五人称の死者

―〝死者の記憶〟のメカニズム―

鈴木　岩弓

写真１　津波により崩壊した民家跡地に建つ慰霊碑

一　はじめに――問題の所在

東日本大震災から丸六年が経った二〇一七年三月十日、警察庁が発表した震災死者総数は一万五八九三人に上っていた。広報を担当する緊急災害警備本部は、震災直後から死者数・行方不明者数をはじめ家屋その他の被害状況の数値を更新し、継続的に被災状況の詳細を公表してきたのだが、二〇一四年三月からは、その更新を毎月十日前後の月一回に変更した。[*1] 情報提供の更新が月一回にまとめられた背後には、震災からの時間経過と共に、被害状況がほぼ正確に把握されたという認識があったからであろう。震災被災地のある部分では、震災以来の激動の波が徐々に収まりつつある証左なのかも知れない。

とはいえ、その死者数の大部分は、おそらく、東日本大震災が起こらなければ亡くなるはずのない人々であった。震災前には、例年二万数千人ほどであった宮城県の年間死者総数が、二〇一一年には三万四七人、例年の一・五倍を記録する特異な年となったことが、そのことを示してもいよう。この時の犠牲者の大半は徐々に衰えて死を迎えた「衰弱死」ではなく、地震とそれに伴う津波による「突然死」であった。震災により大量死したこうした犠牲者一人一人の背後には、彼らと近しい関係の家族・親族・友人などが、犠牲者の何倍、何十倍もの数いたであろうことは想像に難くない。そうした生者にとって、身近に生じた「死」は、これまた文字通りの「突然死」の体験であったものと思われる。とりわけ津波被災地では、一家族から四人も五人もの死者が出たケースが希ではなく、たった一人生き残った生者が、家族内から生まれた複数の「死」を一人で受けとめざるをえない状況に陥っていることも、珍しくはない。さらにそうした家族の死の原因を、生き残ってしまった自身の至らなさに帰して責任を感じ続ける、いわゆるサバイバーズ・ギルト（survivor's guilt）に苛まれている人も多い。身近に生じた震災死は悔やんでも悔やみきれない〝負い目〟となって、現在もなお完全には癒されはしないままに継続している。

現在、被災地を歩くと、公民館や公園、小中学校の校庭や神社仏閣の境内地、さらには民有地の敷地の一角などに、震災犠牲者、とりわけ津波の襲来によって亡くなった犠牲者の死を悼んだ施設に出会うことがある。[*2] 施設内には石碑・仏像・塚・祭壇などが設置され、震災を契機とした新たな〝祈りの場〟を構成している。とりわけ設置された石碑には、震災の記録や、さまざまな文字情報が、震災体験をもった現代の人々のみならず未来の人々へ向けての、震災の記憶を伝えるメッセージとなって彫り込まれている。

そうした文字情報は、まず震災に関わる事実記録である。具体的に言えば、東日本大震災がいつ起こり、そのために引き起こされた津波が何時にどの方角からやって来て、逃げ遅れた以下の人々を呑み込んだ……といった、当該地域の震災に関連した史的事実である。また第二の文字情報としては、犠牲者に対する態度の表明が見られる。「合掌」「冥福を祈る」「御霊の安穏を祈念」といった、死者に対する弔いのための、宗教的に定型化された文言がその例である。これらの文字情報には、さらにストレートな感情の表現ともなる「あなたを忘れない」「忘れない」などと刻まれている石碑もしばしばある（写真1）。確かにこの語は、他の表現に比して格段に強い意志の力が籠められた表現である。

これは一体、誰が・誰に・何を「忘れない」と誓っているのであろうか？　一つ考えられるのは、今回の震災で犠牲となった死者（＝あなた）から学んだことを後世に活かし、今後とも災害を意識した人生を送って行こうと誓う、行政などが今後の社会全体に対して示す、マクロな観点からの意思表明であろう。それに対しもう一つは、もっとピンポイントに、この世に生活していた具体的個人（＝あなた）の記憶を永遠に保持しようと、生き残った生者が具体的な死者に対して自己の決意を誓っている場合であろう。

ここで気になるのは後者、死者に対して、具体的個人を想定して「忘れない」と誓う場合である。というのは、この言葉の多くが、石碑に彫り込まれているからである。石に彫り込まれた「忘れない」の文字、あるいはその文字から窺われる建立者の意思は、その石が壊れない限り半永久的に保持されて行くことが約束されている。いやそうであるからこそ、木のような朽ち易い素材を用いず、石を選んだのであろう。しかし、ここで考えてみよう。この石碑は今後半永久的にその地に立ち続けることになる。とすると、将来的にはその施設を訪れる人が全て、震災犠牲者個人を知らない時代が訪れることは必至であろう。そうなった時代に、「あなたを忘れない」と明示されたメッセージは、一体いかなる意味をもつのであろうか？　こうした問題を考える時、〝死者の記憶〟が保持されてきたメカニズムを検証することは、重要なことであろう。本稿では、東日本大震災の被災地で見る「忘れない」と書かれた石碑の文言を手掛かりに、日本文化の中に見られる〝死者の記憶〟のメカニズムについて考えることにしたい。

二　東日本大震災にみる死者

1 「死者」とは誰か？

そもそも、「死者」とは一体誰のことであろうか？　死者が今は亡き、かつては生きていた人間を指すのは、言わずもがなのことである。実際われわれ生者は、生活のさまざまな場面において、「死者」と関わりを持って生きている。とはいえ「死者」が一様ではないことは、同じ「死者」であっても、それが知己であるか否かだけでその関わり方が全く異なる現実を想起すれば理解できよう。この点を腑分けして考えるため、ここではフランスの哲学者ジャンケレヴィッチの死の類型を参考にしてみよう。[*3]ジャンケレヴィッチは死の類型化に際し、死の人称に着目して「一人称の死」「二人称の死」「三人称の死」に三分した。言ってみれば、自己の死、親しい他者の死、一般的他者の死と言った類型である。これは「死」という抽象的な対象の類型を目指したものであるが、本稿の議論は「死者」という具体的対象の類型を目指している。ここでは彼の類型をヒントに、死者の類型を「一人称の死者」「二人称の死者」「三人称の死者」の三分で考えてみよう。[*4]なおジャンケレヴィッチは、「一人称の死」は、自己の死を体験する主体が存在しなくなるため経験不能とし、現実に経験できるのは「二人称の死」と「三人称の死」のみとした。同様の観点からすると、「一人称の死者」というのは理念上想定できるが、われわれ自身が出会うことは不可能な死者なのである。

以下、われわれは主に「二人称の死者」を取りあげ、〝死者の記憶〟の展開プロセスについて見ていくことにしよう。

2　震災被災地の死者

東日本大震災直後の被災地では、生者が対応した「二人称の死者」には〈震災以前からの死者〉と〈被災時に生じた死者〉の二種見られた。前者は震災前からの故人であるのに対し、後者は震災によって亡くなった死者である。

①〈震災以前からの死者〉

このタイプの死者は、震災時には既に亡くなっており、仏壇や墓、菩提寺の位牌堂などといった日常生活に見られる死者と生者の接点において、位牌や遺影などの死者のシンボルを手がかりに祀られ、また過去帳に記載されている存在であった。この種の死者の多くは、こうした仏教的なモノを依代として象徴されていたが、震災被害のとりわけ大きかった岩手・宮城・福島三県の被災地には、多くは仏教、とりわけ曹洞宗の寺院を菩提寺にもつ人々が広く住んでいたからである。

家屋の多くが壊され、それまで長年日常的に営まれてきた、地域での平和な生活がすっかりなくなってしまった東日本大震災の被災地ではあるが、被害状況は一様ではなかった。その一因は、おそらく地形構造の違いによっていた。とりわけ、宮城県石巻市以北のリアス式海岸が広がる三陸沿岸では、津波は狭い湾内に入ってくるや波高が急増し、集落の建物という建物が根こそぎ壊されて、土台が残るのみになってしまった。これに対し仙台平野より南の宮城県亘理郡から福島県浜通りの新地町、相馬市、南相馬市方面では、津波の波高は高くないものの、高低差の少ない内陸奥深くにまで流れ込んでいた。もちろん海岸線近くの集落では、新地町の釣師町や相馬市の尾浜地区・磯部地区、南相馬市の萱浜地区などのように、ほぼ全ての建物が土台を残すのみで壊滅的被害を受けた集落もみられたが、海岸線を少し離れた津波は、三陸地方ほど高くはならなかった。そのため住宅の一階は津波被害を受けたものの、遠望する限りでは二階屋のまま無傷で立っているように見える地域が多かったのである（写真２）。両地域の違いは、被害車両の形状でも明らかであった。三陸地方の被害車両の多くは、まるで手で揉み上げたかのようにシワシワになって車の体をなしていないものが多かったのに対し、仙台平野以南の被害車両は大きな凹みは目立つものの、一応、車両の形態は保たれているものが多かったのである。津波が狭い湾の中で渦巻きながら車を巻き込んでいったところと、浮かんでしまった車を広い平野の奥深くまで押し流していったところの違いなのであろう。

写真２　津波により一階が流された家

土台のみを残して家が消失してしまった地域はもちろん、家の一階だけが津波に流された地域であっても、被災地においては、それまでの日常生活の中にあった、死者と生者の接点が消滅するという大問題が生じた。具体的に言うなら、津波が仏壇を襲ったことによって、位牌・過去帳・遺影といった故人の記録、故人のシンボルとも言える〝死者の記憶〟の手がかりが行方不明となっ

写真3　カロートから流れ出た焼骨の散らばる墓地

たのである。被災地では、仏壇を家の一階に安置することが一般的であったため、波高が二階に及ばない津波であっても、一階を津波が襲ったことで仏壇の中にあったものが流される事態が引き起こされた。これは被災地に建つ寺院でも同様で、寺を襲った津波は本堂や位牌堂に侵入し、過去帳や各戸の位牌を洗い流す惨事を引き起こしたのである。さらに寺院境内や集落内にあった墓地においても、津波による墓石倒壊があった他、墓の地下部分にある焼骨を収めるカロートを塞いでいた蓋の流出が多々見られた。特にカロート内が津波に洗い流されたことで、埋納されていた焼骨が全て流失した墓が多々生まれたのである（写真3）。

こうした事態は、一言で言うならば〈震災以前の死者〉に関する情報の手がかりともなる、死者のシンボルの流出ということである。このことにより被災地の中には、かつて生きていた数代前のイエの先祖の名前すら不明な状況も引き起こされてしまった。まさに〝死者の記憶〟の危機である。ちなみに壊滅的打撃を受けた宮城県岩沼市相野釜地区では、震災後間もなく区長の号令一下、イエの系譜確認のために地区の人々が手分けをし、数百メートルも離れたところまで散り散りに流されていた墓碑銘を探し出しては墓地に集めていた。墓碑銘ならば、戒名が石に彫り込まれているので、記憶を辿りながら先祖の名前を確認し、〝死者の記憶〟を復活させることができたからである。

とはいえ、〈震災以前からの死者〉と言っても、個性の有無からさらに二種の死者が見られた。震災時におき既に死亡してからの経過時間が長く、死者としての個性が薄れ、固有名詞ではなく「先祖」「先祖代々」といった抽象的な集合名詞で呼ばれるようになった死者と、亡くなってまだ日が浅く、記憶に新しい具体的な個性をもった固有名詞の死者との二種である。両者の違いは、この世における〈対面経験〉の有無にも繋がっており、「先祖祭祀」の対象と「死者儀礼」の対象の違いと言うことができよう。とはいえかかる二種の死者が生じることは、震災時に特有なことではなく、平時の死者においても確認されることである。この点についてはここではその指摘に留め、後ほどさらに考えてみよう。

②〈被災時に生じた死者〉

これに対し、今回の東日本大震災に関連して亡くなった死者は、まずはご遺体の有無が残された人々にとって大きな岐路であった。津波の襲来によって身近に行方不明者が出た人は、その生死がわからない苦悩の中で長期に亘って気持ちが不安定なままであったからである。震災直後からしばらくの間、被災地では、行方不明者の消息を求め、各地に設けられた遺体安置所を廻る人々が多数見られた。そうした中でご遺体と対面できた人たちは、それまでの自分たちの心情がわかるが故に、「ウチはご遺体が出てきただけまだ良かったんだ」と言って、その状況を不幸中の幸いと理解する人が多かった。

震災直後の被災地におき、遺体処理や死者に対してなされる儀礼は、平常時と同様に行うことは困難であった。とりわけ受け入れ能力以上の死者が集中した宮城県では、地震や津波による損壊のために火葬場の機能が復旧できない市町村も多かった。そのため緊急避難的な遺体処理として、「仮埋葬」という表現で土葬選択が推奨され、結果、県内六市町において二一〇八のご遺体が土葬された。[*5]
　とはいえ一旦は土葬されたご遺体も、土葬開始後一月も経たない四月十六日には女川町でご遺体が掘り出され、改めて荼毘に付された。同様の作業は、土葬を実施した他の市町でも追随して行われ、作業が一番遅かった気仙沼市でも、十一月十九日に全ての改葬が完了した。土葬を実施した行政の間では、当初、亡くなって丸二年後の三回忌を目処に改葬予定としていたが、はるか短期間で改葬が実現されたわけである。かかる動向の背後には、一九六七年には火葬率五六・七％であった宮城県も、一九八六年以降は火葬率一〇〇％時代をほぼ継続しており、現代においては、土葬は奇異なこと、忌避されるべきことと考える価値観が広く定着していたためと思われる。
　土葬採用の際の行政手続きでは、「土葬（仮埋葬）」という表記が用いられていたこともあって、土葬のことをあくまで葬送の中途段階と理解する人も多かったようである。そのため、「火葬もできず、葬式もあげられず、申し訳ない気持ちでいた」（『河北新報』二〇一一年四月二十八日）という新聞記事にみるように、残された遺族に大きな負い目を負わせることになっていたのである。土葬を実施したばかりの遺族から、「いつかきちんと火葬して納骨したい」（『河北新報』同年三月二十六日）と改葬を意識した発言が聞かれたのは、そうした理由からであった。石巻市内で葬儀会社を営む女性が「一人でも多く、お骨にしてかえしてあげたい。それが残された私たちの務め」（『読売新聞』同年四月四日）と述べるのも、焼骨になることに寄せる、地域の人々がもつ特別な想いがあることを示しているものと言えよう。それはおそらく、改葬が決まった遺族が「「やっとお骨にできる」とほっとした表情で話した」

（『朝日新聞』同年五月二日）となる反応に通じることでもあろう。すなわち、二十一世紀の被災地における価値観からすると、死者を土葬にするのは不憫なことで、火葬にした後に焼骨となってこそ死者本来の姿になる、といった理解がなされていたものといえよう。

これに対し、震災以降いつまでも行方不明のままの家族がいるお宅にとっては、震災のあった二〇一一年八月のお盆は、一つの決断の時であった。つまり震災から五ヵ月後のこの年の盆を、行方不明者の「新盆」とするか否かという問題である。「新盆をする」ことは、行方不明者の死亡を認めるということの裏返しである。身近な行方不明者に引導を渡すことは、その家族にとって大変辛いことであるのは言を俟たない。しかし他方で、新たな情報が入らないままに、行方不明のままで放っておいて良いのかという疑問も生まれてくる。震災の年の「新盆」を逃すと、次の決断の区切りは、おそらく一周忌にあたる二〇一二年の三月十一日になったのであろう。このあたりのバランスを考えたとき、おそらく「新盆」は、行方不明者の死を受け入れるにはやむを得ない機会であったのではないだろうか。

丁度この年の盆直前の土日に、三陸海岸沿いの被災地を車で走る機会があった。海沿いの道の途中に散見されたお寺の周りには、どこもおびただしい数の車が停まっており、朝から引っ切りなしに葬儀が営まれていた。その週末、一日当たり数十件の葬儀を出した寺も珍しくはなかったという。「新盆」というのは、その一年内に亡くなった死者、読んで字の如く「新亡」にとって初めての盆であることから特別な意味づけをされることが常である。この年の盆直前に葬儀をしたことで、それまでの「行方不明者」が「死者」とその位置づけを変え、死者一般に対するわが国の対応システムの流れの

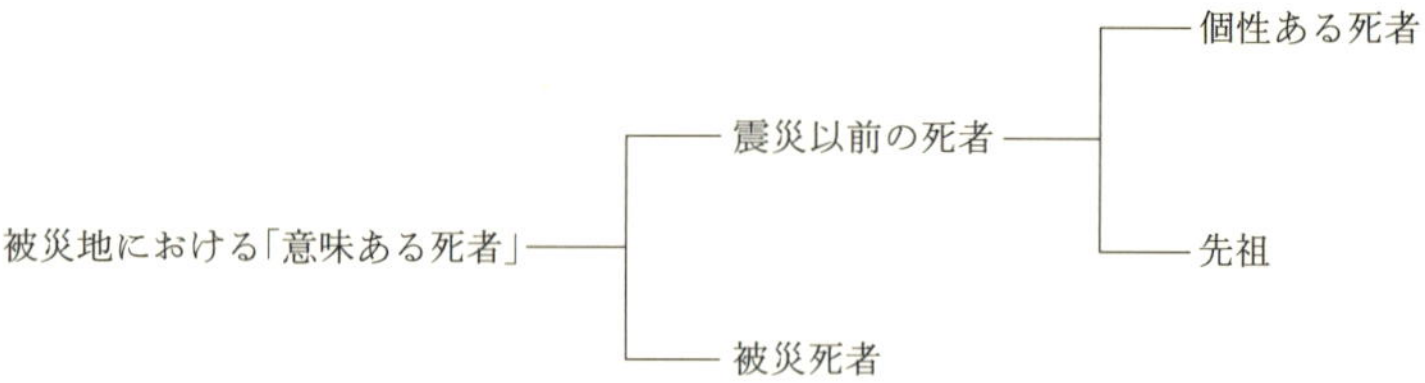

図１　東日本大震災と意味ある死者

中に組み入れられることになったのである。そしてこれを契機に、それまで長い間身近に行方不明者がいるという不安定な閉塞状況の中で生活してきた残された人々の多くにとっては、新たな〝死者の記憶〟が紡ぎ出され始めたと言うことになるのであろう。

以上のことは、図１のようにまとめることができよう。ここに分類された〝死者の記憶〟には、それぞれの位置づけごとに温度差が見られる。以下その辺りに留意しながら死者と生者の接点を、震災のような非日常時ではなく、日常時の人びとの生活の中に見ていきたい。

三　死者と生者の接点

１　儀礼の空間・儀礼の時間

〝死者の記憶〟が、われわれ残された生者の生活の中で顕在化してくるのは、いかなる機会であろうか。もちろん、とりたてて行為は伴わないものの、死者のことを心の中で随時思い出しながら生活しているといった例もあろう。しかし、そうした心の中に見られる〝死者の記憶〟については、ここでは触れない。不可視であるがゆえに、分析対象として客観的に把握することが困難であるから、触れられないと言った方が正確であろう。〝死者の記憶〟の現場を客観的に把握できるのは、おそらく、何らかの行為を伴って死者と接する機会ということになるのだろう。具体的に言うなら、それは彼岸・盆などの年中行事、年忌法要、また何らかの記念日などの機会において、供養・慰霊・追悼・顕彰……とさまざまな表現でなされる、死者に対する〝想い〟を表明する儀礼の場として現出する。

儀礼の中には、不定期にその都度的に行われるものもあるが、ある程度公的な機会となると、限定づけられた空間軸と時間軸の中で営まれることが通例である。まず空間軸から見るならば、儀礼が実施される場は、何らかの意味づけがなされた限定的な空間、「意味ある場所」において行われる。そうした例としては、まず仏檀・墓・寺などのような〈死者のシンボルの所在地〉が重要である。仏檀には位牌[*6]や過去帳、あるいは遺影などが安置されているであろうし、墓には遺骨が納められている。そして「寺」も、宮城県の曹洞宗寺院の場合であると、本堂の脇などに位牌堂と呼ばれる檀家各戸の位牌を収めた棚が並んだ部屋があることが多く、寺を訪れた人々は、本堂で祈った後に、必ず位牌堂に入って自分のイエの位牌を拝むことで、イエの死者と出会うのである。

また「二人称の死者」との接点として、「死亡場所」が重要な意味を持つ場合も、数こそ多くはないが珍しいことではない。例えば交通死亡事故の現場であるとか、山岳遭難の遺体発見現場など、とりわけ災害や事故などで突然亡くなった死者にとっての死亡場所は、〈死者個人に由来する空間〉、人生最期の場として特別の意味が付与され、地蔵像や慰霊碑が建立されているのを見ることがある。さらにまた、下北の恐山や、山寺立石寺・比叡山延暦寺・高野山金剛峰寺などのような全国に散見される「山岳霊場」も、そこが死者と生者の接点となっているという認識で人々に知られていることが多い。かかる空間に対しては、その地が死者の霊魂が集まってくる場所、死者の霊魂の籠もる場所といった理解が、ある程度の地域的限定の中で語られる〈社会通念〉として共有されているのである。

これに対して「儀礼」が行われる時期も、時間軸の中でいつでも良いというわけではなく、社会で共有される何らかの理由が伴った「意味ある時間」に行うことが意識されてきた。まず人が臨終を迎えた直後から連続して行われる通夜・葬儀・告別式といった葬送儀礼については、それらが遺体処理の前段階に行われることが通例であるため、可及的速やかに実施されることが大前提となる。そうした中、「友引」の日に葬儀を出さないよう配慮されることは全国的な慣習である。これは、「友引」に葬儀を行うと文字通り「友を引く」ことで新たな死者が出ると考える類感呪術に基づく思考法で、「友引」は火葬場の休業日となっている。こうして暦を確認しつつ葬儀実施日が決定されることで、遡って通夜などの予定が確定される。さらにまた、死亡直後になされる葬送儀礼では、儀礼に参加すべき人の出席を確実にするよう調整がなされる。身近に生起した「死」が突然に襲ってきたものであればあるほど、日常のしがらみの中で日常生活を送っている人々は、その都度的に対応するしかないからであろう。

しかし他方、死亡直後の通夜・葬儀・告別式以外の葬送儀礼においては、命日という、亡くなった〈死者個人に由来する時間〉が原点となる時間軸が確認される。命日と同じ月日の忌日は「祥月命日」と言い毎年「意味ある時間」であるが、とりわけ一年目の一周忌、二年目の三回忌、六年目の七回忌……はことさら、追善供養の節目と見なされている。また毎月の、命日と同じ日も「月命日」などと言って死者に由来する特別な意味が付与されて儀礼が行われる。

さらにまた、死者全般を対象として行われる、盆や彼岸などの死者の来訪を想定する年中行事や、終戦の日の全国戦没者追悼式のような記念日が、〈死者個人に由来する時間〉とは異なった時間軸で実施される。このような年中行事や記念日といった機会は、社会的にこの時に死者と生者が出会うという認識がなされている〈社会通念〉としての時間である。

2　葬送習俗のプロセス

では実際に、以上のような「意味ある空間」と「意味ある時間」の限定のもと、生者は死者への関わりをいかに行ってきたのであろうか。また、その際、〝死者の記憶〟はどのように伝えられていったのであろうか。この点を整理する手がかりとして、仙台市太白区坪沼で行った筆者の葬送習俗調査の結果を参照してみよう。

まずは高度成長期以前の葬送習俗、すなわち火葬が主流になる以前の土葬時代の伝統的社会の流れを、次頁の表を参考に、とりわけそこに関わって儀礼を担当してきた生者に注目しながら概観しよう。ここに関わる生者こそが、〝死者の記憶〟の伝達者となるのであろう。

①臨終から通夜

【臨終直後】

・「死亡診断」　高度成長期以前の頃は自宅で亡くなる人が多く、死者が出ると、まずは医者を呼んで来て、死亡診断書を書いてもらった。このことがあって初めて、「死」が公的に確認される。

以前の葬送習俗	以前の担当	現　状
死亡診断	医者	自宅ではなく病院で医者が→△
死に水	家族・親族	自宅ではなく病院で看護師が→△
イイツギ	隣近所	隣近所→◯
神棚に目隠し	隣近所	葬祭業者が主導→◯
遺体安置	隣近所	葬祭業者が主導→◯
枕飯	家族	家族→◯
枕団子	家族	家族→◯
枕経	僧侶	僧侶→◯
シラセ	契約会	寺・市役所以外は電話→△
買い物	契約会	葬祭業者が手配、仕出し屋などの専門業者への手配→△
作り物	契約会	葬祭業者が手配、専門業者からの購入→△
棺	契約会（大工）	葬祭業者が手配→△
祭壇制作	契約会	葬祭業者が手配→△
葬送行列使用品準備	契約会	葬祭業者が手配→△
湯灌	家族	死亡直後に病院で実施→△
死装束	親族	葬祭業者が手配→△
入棺	契約会（カツギマエ）	葬祭業者が主導→△
通夜	僧侶・家族・親族・地区	葬祭業者が主導、僧侶・家族・親族・地区→◯
百万遍	家族・親族・地区	地区・家族・親族→◯
葬儀	僧侶・家族・親族	葬祭業者が主導、僧侶・家族・親族→◯
告別式	僧侶・家族・親族・地区	火葬後、寺で執行。葬祭業者が主導、僧侶、家族、親族、地区→△
棺の釘打ち	家族・親族	家族、親族→◯
出棺	契約会（カツギマエ）	葬祭業者が主導、カツギマエが霊柩車まで運び、火葬場まで同道し遺骨持ち帰る→△
悪魔払い	法印	坪沼八幡神社宮司→◯
野辺送り	僧侶・家族・親族・地区	（行列組まないことも多い）→△
墓穴掘り	契約会（カマバ）	（カマバがカロートの開け閉め）→×
埋葬	僧侶・家族・親族・地区	（火葬のため、告別式後に納骨）→×
後払い	家族・親族・地区	葬祭業者が主導→◯
三日七日の法事	僧侶・家族・親族	葬祭業者が主導、僧侶・家族・親族、納骨直後にまとめて実施→△
ダンツキ	家族	（火葬墓のためやらず）→×
百カ日	僧侶・家族・親族	葬祭業者が主導、僧侶・家族・親族、納骨直後にまとめて実施→△
法事	僧侶・家族・親族	◯

表　高度経済成長期以前と現代の葬送習俗の対照表
（仙台市太白区坪沼での調査。◯：以前通り実施　△：実施するも方法変化　×：実施せず）

・「死に水」　家族・親族が水を浸した綿などで死者の口元を濡らす。
・「イイツギ」　死者が出た情報は文書で廻すのではなく、イイツギ（言い継ぎ）、即ち葬家の隣から隣への言い伝えによって伝達した。その後近隣の人々が葬家に手伝いに訪れ、まずは神棚に白紙を貼って目隠しをする。
・「遺体の安置」　引き続き近隣の人々によって、遺体は頭を北枕にして布団に寝かされる。胸の上には鎌やナタなどの刃物と箒が乗せられる。刃物を乗せるのは一種の魔除として、箒を乗せるのは、穢れ物を掃き出す意味とされる。
・「枕飯」「イッパイメシ」ともいう。山盛りにしたご飯に、一膳の箸を真上から突き刺す。こうした死者に供える料理はイエの主婦が別火で作る。この時の飯は庭で、米をとがずに炊く。燃え残った木や灰はツトコに入れて川に流す。
・「枕団子」　これもイエの主婦が、死亡直後に一升くらいの米をといで搗き、米粉を作る。七日間は毎日作り仏檀にあげ、古くなったものは墓に供える。
・「枕経」　僧侶を呼び、死者の枕元で故人を弔う読経をしてもらう。
・「契約会」　地区の十五戸前後で構成される葬儀の際の相互扶助組織で、前述の「近隣」を含む家々。死亡班長と呼ばれるトップが遺族と相談して、葬式の具体的日取りを決定する。契約会のメンバーは、全戸から手伝いに出ることになっており、男は二日、女は三日間参加することになっている。集まってきた際には、米一升と現金を持ち寄って葬儀へ向けた準備を整える。「契約会」では、葬式準備・食事準備・葬家の日常生活維持を目的に、以下のように役割分担するが、妻が妊娠中であったり、世帯主が未婚であった場合には、分担から除外される。

「知らせ」寺の住職や親戚への葬式日程の連絡、市役所への死亡届けなどを二人一組で行う。

「買い物」葬式に必要な材料、香典返しの手配など、葬式を出すに際して必要なものを手配・購入する役割。

「作りもの」棺・死者の装束・葬儀での使用品などを作った。棺は大工が作ることになっており、松の六分板などを使用し頑丈に作った。土葬時代は座棺が一般的であったが、遺体が座棺に入らない場合は、寝棺を使用した。

「カツギマエ」「ロクシャク（六尺）」とも呼ばれ、棺担ぎを担当。

「カマバ」土葬用の墓穴を掘る係。「カツギマエ」と「カマバ」はどちらも気持ちの良い仕事ではなかったので、その割り振りは、昔くじ引きで決められた順番を厳守し、契約会の帳面に記録していた。

・「湯灌」湯で遺体の体を拭き、縫った死装束を着せる。この時使う湯は、普段の時とは逆に、水に熱湯を注いでぬるま湯を作る「逆さ水」で行う。

・「死に装束」白装束・手甲・脚半・足袋・頭陀袋など、物差しを使用せずに手計りで計測し、返し針をしない、糸尻を結ばないなど、普段の裁縫時とは異なったやり方で行う。材料となる布は「買い物」が買ってきた白い晒で、縫うのは死者の姉妹や娘とする場合と身内の人は縫わないとする場合の二通りの言い方が聞かれる。五寸四方ぐらいの頭陀袋には、三途の川の渡し賃としてイエの関係者それぞれがお金を入れる。「鬼に取っかえされないように」といって、足と草鞋の間にお金を挟むこともあった。

・「入棺」　湯灌をして死装束を着せられた遺体は、棺に収められる。イエの人々によって、身の回り品なども併せて入れられる。

・「通夜」　葬式まで毎晩、一晩中線香をつけておく。火葬場に行く前夜は特に「本通夜」と呼び、僧侶に来て拝んでもらう。

・「百万遍」　本通夜に集まってきた親戚と契約会の人が、祭壇の前で念仏を唱える。

・「通夜振る舞い」　読経や焼香が終わると、参列した人々に簡単なもてなしをする。料理を作るのは、契約会の手伝いに出ている地域の奥さん達である。

②葬式から埋葬

・「葬儀」　檀那寺の住職の司祭のもと、喪家において遺族や親族の人々が執り行う、故人を供養するための儀礼。

・「出棺」　棺は玄関からではなくて、縁側からカツギマエにより運び出される。参加者も含めて、座敷の中から草履を履いたまま出る。座棺は二人、寝棺は四人で担ぐ。カツギマエの着る白衣は、契約会の共有物として準備してある。葬式後は死亡契約帳と共に今回の葬家に保管しておく。

・「死門」　笹竹を三本結び合わせて門を作り、位牌持ちを先頭に行列がその門をくぐって出発する。行列の続く間、契約会の女性二人が団子を作るために作った米粉を門口で撒く。

・「野辺送り」　順番は以下のように決まっていた。死門―白貼りの提灯―五色の旗―生花―位牌―

遺影―身内の人―棺―一般参列者。身内は、棺につけられた「エンの綱」と呼ばれる黒と白の綱で棺を引く。この時女性は、白いかぶりものをする。墓地まで履いて行った藁草履は、帰路、道ばたに捨ててくる。行列は近道をせずに進み、途中「撒き菓子」を子供たちに配った。

・「悪魔払い」　出棺するとすぐに、別の部屋に待機していた法印さん（坪沼八幡神社の宮司）が、葬式を出した家の中をお祓いする。

・「埋葬」　墓穴は、カマバの役に当たった二人が担当する。深さは六尺ほどで、重労働である。掘る時には、死者の出た家から借りた着物を着て行う。いやがられる仕事であるため、料理や酒などを振る舞われ、作業中は飲み食いしながら掘った。棺を埋めると土饅頭を作り、その上から「息つき竹」を立てる。墓の脇には鎌を北向きに立て、死者の使用していた茶碗に一杯飯を作って供える。

・「後祓い」　野辺送りから帰った参加者は、清めの意味から塩や味噌をなめて口を濯ぐ。

③法要

・「三日七日の法事」　家族が中心となって、初七日から四十九日まで、七日ごとに墓参する。参詣のたび、「来たよー」といいながら「息つき竹」を突き、塔婆を立てる。初七日には精進開けとして魚類を食べ、四十九日をもって忌み開けとなる。この日以前は、まだ死者の魂が家にいると考えられている。

・「ダンツキ」　埋葬後七日目に土饅頭の墓の土を四角に固めてくる。息つき竹もこの時に取り払う。

・「百カ日」　近親者を呼んで法要が行われる。
・「法事」　故人が亡くなった翌年の祥月命日に近親者を集めて一周忌を開催。その翌年の没後二年目に三回忌が行われる。以後七回忌、十三回忌、十七回忌、二十三回忌、二十七回忌と行い、三十三回忌あるいは五十回忌を「弔い上げ」として、その個人の個別の法事を終了することとなる。とはいえこれ以降は、固有名詞は失いながらも「先祖代々」の中にまとめられ、新しい仏の法事の際などにあわせて供養することになる。

以上の流れに関わりをもつ人々は、大別するなら、死者の家族らを中心としたイエの構成員・親族・地縁・僧侶などである。とはいえ、そうした人々の葬送習俗に対する関わり方はいつでも一様であるわけではなく、場面によって大きく異なっている。さらに言うなら、葬送習俗の時間的流れの中で、関わりを持っている人々の占める軽重が大きく変化しているのである。このことを図示したのが図2である。

これより、死亡前後の「看取り」の時期はイエ中心の関わりが強いが、その後葬儀の準備から埋葬に至る間は地縁の相互扶助組織が中心となって葬送儀礼を執行し、墓を造って以降は再びイエ中心に法事が行われていることが明らかになる。つまり伝統的な社会における葬送儀礼執行において、死者のイエ構成員が中心的な位置を占めているのは勿論であるが、とりわけそうした人々が悲しみに暮れている葬儀前後の時期にあっては、地縁の相互扶助組織の人々による裏方も含めた助力が、葬送儀礼執行のための大きな力をもっているのである。言葉を換えて言うなら、この当時の〝死者の記憶〟は

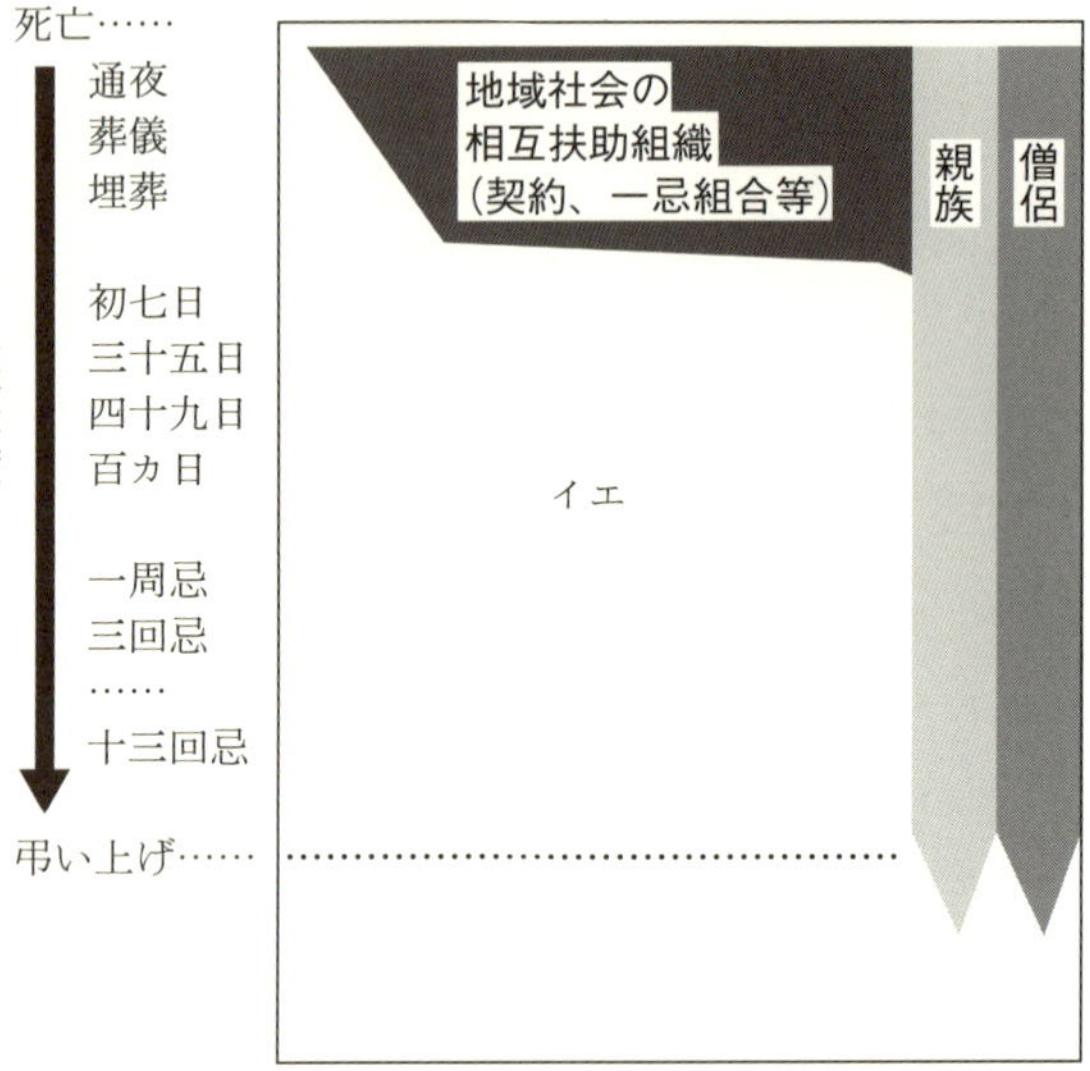

図2　死後経過時間からみた伝統的社会の「死者」への対応

イエ構成員によって担われていたと言って過言ではない。

次に、現代における葬送習俗の流れをまとめたのが、〈表〉の最下段の「現状」のところである。ここからは、従来人の死に関わってきた人々の組織の中に、葬祭専門業者の関わりが次第に顕在化しつつあり、それと反比例するように契約会の関わりが薄くなっていて、その代替として葬祭専門業者が、人の死の直後から、埋葬に至るまでの過程を中心となって担ってきていることが明らかになる。その背後には、伝統的社会における生業の変化・家族形態の変化などが複雑に絡み合う中で現出されている日本の社会変動の波が影響しているものと推察される。とりわけ死者に対応する役割は、最終的にはイエが担わなければならない形で進められてきた日本の葬送習俗にあって、家族形態の変化は多分致命的な影響力をもたらしているものと考えられる。まさにこうした時代的変化に対し、〝死者の記憶〟を継承してきたイエに代わる新たな箍が模索されているのが、日本社会が直面している大きな課題でもある。

3 「弔い上げ」と〝死者の記憶〟

これまで述べてきた、死者に纏わるさまざまな儀礼の流れを見ると、死者に対する扱いは、死者の死後経過時間に応じて儀礼が行われる機会が次第に変化、さらに言うならば次第に間遠に変化していることが明らかである。〈図2〉から明らかなように、その最大の節目は、「弔い上げ」であった。「弔い上げ」とは、死後三十三年、あるいは五十年目を迎える機会に行われる、個別死者を対象とした最終儀礼で、柳田國男以来、宗教民俗学的関心の対象となってきた用語である。しかし現在までのところ、「弔い上げ」をめぐる研究は盛んであるとは言えず、柳田の指摘以上の展開は今なおほとんど見られない。ちなみに、標準的な国語辞典としての『日本国語大辞典』（小学館）では以下のように説明されている。[*7]

弔い上げ（弔上）……これ以後年忌供養をしないという弔いじまい。最終年忌。死後三三年目とか四九年目の例が多く、墓に葉つきの生塔婆《なま》や二股塔婆を立て、死者の霊が神様になるなどという。問い切り。

社会的通念の一例として取り上げたこの内容には、民俗学に関わる多くの辞書に挙げられた説明の骨子がほぼ網羅されている。[*8] かかる内容の内、とりわけ〝死者の記憶〟との関連でいうなら、「弔い上げ」を済ますことで「死者の霊が神様になる」という指摘が、留意すべきことと思われる。つまり、記憶されるべき「死者」が、「弔い上げ」を迎えたことを契機に「死者」から「神」に姿を変えると指摘しているからである。「死者」が「神」へと変化することで、記憶される対象となる死者はどうなるのであろう。以下この点に絞った点から、柳田國男の指摘を検証してみよう。

死者がホトケサマとして祭られるのには期限があって、通例は五十年、土地によっては三十三年の命日を弔ひ上げと称し、それを過ぎれば神として祭ることを許されて居りました。[*9]

日本人の信仰に対する柳田の視座は、仏教が入る以前の日本の固有信仰解明におかれていたのであるが、その観点からするなら「弔い上げ」後の「死者」は、仏教的用語であるホトケから「神」へと扱いが変化するということであった。即ち、「弔い上げ」前の「死者」は死のケガレをもったホトケと呼ばれ、以下にあるように、生者によって死後の儀礼が繰り返されることでケガレが取れ、「神」となる存在であった。

人が亡くなって通例は三十三年、稀には四十九年五十年の忌辰に、とぶらひ上げ又は問ひきりと称して最終の法事を営む。其日を以て人は先祖になるといふのである。是はたゞ単に一括して先祖代々と謂って祭るからといふやうな理窟では無しに、斯うして個別に年回を訪らふ間は、まだこの地方の住民たちの、先祖といふ概念の中には包むことが出来なかったのである。……即ち喪の穢れから全く清まはり、神として之を祭ってよいといふ意味であって、神職や巫女の家々には、さういふ信仰が古く有ったらしいのである。年忌の終了を以て先祖になる日としたのは、是と確かに関係があらう。[*10]

ここから明らかなように柳田は、死亡直後の人は死のケガレが濃い状態にあるが、葬儀を経、また法事を繰り返すうちにそのケガレは次第に薄れると考えている。そして死後三十三年、もしくは四十九年、五十年目を迎える時を一つの区切りと考え、三十三回忌もしくは五十回忌の「弔い上げ」とも呼ばれる法事を迎えることで、死のケガレはすっかり無くなり（これを柳田はキヨマハリと呼ぶ）、「先祖」になるとする。この「先祖」については、「人が亡くなってから五十年目、もしくは三十三年目の最終の法事、即ち人間の亡霊が是からいよいよ神になる」[*11]として「神」とも呼ぶと言うのである。「先祖」について柳田國男は、「先祖は祭るべきもの、さうして自分たちの家で祭るのでなければ、何処も他では祭る者の無い人の霊、即ち先祖は必ず各々家々に伴ふもの」[*12]と定義する。つまり「先祖」とは、イエの系譜的な流れの中にいる、そのイエの子孫によって祀られる存在であるというのである。ただ問題は、そのイエで生じた「死者」が全て「先祖」となるわけではなく、「死者」の中でも「弔い上げ」を終えることが特に重要なポイントとなる。[*13]

「弔い上げ」を終えると、死霊から死の穢れが取れたキヨマハリの状態となるが、これは「現世の汚濁から遠ざかるにつれて、神と呼ばれてよい地位に登るといふ考え[*14]」を意味しており、その経過を柳田は垂直軸の空間の中に位置づけて、以下のように述べる。

最初は勿論喪屋を傍に造って、喪に在る者の限りは其中に籠ったが、忌が晴れて常の生活に戻って来ると、それから後はたゞ忘却が有るのみであった。さうして同時に又、みたまは日に清く日に親しくなって、自在に祭の座に臨み、且つ漸々と高く登って、遙かに愛着の深い子孫の社会を、眺め見守ることが出来るやうになる、といふ風に考えてみることに、聊かの障碍も無かったのである。[*15]

そうした高いところに登った死者の霊魂は、「弔い上げ」の後「人間の私多き個身を棄て去って、先祖といふ一つの力強い霊体に融け込み、自由に家の為又国の公の為に、活躍し得るものともとは考へて居た」[*16]とし、「弔い上げ」を経ることで死の穢れが取れた死者の霊魂は、同時にその個性をも棄てることでそのイエ代々の死者の霊魂と共に一つの霊体に融け込むものと考え、そうした霊体のことを「先祖」と呼んだ。そしてさらに「先祖」は、イエや国のために働く「神」でもあると見なし、「それが氏神信仰の基底であったやうに、自分のみは推測して居たのである」と述べ、死霊が氏神信仰へと展開する「祖霊神学」[*17]を展開するのである。

「弔い上げ」は、上記のように、法事の中でも三十三回忌もしくは五十回忌をもって執り行うとするところが一般的である。では「弔い上げ」までの期間が、死後五十年までとされる理由はどこにあるのだろうか。こうしたことを考えるに際し、「弔い上げ」の習慣がないままに、死者供養を継続的に行っている地域の事例を見てみよう。かかる慣行を知ったのは、筆者が島根大学の教員をしていた時のことである。[*18] 授業で「弔い上げ」を取り上げた際、ある女子学生が「うちでは昨日、二百五十回忌をしました」と発言したことがあった。彼女は島根県安来市出身であったが、そこでは五十回忌以降、百回忌、百五十回忌、二百回忌、二百五十回忌……と、個々の死者に対し、五十回忌以降は五十年ごとに法事を執り行っていると言う。彼女の発言に驚いた私は、思わず次のように聞いてしまった。「法事の時、悲しかった？」。すると彼女は、間髪入れず笑いながら「全然。だって、ウチの先祖だけれども知らない人だから」と答えてきた。この点である。つまり自分のイエに関連する一人の死者のための法事なのであるが、二百五十回忌ともなると、その法事に参加している誰一人としてその死者のことを知らない。この世で〈対面経験〉がないので、〃知らない人〃なのである。こうした死者の法事場面では、おそらくその〃死者の記憶〃は一〇〇％伝えられているわけではあるまい。〃死者の記憶〃の検討に際しては、今指摘した〈対面経験〉の有無ということは、おそらく大きな意味を持とう。

仮に百回忌を行うためには、その死者を知っている参加者がこの世でその死者と対面した記憶をもつためには、百五歳とか百十歳になるわけだが、実際そこまで長生きする人は数少ない。それがもし、自分が十歳の時に亡くなった爺さんの五十回忌というのであれば、その人は六十歳ということで、現代日本人の平均寿命から考えるならば現実的にそうしたことは可能なのである。このように考えると、一般庶民の間で「弔い上げ」を最長でも五十回忌とし、百回忌以上を行わないところが大半である理由は理解できよう。[*19] 〃死者の記憶〃を保持するに際しては、〈対面経験〉の有無によって、〃想い〃に違いが生じるからである。言い換えるなら、「弔い上げ」とは、〈対面経験〉をもった死者に対して固有名詞で〝死者の記憶〟が保持されていられる、ぎりぎり最長の時期であるということができよう。

4　人称からみた〝死者の記憶〟

これまで本稿においては、〝想い〟の有無によって死者を「二人称の死者」と「三人称の死者」とに二分し、前者の「二人称の死者」に対する記憶のあり方を対象に、わが国で行われている死者に対する儀礼慣行を検討してきた。その結果、〈死後経過時間〉について死亡直後の葬送儀礼から「弔い上げ」に至る流れをみる中で整理をし、固有名詞から集合名詞へという変化の中で〝死者の記憶〟のあり方が大きく変化していることを把握してきた。

ここではそうした検討をする中、既にところどころで言及してきた、〈対面経験〉の有無について考察を加味し、〝死者の記憶〟のメカニズムに迫ることにしよう。というのは、本稿では死者のうちでも〝想い〟のある死者を対象に〝死者の記憶〟の展開を見てきたのであるが、死者と生者の関わりの現実場面を考えてみるなら、一言で「二人称の死者」といっても、〈対面経験〉の有無で両者の間の距離感に違いが生じていることが判明してきたからである。この世で実際に交流したことのある死者と、そうした経験の無い死者とでは、生者と死者との間のリアリティが大幅に違っており、死者への〝想い〟に幅の広い濃淡が生じるものと考えられる。

死者は一般に、死亡直後から固有名詞でもって対応されており、個性ある存在として、法事を通じて子孫を中心とした生者から供養される機会を繰り返しもたらされた存在であった。そうした個別死者の法事が行われる期間も、死後三十三年や五十年に行われる「弔い上げ」という最終年忌になると、脱個性化され「先祖」と名前を変え、イエの先祖代々としてその後も継続的に供養されることとなる。しかしそうなった場合でも、この世で〈対面経験〉ある人々にとってその死者は、たとえ「先祖」と名前を変えた後でも〃想い〃の継続が想定され、その死者を〈二人称の死者〉と呼ぶことには問題無いものと思われる。〃死者の記憶〃には、まずそうした〈対面経験〉のある人々によって保持されていく道が確認されるのである。

とはいえ現実社会で見られる事例では、実は〈対面経験〉の無い中、われわれ生者が死者と繋がりをもつケースが多々見られる。そうした事例の最も典型的なものが「先祖」であろう。

前章で見たように、「弔い上げ」を境にして固有名詞で呼ばれなくなった死者は、イエに関連する他の死者の霊魂と一体化することで、「先祖」と呼ばれる霊体に融合する。つまり「弔い上げ」を境にして、死者はその名前が変化するというのである。柳田國男は、その点について指摘するのみで、それ以上の詳細を記してはいない。しかしこのことは、〃死者の記憶〃を考える際に、見落とすことの出来ない重要な指摘と思われる。

確かに亡くなって三十三年あるいは五十年以上経った死者の名前は、残された人々の記憶から薄れていくことはやむを得まい。しかし「弔い上げ」を終えた死者の霊魂は、固有名詞を捨てて「先祖」という集合名詞で呼ばれる霊体に融け込んでいる。それが故に、実際はその固有名詞を完全に忘れてしまっていたにしても、「先祖」と呼びさえすればその死者の存在は忘れられてはいないことになるのである。それまで固有名詞を通じて関係が取りもたれてきた〃死者の記憶〃は、「弔い上げ」を境にして、個別の死者の霊魂が融合して形成されている霊体、「先祖」の名をもって再定位されることになるのである。これを残された生者の側から言うならば、死後の時間が経過することで実際には固有名詞を忘れて〝死者の記憶〟を完全には留めなくなったとしても、「弔い上げ」を境にして変化した集合名詞の「先祖」と呼ぶことで、その〝死者の記憶〟は辛うじて保持されているという、〝忘れても忘れたことにならない〟絶妙なシステムが作られているのである。このシステムこそ、日本における〝死者の記憶〟のメカニズムを考える際の要と言うことができよう。

さらにこのことを死者の人称による類型から見ていくなら、まず固有名詞をもって対峙される死者は、それがイエの関係者であることから「二人称の死者」である。しかし「先祖」と呼ばれる死者は、この世での〈対面経験〉がない場合には「二人称の死者」ほど〝想い〟のある対象ではないが、かといって「三人称の死者」と言うほど一般的な死者を指しているわけではあるまい。イエという繋がりを通じて対峙する、子孫から見た紛れもないその「先祖」であるからである。

イエの死者の霊魂が融合した「先祖」は、今の生者が〈対面経験〉を持っていない、「弔い上げ」のなされた三十三年、五十年よりも昔の時代に亡くなった、かつてイエを構成してきた死者たちによって構成されている。というのは、死後三十三年以上経って「弔い上げ」を経なければ「先祖」にならないわけだから、「先祖」の名で呼ばれる全ての死者の中で、生者が〈対面経験〉をもつ死者が僅かになることは当然だからである。こうした点から言うと、「先祖」というのは、具体的な〝死者の記憶〟を誰も持たない死者、あるいは「弔い上げ」を経ることで、かつての固有名詞を捨てて脱個性化した死者、そういった対象が含み込まれた存在であることが明らかになる。こうした「先祖」は、「二人称の死者」か？と問われれば、この世で出会いがなかったことからそこまで〝想い〟が認められず、ならば「三人称の死者」か？と問われれば、いやいやこれは自分のイエに関係した人であることから、「三人称の死者」と同一視しないでくれ、と言いたいところもあろう。

ある意味ほんのりとした〝想い〟は持ちながらも、〝「二人称の死者」以下「三人称の死者」以上〟と言った位置を占めた存在なのである。本稿ではジャンケレヴィッチを参考にして、人称の点から死者の類型化を行ってきたわけであるが、こうした事例は三類型では適切に対応できないことが明らかになろう。そこでこうした死者を、二人称と三人称の間に「二・五人称の死者」を設け、四類型とすることで提示しよう。[20] つまり「二人称の死者」であっても〈対面経験〉の無い死者は、純然たる「二人称の死者」とは言えず、かといって「三人称の死者」とも言えないため、「二・五人称の死者」としてその記憶がなされているという提案である。その場合、「二・五人称の死者」を設定するポイントは、関係する生者と死者の間に、とりわけ〈対面経験〉が無い点にある。ちなみに、〈対面経験〉があった死者は、原則的には「二人称の死者」に類型化される。[21]

「先祖」にみるような「二・五人称の死者」の存在は、他の場面においてもいろいろ確認される。例えば、この世で出会わなかった「弔い上げ」前の死者でも、また偉人や芸能人など生者からは強い〝想い〟をもって接するような死者も、〈対面経験〉が無い場合には「二・五人称の死者」として位置づけられることになろう。例えばＪ・Ｆ・ケネディに心酔している人にとって、ケネディは「三人称の死者」とは言えないのはもちろんであるが、そのケネディに対する強い〝想い〟は〈対面経験〉がない点で、「二人称の死者」に準じるとまでは言えるとしても、あくまでも完全な「二人称の死者」とは言えない位置にある。こうした場合も、ケネディの記憶は「二・五人称の死者」として保持されていると言うことができよう。また戦死者のことを「英霊」と呼んで今なお慰霊している場面も、この問題に関連しよう。現代日本の過半数の人々は、おそらく戦死者自身と〈対面経験〉を持ってはいないであろう。従って戦死者の固有名詞は社会的にも記憶の外に移りつつあるにもかかわらず、「英霊」という集合名詞で呼ぶことによって、「二・五人称の死者」を保持しているのである。戦死者もある意味大量死であったが、これと同様、事故死や災害死などによる大量死の際にも、「犠牲者」「殉職者」などといった集合名詞が、いずれも死後に時間をおいて、固有名詞に取って代わって読み替えられる中で保持されており、「二・五人称の死者」と言うことができよう。

こうした集合名詞の登場と共に「二・五人称の死者」を生み出してきたメカニズムというのは、〝死者の記憶〟のメカニズムとしては、まさに「二人称の死者」の記憶を、早急に、「三人称の死者」あるいは「一般的死者」として忘却の彼方に送り込まないよう、生者の間に半永久的に繋ぎ止めてきた装置と考えることができる。

五　むすび

本稿では東日本大震災を契機に、被災地の各地に建立された震災犠牲者に対する慰霊施設に見られる石碑に書かれた、「あなたを忘れない」「忘れない」といった表現に触発されて、わが国における〝死者の記憶〟がいかなるメカニズムで保持されているかについて考えてきた。その際にはわが国における葬送習俗の流れの中に展開される死者の扱いに注目し、とりわけ死後三十三年あるいは五十年に行われる最終法事としての「弔い上げ」が、死者自体の属性を変えることで生者の対峙の仕方も大きく変化する時であることを確認した。そして「弔い上げ」の意味に関しては、柳田國男の論考を参考に、それまで生者からは、固有名詞をもった個性ある具体的死者として対峙されてきた死者が、「弔い上げ」を過ごしたことで脱個性化し、「先祖」という集合名詞の中で、そのイエの他の先祖の魂と融合し、その後は死者ではなく先祖として生者に対峙するというプロセスを概観してきた。

そもそも死者は一般的に、まず遺族からは固有名詞を用いて俗名あるいは戒名で呼ばれ、その個性を意識した「二人称の死者」として対峙されることが常であった。それが時間経過と共に次第に個性を喪失すると、「弔い上げ」を契機として「先祖」という集合名詞で対峙されることとなる。「先祖」と呼ばれるこの死者こそ、〝「二人称の死者」以下「三人称の死者」以上〟として定位される「二・五人称の死者」なのである。この種の死者は、「先祖」以外にも大量死した死者を指して使われることも多く、犠牲者・殉職者・英霊などの集合名詞をもって生者と対峙することになる。

以上のように見てくると、〝死者の記憶〟は、〈死後の経過時間〉と共に〈対面経験〉をもたない「二人称の死者」が「二・五人称の死者」へと展開することによって保持されるものといえる。これをさらにマクロな時間軸で考えるなら、「二・五人称の死者」も、さらなる長い年月を経ることでその死者に対する記憶の継続が難しくなり、「三人称の死者」へと一般化することで、最終的には忘却の彼方へと進んで行くのである。先に引用した柳田國男も、「最初は勿論喪屋を傍に造って、喪に在る者の限りは其中に籠ったが、忌が晴れて常の生活に戻って来ると、それから後はたゞ忘却が有るのみであった[*22]」と言って、〝死者の記憶〟のメカニズムは、最終的には忘却されるものであることを指摘している。

「去る者日々に疎し」で、どんなに親愛対象であった人だとしても、死別を境にその人と接する時間が共有できなくなることで、徐々にその死者のことを忘れて過ごす時間が多くなることは当然のことなのであろう。ある意味、そうした時間を過ごすこと自体が、グリーフワークの正常なプロセスだと言うこともできよう。そう考えると、死者を忘れることは、残された生者にとって、〝負い目〟に思うほど悪いことでないのはもちろん、残された生者が、その後の生を生き抜くためにも必要なことではないか、とも考えるのである。[*23]

生物学的観点に立つなら、われわれが存在している背後に、何百年何千年も前から血の繋がった多数の死者が存在してきたことは間違いが無い。ところがわれわれは、そうした全ての死者たちのことを、常に「忘れない」で生きているわけではない。本稿ではそうした実態があるにもかかわらず、新たに作られる慰霊碑などに「忘れない」と記すことの意味追究をしつつ、日本における〝死者の記憶〟のメカニズムについて考えてきた。仮に現在生きている人がいなくなった後であっても、「忘れない」と書かれた慰霊碑を将来訪れる人がいるなら、慰霊碑に記された死者は、例えば「犠牲者」といった用語を通じて、〝想い〟をもった生者の記憶の中に生きていけると考えるのであろう。その意味で「二・五人称の死者」というのは、意外に長い期間〝死者の記憶〟を保持伝達していく重要な死者類型であると言うことができよう。

註

＊1　二〇一七年十一月現在は、更新の間隔はさらに空き、数ヵ月に一回ほどの更新となっている。

＊2　二〇一三年六月末現在の仙台から南相馬市の間の慰霊施設については、拙稿「東日本大震災による被災死者の慰霊施設」（村上興匡・西村明編『慰霊の系譜――死者を記憶する共同体』森話社、二〇一三年）で纏めたことがある。また名取市閖上にある日和山が〝祈りの場〟として形づけられていった過程については、拙稿「被災地における〝祈りの場〟の誕生――宮城県名取市閖上地区の日和山」（『現代宗教 2015』国際宗教研究所、二〇一五年）で纏めたことがある。

＊3　V・ジャンケレヴィッチ『死』（仲澤紀雄訳、みすず書房、一九七八年）。

＊4　これまで筆者は、G・H・ミードなどの社会心理学者が他者を「意味ある他者」と「一般的他者」とに二分してきた他者論の成果に触発されて、死者の類型化を、「意味ある死者（significant dead）」と「一般的死者（generalized dead）」の用語で二分してきた（拙稿「死者を忘れない――〝死者の記憶〟保持のメカニズム」、鈴木岩弓・森謙二編『イエ亡き時代の死者の行方』吉川弘文館、二〇一八年刊行予定）。この区分のポイントは、死者に対する〝想い〟を「私」が持つか否かという点である。第一の「意味ある死者」は、家族やイエの先祖、親族、友人や知人など、一般に「私」にとって何らかの特別な〝想い〟のある具体的な故人であり、第二の「一般的死者」は、新聞で報道される事故の犠牲者や通りすがりの墓地に眠る死者、つまり「私」にとって特別な〝想い〟が希薄な抽象的な「死者」であった。これ等の区分の「二人称の死者」と「意味ある死者」、「三人称の死者」と「一般的死者」とはほぼ同義と考えて問題ない。とはいえ「二人称の死者」あるいは「意味ある死者」には大きな幅があることが明らかになってきたため、〝死者の記憶〟の展開をまとめる中では、人称に着目した死者類型の方がより明快であると考えるようになった。そこで生まれたのが、本稿の「二・五人称」の視点である。

＊5　震災時の宮城県で見られた土葬選択と改葬をめぐる経緯などに関しては、拙稿「東日本大震災の土葬選択にみる死者観念」（座小田豊・尾崎彰宏編『今を生きる1　人間として』東北大学出版会、二〇一二年）一〇三―一一一頁参照。

＊6　死者や先祖の霊魂が宿ると見なされる板状の牌。浄土真宗の教義では、死者はお浄土に行かれているので位牌は不要と考え、使わないことが多い。例外的に真宗高田派では位牌を用いるが、死者の霊が宿るのではなく、過去帳と同様に死者の記録と見なされている。
＊7　「とむらいあげ」（『日本国語大辞典』小学館）。
＊8　『民俗学辞典』『日本民俗学事典』『民間信仰辞典』『日本民俗宗教辞典』など。
＊9　柳田國男「女性生活史」（『婦人公論』一九四一年七月。『定本柳田國男集』第三〇巻、筑摩書房、四六頁参照）。
＊10　柳田國男『先祖の話』（筑摩書房、一九四六年。『定本柳田國男集』第一〇巻、九四―九五頁）。
＊11　柳田國男『日本の祭』（弘文堂、一九四二年。『定本柳田國男集』第一〇巻、一九四頁）。
＊12　柳田國男『先祖の話』（七頁）。
＊13　柳田國男の先祖祭祀に関しては、拙稿「戦後における柳田國男の「祖先祭祀」観」（『東北大学文学部研究年報』第四三号、一九九四年）一八三―二二四頁を参照のこと。
＊14　柳田國男『先祖の話』（一四四頁）。
＊15　同前（一三一頁）。
＊16　同前（一〇六頁）。
＊17　「祖霊神学」の表現の中には、これに全面的な賛意を表してというよりも、研究者として一歩深入りしすぎているのではないかという観点から、揶揄する意味合いが含意されている。
＊18　この事例に触発され、島根大学教育学部の教員をしていた当時、筆者のゼミの複数の学生が、「弔い上げ」をしない事例の研究を行った。その一つの例として、浅沼政誌「「弔い上げ」を行わない地域の霊魂観について――八束郡東出雲町A地区の場合」（『山陰民俗』第五七号、山陰民俗学会、一九九二年）参照。
＊19　現代日本では、「弔い上げ」実施時期は短縮化の傾向が見られており、十三回忌で「弔い上げ」とすることも珍しいことではなくなっている。
＊20　柳田邦男『言葉の力、生きる力』（新潮文庫、二〇〇五年）において「二・五人称の視点」の重要性に言及して

いる。

＊21　家族といえども人間であるので、一般社会に見られる争いが持ち込まれている場合も珍しくは無かろう。その意味で、〈対面経験〉がある死者の全てが「二人称の死者」と位置づけられるわけではない。

＊22　柳田國男『先祖の話』（一三一頁）。

＊23　かつて日本宗教学会での発表の席上、話の枕に「死者は忘れられてはいけないのでしょうかね」と話したところ、会場の空気が一瞬ピリッと張り詰めたことがあった。この時の発表終了後の最初にあった質問は、「先生は、本当に死者が忘れられても良いと思っているのですか」といった、その第一声に対する質問であった。その時は、亡くなってすぐに忘れられては寂しいけれど、何百年も忘れられないでいることの方がありえないことではないかと言った回答をしたのであるが、こうした質問が来たことで、筆者は改めて「死者は忘れられてはいけない」といった考えを強くもつ場合があることに気づいた次第である。

❖死者たちの団欒

――彼岸で再会する人々――

佐藤　弘夫

図1　六人の人物が楽しく語り合う様子の供養絵額（遠野市西来院蔵）

一　歓談する死者たち

遠野市の西来院は、釜石線の鱒沢駅を出て国道一〇七号線を大船渡方面にしばらく進んだ所にある。鱒沢の集落を抜け釜石自動車道の高架を潜ると、道は程なくなだらかな登り坂となる。山に挟まれた斜面をまっすぐに走る道の両側には、手入れの行き届いた田畠や採草地が広がっている。西来院はそうした農村の佇まいに違和感なく溶け込んだ、典型的な村落寺院である。

この寺には、幕末から大正時代にかけて奉納された「供養絵額」とよばれる三十枚ほどの絵が伝えられている。本堂の長押の上に据えられた横一メートル、縦六十センチほどの絵額には、周辺の村人たちの日常とおぼしき風景が描写されている。

扉に示した絵（図1）には六人の人物が描きこまれている。右側には夫婦と思われる二人の老人が座っている。その向かいには女性二人が陣取り、若い方の人物が背後の子供たちの様子を気にしながら、盃を差し出す老人に酌をしようとしている。針仕事をしていた年配の女性も、一休みしてお相伴に預かろうと杯をかかげている。卓上の大皿にはご馳走が盛られ、床に置かれた木鉢は果物で溢れている。

室内の二つの火鉢では炭が赤く燃え、その上に鉄瓶がかけられている。背後には立派な茶箪笥が置かれ、襖には馬の産地である遠野らしく、勇壮な馬の姿が描かれている。なにか特別な日なのであろうか、みなよそ行きの着物に身を包んでいる。これが、老人の喜寿を祝う宴の様子を描いたものと言

図2　晴れ着に身を包んだ女性と男児が描かれた供養絵額（遠野市西来院蔵）

われてもまったく違和感はない。しかし、ここに登場する人物は、絵が作成された時点ですでにこの世に存在しない人々だった。

右奥の床の間の掛け軸に記された戒名と没年がそのことを示している。忌日は明治の後期が多い。この絵額が奉納された大正五年（一九一六）にはすべての人が鬼籍に入っている。ここに描かれているのは、時を隔てて亡くなった親族縁者が死亡した時の姿のまま冥界で再会し、楽しく語り合っている様子なのである。

供養絵額にはさまざまなバリエーションがあった。上の絵には、晴れ着に身を包んだ女性と男児がいる（図2）。

女性は針仕事をしながら子供の様子をうかがっている。子供も女性をみている。床にはいくつもの玩具が置かれ、お茶やお菓子が用意されている。ここに描かれている光景は、どうみても母と子の日常の一シーンである。

掛け軸をみると子供は元治二年（一八六五）に二歳

図３　初老の男性と少年が登場する供養絵額（遠野市西来院蔵）

で亡くなったことがわかる。女性の没年は明治十五年（一八八二）、享年三十六歳だった。もしこれが本当の親子であるとすれば、子供が亡くなったのは母が十九歳のときだった。女性の年齢から考えて最初の子だったのであろう。彼女はその後一七年生きたが、それでも早すぎる死だった。若くしてこの世を去った女性を悼んだ遺族たちは、彼女の供養のために生前の姿を描いた絵額を奉納することにした。

その際、一人で冥界に赴くこの女性の寂しさを少しでも紛らわせるために、先に亡くなった男児を書き加えることにした。遠い昔に心ならずも離れ離れになってしまった母と子は、二度と離別を強いられることはない。二人はこの絵額の中で、心ゆくまで水入らずの生活を楽しんでいるのである。

上の絵には、初老の男性と少年が登場する（図3）。

年齢差を考えると、祖父と孫であろうか。少年は明治二十九年（一八九六）に十五歳で亡くなった。周囲から期待された聡明な子供だったのであろう。しかし、学問で身を立てようとする彼の希望は叶うことがなかった。いま彼は冥界で、一足先にその住人となった祖父に見守られながら、大好きな読書に没頭している。

西来院に納められたこれらの供養絵額は、いずれも故人の冥界での生活ぶりを描いたものだった。岩手県では遠野地方を中心に、西来院以外にもたくさんの供養絵額が残されている。そこに見られるのは、幸せな死者たちの姿である。絵額には、故人が願っても生前には実現できなかった光景が描き込まれている。

人々は皆満ち足りた表情をしている。愛おしく抱きしめる余裕もないままにこの世を去った赤ん坊に、乳を与える母親がいる。子が授からないうちに逝去した女性が、あの世では子供と戯れている。生前と同じ姿で帳簿をつけている商人がいる。猫と遊ぶ少女がいる。百年の時を経ても変わることのない鮮やかな紅や群青は、時の流れに逆らって、切り取られた幸福な一瞬を永遠に引き止めようとしているかのようである。

絵額を奉納した遺族は折々に寺を訪れては、故人が懐かしい人々と再会して、幸福な時間を満喫している様子を確認した。そして、いずれは自身もその幸せな人々の輪に加わることに思いを致しながら、しばし死者たちとの穏やかな時間を共有したのである。

故人の死後の様子を描いて寺堂に奉納する習慣は、遠野地方だけでなく、東北一円に広くみられる風習である。山形県の村山地方では、若くして亡くなった男女の架空の婚礼姿を寺に納める「ムカサ

図4　明治31年制作のムサカリ絵馬（天童市若松寺蔵）

リ絵馬」という習俗が、いまも続いている。図4は、天童市街を見下ろす高台に位置する若松寺の明治三十一年制作の絵馬である。

絵の右端に、髪を短くした色白の新郎が座っている。彼と向かい合うように、婚礼衣装に身を包んだ新婦の姿がある。その表情は綿帽子に隠れて読み取ることができない。媒酌人と親族であろうか、二人を囲むように、正装した五人の男女が描かれている。

このうち、新郎はかつてこの世に実在した人物である。彼は何らかの原因で、若くして命を落とした。遺族たちは、一人前の証とみなされていた結婚式を挙げることなく亡くなったこの青年を憐れみ、架空の式の様子を描いて奉納した。彼はこの絵が奉納されて以来ほぼ百年もの間、実人生では経験することのできなかった至福の時間のなかに身を浸し続けているのである。

二　忘却される死者と記憶される死者

私たちはだれか身近な人が亡くなっても、すぐにその人物を忘却することはない。折に触れてその人物を想起し、懐かしい思いを抱く。これは時代や民族を越えた普遍的な感情である。しかし、その思いがすべて、この供養絵額のように死者の記憶を留めるための可視的な装置の形をとるかといえば、決してそうではなかった。通常の忘却のプロセスに逆らってまでもあえて死者を記憶に留めようとする試みは、決して一般的な現象ではなかったのである。

日本列島において死者を想起するための記憶装置が各地で広く作られ始めるのは、十六世紀以降のことであった。[*1]その代表的なものが、死者の名前を石に刻んで残そうとする墓標である。それ以前の中世とよばれる時代においては、死者は自然な忘却のプロセスに委ねられていた。

中世でも人が亡くなると墓地に運ばれた。[*2]庶民層の遺体は共同墓地に搬入されるとそのまま地表に放置され、風化するままに任された。権力・財産のある人物や高僧の場合には、円墳を築いて埋葬されたり、墳墓の上に五輪塔を立てたりする事例もみられた。

中世もう一つの代表的な葬送儀礼は、霊場への納骨だった。遺体を火葬にした上、身内の者がその骨を首にかけて聖地を訪れ、そこに納めるのである。当時の代表的な納骨の地として、高野山の奥の院、奈良の元興寺極楽坊、東北では山形の立石寺、松島の雄島などがあった。

どのケースでも、中世墓地の特色は埋葬者が匿名化するところにあった。墓所に運ばれ埋葬された人々には、たとえいかに高貴な身分であっても、どれほどりっぱな墳墓が造られても、その名や属性を示す標識が立てられることはなかった。故人に会うための墓参の習慣も、中世には存在しなかった。

そのため、時間の経過に従って遺体の在りかがわからなくなるのはごく普通のことだった。中世には天皇や上級貴族の墓地でさえもしばしば所在地が不明となった。昭和五十九年（一九八四）に静岡県の磐田市郊外で発見された一の谷中世墳墓群は、発見時には雑木林で覆われており、その存在は完全に忘れ去られていた。発掘の結果、日本最大級の中世墓地であることが明らかになったが、三千基もの墓の遺構があるにもかかわらず、そこに葬られた人物の名前は一人として判明しないのである。

死者が匿名化していく現象の背景には、死者がこの世にいるべきではないと考える中世固有の世界観があった。中世は、この現実世界とは別次元に存在する理想世界＝浄土のリアリティが人々の間で共有されていた時代だった。現世は厭い去るべき汚れた地であり、死後に遠い他界に旅立つまでの仮の宿りに過ぎなかった。穢土である現世に執着することは許されない行為なのである。中世の葬送儀礼の第一義の目的は、死者をこの世で安らかに眠らせることではなく、確実に他界に送り出すことにあった。

死者が他界に転生することを理想とする中世的世界観は、十四世紀から十六世紀にかけて大きく変容する。彼岸の理想世界のイメージがしだいに縮小し、それと比例するようにこの世の比重が増していく。認知可能な領域、計測可能な事物だけが実在であるとする近代に続く世俗的な世界観が、しだいに優勢を占めるようになるのである。

それは、死者が目指すべき不可視の他界がその魅力を失ったことを意味した。遠い浄土が理想世界としての輝きを失ったとき、死者はもはや遠い世界に飛び立とうとはしなかった。死者はいつまでも懐かしいこの世に留まるのである。現世のなかで、死者に割り当てられた代表的な定住の地が墓場だった。このようなプロセスを経て、「草葉の陰で眠る」死者のイメージが近世社会に定着していくことになった。

憧憬の地としての他界の消失は、死のイメージにもう一つの重要な変更をもたらした。彼岸の縮小は、かの地に実在すると信じられていた救済主の観念の萎縮を意味した。近世では、中世にみられたような、人間を一瞬にして浄土に救い取ってくれるような絶対的存在は姿を消した。救済主に対する全幅の信頼が失われたとき、〈救済〉の意味も変質を余儀なくされた。人間が最終的に目指すべき地平は生死を超えた悟りの境地ではなく、墓地で心地よい眠りを継続することだった。到達すべき目標である「仏」も、宗教的な悟りを体現した覚者ではなく、墓地に安住する死者の別称（ホトケ）にほかならないのである。

死者が墓で心地よく眠り続けるために、生者の側はそれを可能にする客観的条件を整えることを求められた。まず、墓は朝夕ありがたい読経の声が聞こえる寺院の境内に建てられる必要があった。そのお寺の宗旨がなんであり、読まれる経典がなんであるかは本質的な問題ではなかった。あたかもクラシックカフェで名曲の音色に浸るように、心地よいお経の響きが聞こえることが肝要なのである。加えて、縁者は死者が寂しい思いをしないで住むように定期的に墓を訪問したり、時には死者を自宅に招いたりしなければならなかった。死者に満足してもらえるよう、生者の側の細やかな心配りが求められたのである。

故人は死後も継続する縁者との交流を通じて、小石が川の流れで角を落としていくように、生前にもっていた生々しい欲望や怨念をしだいに削ぎ落し、長い歳月をかけて徐々に神のステージ＝「ご先祖」にまで上昇していくと信じられた。死者が救済者の力によって瞬時にカミに変身するのではなく、生者との長い交渉の末にカミの地位に到達するのが近世という時代だった。

こうして近世には、子孫を守護するご先祖の観念が成熟していった。それに伴って、人々の思い描く自身の死後のあるべき姿が、見知らぬ遠い場所で悟りを開くことから、この世にいたまま、生前と同じように子孫と交流し続けることへと変化していく。やがて「ご先祖」となり、最終的には冥界でのリフレッシュの果てに、みずみずしい命を持って再びこの世界に生まれ来ることが理想の人生のサイクルと考えられたのである。

三　戸籍を持つ死者たち

近世では死後の幸福は、縁者が継続的に故人をケアできるかどうかにかかっていた。先祖への変身の過程で、死者が忘却されたり、その供養が中断されたりすることがあってはならなかった。それは死者を記憶し続けることの重要性が、日本列島において大衆レベルではじめて社会的に認知されたことを意味した。特定の人物に対する記憶の継続が、その人物の死後の命運と不可分の関係をもつと信じられた時代が到来したのである。

先に述べたように、日本列島の中世は墓参りの習慣のない時代だった。墓地に運ばれた死者はそのまま放置され、再び顧みられることはなかった。墓地に被葬者の名が残されることはなく、死者は時の流れに従って忘れ去られていった。

それに対し、十六世紀ごろから畿内を中心に、故人の名を刻んだ小型の五輪塔が出現するようになる。[*3]時を同じくして、死者の名を記した角柱の墓石も登場する。十六世紀から十七世紀にかけての時期は、墓地を伴う膨大な数の寺院が城下町の縁辺や村々に新たに建立されるときだった。[*4]古代・中世の寺院は境内に墓地を持つことがなかった。いま私たちが普通に目にする墓地と本堂がワンセットになった寺の大半は、近世成立期に創建されたものだった。

墓を伴う多くの寺院が建立される背景に、庶民層の土地への定着と江戸時代の檀家制度があることはもちろんであるが、それ以上に、死者が他界に旅立つことなく、いつまでもこの世に留まると観念されるようになったことが大きい。葬送儀礼の変容には、中世から近世への移行の過程でこの列島が経験したコスモロジーの転換が大きく関与しているのである。

いつまでもこの世に残るようになった死者たちは、首尾よく「ご先祖」に昇格できるまで、長期間にわたって手厚くケアされる必要があった。そのためには、そこに行けばいつでも死者に会うことができる場所、固定化された死者との対話スポットが不可欠だった。生者と同様、死者もこの世に特定の住所をもつことが求められる時代になったのである。

遺骸や骨のある墓地はもっともわかりやすい死者の居住地だった。目当てとする故人と確実に対面できるためには、人間の住居に表札がかけられるように、死者の住居である墓にも目印となる標示が必要だった。墓に立てられる墓碑とそこに刻まれた戒名・法名はその役割を果たすものだった。

江戸時代に入ると、まず武士階層から故人の戒名・法名を刻んだ墓標が普及し始める。墓標建立の風習はしだいに武士以外の階層にも広がり、江戸時代の後期になると庶民層でも石の墓標がみられるようになる。死者の命日やお盆、お彼岸といった折々の節目には、遺族が、花や線香に加えて故人が好きだった飲食物を携えて墓を訪れた。そして、生きた人間にするのとまったく同様に、墓碑に向かって知人・縁者の消息を語り、死者の近況を訪ねた。お盆には家ごとに精霊棚を設け、迎え火を焚いて先祖を歓待した。日本列島において、近年まで普通に行われていた生者と死者の交流の作法が、こうして形を整えていくのである。

江戸時代には仏壇と位牌を持つ家もしだいに増加し、日々仏壇のご先祖様に手を合わせる習慣が定着した。[*5] 固有名詞をもった一個の人格として死者を記憶しようとする動きが、急速に列島各地に広がっていくのである。

墓標の定着に伴って、死者供養の儀式も形式化し煩雑化していった。供養が必要とされる期間はしだいに延長され、初七日から七十七日、一周忌から弔い上げまでの追善供養が定められ、人々の生活を規定するようになった。現在まで影響を及ぼしている葬儀の事細かな習俗が作り上げられ、地域ごとに伝統的な儀式として継承されるようになった。同じ宗派に属する寺院でも、地域が異なれば葬儀の形態が異なることも珍しくなかった。寺の属する宗派よりもむしろ地域ごとの特性の方が、葬儀の形態を強く規定するようになったのである。

折しも幕府の政策によって、自作農の創出と土地への緊縛が進行する時代だった。親から子へ、そして子孫へと継承されるべき「イエ」の観念が、確たる実態に裏打ちされて上層身分からしだいに庶民層にまで広がっていった。死者を長期間にわたって安定的に供養できるだけの社会的基盤が、日本列島全域で整っていくのである。

死者をケアする主体が救済者＝仏から人間へと移行するにつれて、死後世界の世俗化は急速に進行した。死者の安寧のイメージが、生者の願望に引きつけて解釈されるようになるのである。

京都の西福寺は室町時代に制作されたと伝えられる「熊野観心十界図」を所蔵している。畳一畳を超える巨大な掛け軸形式の曼荼羅である。このタイプの絵画は熊野比丘尼とよばれる女性の宗教者が携えて各地を回り、絵解きを行ったことで知られており、東北地方にも数多く現存する。

この絵では上半分にアーチ型の「山坂」が描かれる。そこでは、右端の坂元の幼児が次第に成長を遂げながら頂点において社会的な栄達を極め、やがて坂を下るにしたがって年老いていく様が描写されている。年齢の推移に対応するかのように、背景にある樹木も桜から常緑樹、そして紅葉へと移り変わっている。ここに展開するのは、誕生から死にいたる「生」の世界である。人生の出発点と終着点を示すかのように、坂の両端にはそれぞれ子供の出産と墓地の光景が配置されている。

それに対し、下半分に描かれるのは「死」の世界である。そこには地獄界から天界にいたる六道の世界があり、死者たちは生前の行いによってそのどこかに振り分けられている。絵のなかにはその選別を担当する閻魔王の姿がある。善行を積んだ人間は天界や人間界に導かれ、生前と同等かそれ以上の生活を保証された。逆に、悪行に身を染めた者は、奪衣婆によって着衣を剝ぎ取られた後、地獄界で炎に焼かれたり、釜茹でにされたりしている。餓鬼道に堕ちて飢えに苦しめられる者がいる。動物の姿をとって畜生界に生まれ変わった者もいる。

中央には「心」という一字が置かれ、その上方には阿弥陀仏と聖衆がいる。ここでは人は、この世において生と死のサイクルを繰り返しているだけで、どこか別の世界に行ってしまうことはない。欣求の対象である天界も厭うべき地獄もこの世の内部にある。理想の人生は未知の遠い浄土に往生することではない。此土での満ち足りた一生を終えた後、再び生まれ変わって人生の階段を登り始めることだった。死は生者の世界に復帰するまでのしばしの休養の時間だったのである。

この絵は「十界図」とよばれながらも、仏界をはじめとする四つの聖なる世界（四聖）は描かれていない。人は、天界を頂点とする六つの迷いの世界（六道）をぐるぐると巡るだけである。仏はもはや人を浄土に誘うことはない。生死を超えた悟りへと導くこともない。その役割は、人間が生死どちらの世界においても平穏な生活を送ることができるよう見守り続けることだった。衆生が道を誤って地獄・餓鬼・畜生・修羅などの悪道に堕ちることを防ぎ、万一転落した場合はそこから救い出すことだった。たとえ恐怖や苦難と背中合わせであっても、なじみのこの世界に再生することが人々の願いだった。そして、それを実現するもっとも重要な要因が「心」のあり方だったのである。

浄土の存在感が希薄化していく背景には、他界浄土のリアリティを共有できず、浄土往生を真剣に願うこともなくなった江戸時代固有の世界観が存在した。地獄をはじめとする悪道への転落は、悟りへの障害になるからではなく、冥界での穏やかな休息を妨げ、人としての再生を困難にするものであるからこそ避けるべき課題だった。この絵には畜生道に堕ちて、犬・猫・牛などに生まれ変わった姿が描かれている。当時の人々にとっては、人間から人間へのサイクルを踏み外すことこそが最大の恐怖だったのである。

いかに彼岸の現世化が進んだとはいえ、檀家制度が機能し仏教が圧倒的な影響力をもっていた江戸時代には、死者は仏がいて蓮の花咲く浄土で最終的な解脱を目指して修行しているという中世以来のイメージが、完全に消え去ることはなかった。秋田県湯沢市の最禅寺には江戸時代に制作された六幅の地獄絵図が伝えられている。そのほかに、地獄の対極にあると信じられていた浄土の光景を描いた一幅の巻物が残されている。上空には、文殊・普賢の二菩薩以下の聖衆を従えた釈迦如来が浮遊している。中央部には瓦屋根と朱塗りの柱や梁をもつりっぱな堂舎群があり、一番下の部分には池が描かれている。池の上には雲に乗って漂う人物がおり、池に咲く蓮の花の上や岸辺にも人がいる。この絵には、江戸時代の通俗的な彼岸世界のイメージがわかりやすい形で表現されている。

しかし、近世人が実際にこうした死後の光景を究極の目標としていたかといえば、必ずしもそうとはいえない。心中物として著名な近松門左衛門の『心中天網島』は、心中にあたって主人公の治兵衛に、「西へ西へと行く月を如来と拝み目を放さず。只西方を忘りやるな」[*6]と述べさせている。西方浄土は江戸時代においても、もっともポピュラーな死後世界の表象だった。だが、この言葉にもかかわらず、二人が実際に求めていたのは浄土への往生ではなかった。もう一方の当事者である小春が、「たとへ此のからだは鳶烏につゞかれても、ふたりの魂つきまつはり。地獄へも極楽へも連れ立つて下さんせ」[*7]と語っているように、その関心は生死を超えた救済にではなく、生前に叶わなかった夫婦の契りを死後に実現できるかという点にあった。その背景にあったのは此土と彼岸が鋭く対峙する中世的な世界観ではなく、人々がこの世の内部で輪廻を繰り返す、「熊野観心十界図」と共通する近世的な世界観だったのである。

幕末に向かうに連れて他界としての浄土のイメージはさらに希薄化し、死後世界の表象そのものが大きく変化する。死後の命運を司る仏の存在がさらに後景化し、ついには死後の世界から仏の姿が消え去るのである。

死者は美しい衣装を身にまとい、この世の延長である冥界で、衣食住に満ち足りた生活を満喫するようになる。遠野の供養絵額や山形のムカサリ絵馬は、こうした死後世界の世俗化の果てに、近代になって生まれた新たな風習だったのである。

四　緩衝材としてのカミ

死者がいつまでもこの世に留まると観念されるようになった近世社会では、故人に対する長期間のケアが継続されるシステムが形成されていった。しかし、死者を彼岸に送り出すことが究極の目的とされた中世でも、生者と死者の関係が死によってすぐさま断絶することはなかった。

中世社会では多くの人々が浄土往生を願ったが、普通の人間が浄土に到達するのはそれほど容易なことではなかった。そのため、浄土信仰者は、生前から死後のために周到な準備を整えることが求められた。平安時代の比叡山において、文人貴族である慶滋保胤が中心となり、浄土往生をめざす有志が集って二十五三昧会という結社が作られた。このサークルのもう一人の中心人物が天台浄土教の大成者とされる源信だった。そこでは、普段から死後の生活に備えた用意が進められるとともに、メンバーが臨終を迎えるにあたって、尊厳をもって死を迎えるための看取りと葬儀の作法が詳細に定められた（慶滋保胤「二十五三昧起請」）。

　平安時代の後期に入って浄土信仰が定着すると、浄土往生を目指す作法は多様化していった。上層貴族の間で流行したのは、みずからの手でこの世に来世との通路を設けることだった。*8 阿弥陀像の造立と阿弥陀堂の建立がそれだった。その所在地はこの世の浄土であるとともに、真の浄土である彼岸に通ずる回路だった。

　往生実現のためには長い助走期間が必要だった。人は繰り返し寺院や霊場を訪れては、最終目標である自身の後生善所を祈った。本人が亡くなっても、故人がなんらかの手違いでこの世に居残っていないように、間違いなく彼岸に到達できるように、縁者による供養は可能な限り長く継続されなければならなかったのである。

　かつて人々は死者を大切な仲間として扱い、対話と交流を欠かさなかった。死者だけではない。神や仏など眼に見えぬもの、人を超えた存在と空間・時間を分かち合い、そのために都市と社会のもっとも重要な領域を提供した。

　私は今世紀に入ったころから、各地の史跡をめぐり歩くようになった。よく行くのは古都や神社仏閣である。国内だけでなく、ヨーロッパの中世都市やインドの寺院、インドネシアのボロブドゥール、カンボジアのアンコールワットなどアジアの遺跡にもたびたび足を運んだ。

　私たちは都市というと、人間が集住する場所というイメージをもっている。しかし、実際に古今東西の史跡に足を運んでみると、街の中心を占めているのは神仏や死者のための施設である。中世ヨーロッパでは、都市は教会を中心に建設され、教会には墓地が併設されていた。日本でも縄文時代には、死者は集落中央の広場に埋葬された。有史時代に入っても、寺社が都市の公共空間の枢要に位置していた時代が長く続いた。そうした過去の風景を歩いていると、現代が、日常の生活空間から人間以外の存在を放逐してしまった時代であることを、改めて実感させられる。

前近代の日本列島では、人々は目に見えない存在、自身とは異質な他者に対する強いリアリティを共有していた。神・仏・死者だけでなく、動物や植物までもが、言葉と意思の通じ合う一つの世界を構成していた。超越的存在と人間の距離は時代と地域によって異なったが、人々はそれらの超越的存在＝カミの眼差しを感じ、その声に耳を傾けながら日々の生活を営んでいた。

カミは単に人とこの空間を分かち合っていただけではない。社会のシステムが円滑に機能する上で不可欠の役割を担っていた。定期的に開催される法会や祭礼は、参加者の人間関係と社会的役割を再確認し、構成員のつながりを強化する機能を果たした。祭りという大きな目的に向けての長い準備期間のなかで、人々は同じ集団に帰属していることが決して偶然ではないことを自覚し、自分たちをここに居合わせるようにしむけたカミのために、一致協力して仕事を成し遂げる重要性を再確認していくのである。

高度成長の時代に突入する一九六〇年代ごろまで、地方の農村ではまだ集落ごとにあった神社のお祭りが生活の節目になっていた。祭りのために、集落をあげて長い時間をかけた準備がなされた。社殿や神輿は補修され、神楽の道具と衣装が整えられた。神輿の遊幸に備えて橋が直され、周辺の道路は整備されて掃き清められた。

いま地方を歩くと、無数にあった路傍の小社は訪れる人もないまま荒れ果ててしまっている。神社を巡る参道は、通学路などとしても使われる公共の生活道路としての役割を果たしていた。他人の命令に従うことを嫌う人間も、神仏のためなら積極的に奉仕活動に参加した。その運動が、毛細管のごとき末端の道路や橋を維持する機能を果たしていた。しかし、神が公共空間を作り出す機能を失ったとき、自発的にそれを整備しようとする人はいなくなって、道は草に埋もれてしまうのである。

自分たちの周囲を振り返ってみればわかるように、人間が作る集団はそれがいかに小さなものであっても、その内部に感情的な軋轢や利害の対立を発生させることを宿命としている。共同体の人々は、宗教儀礼を通じてカミという他者へのまなざしを共有することによって、構成員同士が直接向き合うことから生じるストレスと緊張感を緩和しようとしたのである。

中世に広く行われた起請文には、集団の秩序維持に果たした神仏の役割が端的に示されている。起請文とは、ある人物ないしは集団がみずからの宣誓の真実性を証明するために、それを神仏に誓った文書であり、身分階層を問わず膨大な数が作成された。起請文の末尾には監視者として神仏が勧請され、起請破りの際にはそれらの罰が身に降りかかる旨が明記された。双方の言い分が対立したとき、起請文を作成した上で二人を堂社に籠らせ、先に体に異変が起こった方を負けとする方法もしばしば取られた。

だれかを裁かなければならなくなったとき、人々はその役割を超越的存在に委ねることによって、人が人を処罰することにともなう罪悪感と、罰した側の人間に向けられる怨念の循環を断ち切ろうとした。カミによって立ち上げられた公共の空間は、羊水のように集団に帰属する人々を穏やかに包み込み、人間同士が直にぶつかりあうことを防ぐ緩衝材の役割を果たしていたのである。

カミが緩衝材の機能を果たしていたのは、人と人の間だけではなかった。集団同士の対立が極限までエスカレートすると、人はその仲裁をカミに委ねた。前近代の日本列島では、村の境界や日照りの際の川からの取水方法をめぐって共同体間でしばしば紛争が生じ、死傷者が出ることも珍しいことではなかった。その対立が抜き差しならないレベルにまで高まったときに行われたものが、神判とよばれる神意を問う行為である。[*9]

神判の代表的なものに、盟神探湯がある。これは熱湯のなかに手を入れてなかの小石などを拾わせるものであり、対立する双方の共同体から代表者を選出し、負傷の程度の軽い方を勝ちとした。両者に焼けた鉄の棒を握らせる鉄火という方法もあった。勝利した側に神の意思があるとされ、敗者側もその裁定に異議を差し挟むことは許されなかった。不可視の超越的存在に対するリアリティの共有が、こうした形式による紛争処理を可能にしたのである。

前近代の日本列島では、深山や未開の野には神が棲むと考えられていた。そのため、そこに立ち入ったり狩を行ったりするときには土地の神に許可をえる必要があった。今日のマタギの集団にも一部継承されているが、かつて猟師の世界では、狩りのために山に立ち入るにあたって数々の儀礼を行うことが不可欠とされてきた。また山中でも、言動をめぐって多くのタブーが存在した。その背景には、人の住まない山は神の支配する領域であり、狩りという行為は神の分身、あるいは神の支配下にある動物を分けていただくものという認識があった。そのため、獲りの対象は必要最小限に留め、獲物のいかなる部位も決して無駄にしないように努めなければならなかった。それが乱獲を防ぎ、獲物をめぐる集団同士の衝突を防止する役割を担った。

東日本に広く分布する怪異譚に、「鮭の大助（介）」伝説がある。[*10] 鮭の大助とは川魚の王で、川を支配する神でもある。地域によって異なるが、十一月十五日など特定の一日、海から川を遡上すると信じられた。その際、「鮭の大助、今のぼる」、あるいは「鮭の大助・小助、今のぼる」と大音声を張り上げるとされ、その声を耳にしたものはほどなく命を落とすといわれた。そのため、漁師たちはこの日だけは漁を休み、家に閉じこもって鉦を鳴らしたり、餅をついたり、歌舞飲酒に耽ったという。この伝承が漁師の休息を正当化するとともに、遡上する鮭を取り尽くさないために工夫された、川を支配する神に事寄せての資源保護の思想であることは明らかである。

カミは海峡を隔てた国家の間においても、緩衝材としての役割を果たしてきた。朝鮮半島との間に浮かぶ無人島の沖ノ島は、四世紀以来の長期にわたる祭祀の跡が残されている。[*11] 日本から朝鮮半島と大陸に渡ろうとする航海者たちは、この島に降り立って、その先の海路の無事を神に祈った。島も大海原も、その本源的な支配者はカミであると信じられていた。かつて辺境の無人島はその領有を争う場所ではなく、身と心を清めて航海の無事を静かにカミに祈る場所だった。島だけではない。王の支配する国家の間に広がる無人地帯も、その本源的所有者はカミだった。人が住まない場所はカミの支配する領域だったのである。

だが、近代に向けて世俗化の進行とカミの世界の縮小は、そうしたカミと人との関係の継続を許さなかった。人の世界からは神仏だけでなく、死者も動物も植物も排除され、特権的存在としての人間同士が直に対峙する社会が出現した。人間中心主義としてのヒューマニズムを土台とする、近代社会の誕生である。

近代思想としてのヒューマニズムが、基本的人権の拡大と定着にどれほど大きな役割を果したかについては贅言する必要もない。しかし、近代化は他方で、私たちが生きる世界から、人間間、集団間、国家間の隙間を埋めていた緩衝材が失われていくことを意味した。体に棘をはやした人間が狭い箱に隙間なく詰め込まれ、少しの身動きがすぐさま他者を傷つけるような時代が幕を開けた。カミが支配した山や大海や荒野に人間の支配の手が伸び、分割され目にみえない境界線が引かれた。荒涼たる砂漠や狭小な無人島の帰属をめぐって、会ったこともない国民同士で負の感情が沸騰する、まさに醜悪としかいいようのない現象が生起するのである。

五　重なり合う生と死の世界

人間を包み込むカミの実在を前提とする前近代の世界観は、そこに生きる人々の死生観をも規定していた。

今日私たちは、「何時何分御臨終」という言葉に示されるように、生と死のあいだに明確な一線を引くことができると考えている。死の判定は専門家のあいだでも議論のある難しい問題だが、それでも大方の人はある一瞬を境にして、生者が死者の世界に移行するというイメージを抱いている。しかし、私たちが常識と思っているこうした死の解釈は、人類の長い歴史のなかでみれば、近現代に特徴的なきわめて特殊な感覚だった。

前近代の社会では生と死のあいだに、時間的にも空間的にも、ある幅をもった中間領域を認めることが普通だった。その領域の幅は時代と地域によって違ったが、時間でいえば数日から十日ぐらいの間に設定されていた。呼吸が停止しても、即座に死と認定されることはなかった。その人は亡くなったのではない。生と死のあいだに横たわる境界をさまよっていると考えられたのである。

その間に残された者たちがどのような行動をとるかは、背景となる文化によってさまざまだった。日本列島についていえば、身体から離れた魂が戻れない状態になったときに死が確定すると考えられていた古代では、遊離魂を体内に呼び戻すことによって死者を蘇生させようとする試みがなされた。不可視の理想世界（浄土）のリアリティが社会に共有される中世になると、死者を確実に浄土に送り出すことを目的とした追善の儀礼が行われた。死者が遠くに去ることなく、いつまでも墓場に住むという感覚が強まる近世では、亡者が現生で身にまとった怒りや怨念を振り捨て、穏やかな祖霊へと上昇していくことを後押しするための供養が中心となった。

前近代の社会では、生と死が交わる領域は呼吸が停止してからの限られた期間だけではなかった。生前から、死後の世界へ向う助走ともいうべき諸儀礼が営まれる一方、死が確定して以降も、長期にわたって追善供養が続けられた。生と死のあいだに一定の幅があるだけではない。その前後に生者の世界と死者の世界が重なり合う長い期間があるというのが、前近代の人々の一般的な感覚だった。生者と死者は、交流を続けながら同じ空間を共有していた。生と死そのものが、決して本質的に異なる状態とは考えられていなかったのである。

こうした前近代の死生観と対比したとき、近代が生と死のあいだに往還不可能な一線を引くことによって、生者の世界から死を完全に排除しようとする時代であることが理解できる。いまの日本では死は周到に隠ぺいされ、人間でも人間以外の動物でも、生々しい死体を直接目にする機会はほとんどなくなってしまった。普段の食事で、牛や鳥や魚の死体を口に運んでいるという感覚を持つことはまずありえない。だれもが死ぬという当たり前の事実すら公然と口にすることはタブー視されている。いったん人が死の世界に足を踏み入れてしまえば、慌ただしい形式的な葬儀を終えて、親族はただちに日常生活に戻ってしまう。別世界の住人であるがゆえに、死者はもはや対等の会話の相手とはなりえなかった。死者の側の能動性は失われ、死者は生者の側からなされる一方的な追憶と供養の対象と化してしまうのである。

かつて人々は死後も縁者と長い交流を継続した。それは、いつか冥界で先に逝った親しい人々と再会できるという期待に裏打ちされた行為だった。それはまた、自分自身もいつかは墓のなかから子孫の行く末を見守り、折々に懐かしい家に帰ってくつろぐことができるという感覚の共有にほかならなかった。「供養絵額」のように死者の世界を可視的に表現した記憶装置も数多く作られた。

死後も親族縁者と交歓できるという安心感が社会のすみずみまで行き渡ることによって、人は死の恐怖を乗り越えることが可能となった。そこでは死はすべての終焉ではなく、再生に向けての休息であり、生者と死者との新しい関係の始まりだった。死はだれもが経験しなければならない自然の摂理であることを、日々の生活のなかで長い時間をかけて死者と付き合うことによって、人々は当たり前のこととして受け入れていったのである。

しかし、死者との日常的な交流を失った現代社会では、人間の生はこの世だけで完結するものとなった。死後はだれも足を踏み入れたことのない未知の世界と化した。ひとたび死の世界に踏み込んでしまえば、二度とわが家に帰ることはできなかった。親しい人、愛する人にも、もはや会うことは叶わないのである。

宮城県で長年にわたって緩和ケアの仕事に従事し、二千名の患者を看取った故岡部健医師は、みずからがガンになって死を意識したときの心境を、次のように語っている。

がん患者になったとき、痩せた山の尾根を歩いている気分だった。……晴れ渡った右の生の世界には、やれ化学療法だ、やれ緩和医療だ、やれ疼痛管理だとか、数えきれないほどの道しるべが煌煌と輝いていた。ところが、反対側の死の世界に降りていく斜面は、黒々とした闇に包まれ、道しるべがひとつもないのだ。[*12]

近代人にとって、死は現世と切断された孤独と暗黒の世界だった。死がまったく道標のない未知の道行であるゆえに、人は生死の一線を越えることを極度に恐れるようになった。どのような状態であっても、患者を一分一秒でも長くこちら側の世界に留めることが近代医学の使命となった。いま大方の日本人が生の質を問うことなく、ひたすら延命を至上視する背景には、生と死を峻別する近現代に固有の死生観があるのである。

六　異形の時代としての近代

これまで述べてきたように、私たちがいま住んでいる社会の特色は、この世界から人間以外の神・仏・死者などの超越的存在＝カミを、〈他者〉として放逐してしまったところに求めることができる。

中世でも近世でも、人と死者は密接な関係をたもっていた。神仏もはるかに身近な存在だった。近現代人は「世界」といった時に、あるいは「社会」といった時に、その構成員として人間しか頭に思い浮かばない。しかし、中世や近世の人々の場合は違った。そこでは人間だけではなく、神・仏・死者・先祖など、不可視のカミをも含めた形でこの世界が成り立っていると考えられていた。カミはときには人間以上に重要な役割を果たす、欠くべからざる構成員だった。人がカミの声を聞きその視線を感じ取っていた時代の方が、人類の歴史のなかでは圧倒的に長い期間を占めていたのである。

ヨーロッパ世界から始まる近代化の波動は、この世界から神や仏や死者を追放するとともに、特権的存在としての人間をクローズアップしようとする動きだった。これは人権の観念を人々に植え付け、人格の尊厳の理念を共有する上できわめて重要な変化だった。近代に確立する人間中心主義としてのヒューマニズムが、社会の水平化と生活者の地位向上に大きな役割を果たしたことは疑問の余地がない。

しかし、他方でこの変動は深刻な問題を惹き起すことになった。カミが公共空間を生み出す機能を停止したことにともなう人間間、集団間の緩衝材の消失であり、死後世界との断絶だった。その結果、絶海の無人島の領有をめぐって国民間の敵愾心が高揚するような異様な時代が到来した。また、かつてのように親族が重篤者を取り囲んで見守り、その穏やかな臨終と死後の救済を祈る光景は姿を消し、病院でたくさんのコードで生命維持装置につながれた患者が、本人の意思にかかわりなく生かされ続けるような姿が常態化することになったのである。

前近代人が共有していた、この世界の根源には民族や人種を超えた普遍的なカミが実在し、すべての人間はその懐に柔らかに包み込まれているという安心感は、ナショナリズムや選民意識の肥大化を抑制し、死の恐怖を和らげる機能を果たしていた。日本の「神国思想」はしばしば他国に対する排他的なウルトラナショナリズムの思想として捉えられてきた。しかし、神国思想が形成された中世まで遡ったとき、事情はまったく別だった。それは「不可視の根源の仏が神として垂迹したから日本は神国である」という論理構造をなしていた。[*13] インドや中国が神国でなかったのは、仏がそれぞれ釈迦、孔子・老子として化現したからであり、本質的に日本に劣ることを意味するものではなかった。現人神の君臨する「国体」の万邦無比を宣揚し、他国への侵略を公然と肯定する神国思想は、現世の権威と権力を相対化する普遍的視座を失った近代日本が生み出した特異な論理だったのである。

カミに対する心を澄ました祈りは、無力で卑小な存在としての自己を再認識させる。死者や動植物に向けられた小さなささやきの言葉は、周囲の人間への穏やかで慈愛に満ちた眼差しに通じる。それらを他者として社会から締め出し終えたとき、人間のエゴと欲望は抑制装置を失って、際限のない暴走を開始することになったのである。

もちろん、カミの担った役割はプラスの側面ばかりではない。[*14] 宗教は一面で、支配と収奪と暴虐を正当化する役割を果たしてきた。カミの名のもとに憎悪が煽られ、無数の人々が惨殺された。その愚行はいまも世界各地で続いている。日本でも戦前・戦中の時期には天皇信仰と国家神道が強要され、それを受け入れない者に対する仮借ない思想弾圧が実行された。国家神道の強制は近隣の植民地にまで及んだ。

しかし、その一方でカミの名のもとに公共空間が立ち上げられ、神事や法事を通じて人々が階層を越えて交流し語り合う場が設けられてきた。道路や橋・広場など公共の施設の整備と補修も行われた。岩手県の三陸沿岸には数百に及ぶ神楽、鹿踊り、剣舞などの民俗芸能を伝える団体があったが、その多くが二〇一一年三月十一日の津波によって甚大な被害を受けた。本格的な復興の着手に先駆けて、多くの地域で住民たちが真っ先に行おうとしたのは神事と祭礼の再開だった。被災地再建に向けて、人々の心の支えとして祭礼が位置づけられたのである。それは宮城県の場合も同様だった。その年の夏には、瓦礫の残る被災地を神輿が練り歩く光景がみられるようになった。[*15]

神事が単なる民俗芸能としての役割を超えて、新たに人々を結びつける絆となった。各地で神が新たな共生の空間を作り出して行った。普段はだれも意識することのない神楽の担っていた重要な社会的機能が、甚大な災禍を経験することによってクローズアップされることになったのである。

近代がカミを社会から締め出した時代だといっても、欧米の先進国に較べれば、日本列島ではまだ身近な場所にカミの影を見出すことができる。都市のここかしこに神社や祠が残っていて、祈りを捧げる人々の姿がある。各地の寺院に足を運べば、至る所に鰻や蛸など食事に供された動物の供養碑をみることができる。東日本を中心に各地に残されている草木供養塔は、山仕事を行う人々が伐採した草木を供養するために建立したものであり、針供養の行事などとともに、人間と草木・無生物を同レベルの存在として把握しようとする日本人の発想を反映する現象である。また、医学部などで盛んに建てられている実験動物の供養碑は、最近でこそ韓国などでもみられるようになったが、これも日本発の習慣だった。

世界の各地でみられる宗教原理主義への回帰は、西欧流の近代化への反発という要素が大きい。妖精が舞い、動植物が会話を交わすファンタジーには、近代以前の世界に対する欧米人の郷愁を読み取ることができる。*16 だが、こうしたさまざまな動きにも関わらず、世界的なレベルで続いている世俗化の奔流に抗うことは決して容易ではない。

今日の日本でも、大方の人間はもはや絶対的な根源神の実在を信じてその救済の摂理に身をゆだねることはできない。慌ただしい日々の生活に追われる現代人にとって、死者との穏やかな共存を再現することは容易ではない。しかし、目に見えない存在と人間とによって構成された共生の空間が、かつて実在した事実を認識することによって、みずからの立脚する地平を客観視することはできる。

いま私たちは、かつて近代の草創期に思想家たちが思い描いたような、直線的な進化の果てに生み出された理想社会に生きているのではない。近代化は人類にかつてない物質的な繁栄をもたらす一方で、人間の心と私たちを取り巻く精神世界に、昔の人が想像もしえなかったような無機質な領域を創り出してしまった。今日顕著になっているナショナリズムや民族差別、さらには科学技術が生み出す諸問題も、その根源においてはこの問題と深く関わっていると考えられるのである。

七　ゆるキャラの逆襲

およそこれまで存在した古今東西のあらゆる民族と共同体において、カミをもたないものはなかった。そこから導き出せる結論はただ一つ、人間はカミを必要とする存在なのである。目に見えない存在との共生を実現できなければ、人は真に豊かな生を営むこと困難である。私たちが大切にする愛情や信頼も実際に目にすることはできない。人生のストーリーは可視の世界、生の世界だけでは完結しない。人は、不可視の存在を取り込み、生死の双方の世界を貫くストーリーを必要としているのである。

いま日本列島においても世界の各地でも、現実社会のなかで再度カミを引き戻し、実際に機能させようとする試みが始まっているようにみえる。二〇一三年秋、私は「介護と看取り」をテーマとするシンポジウムに参加するため北京を訪れた。終了後に、中国のホスピスの現状をみせていただくために万明医院という病院を訪問し、スタッフと懇談する機会をもつことができた。

万明医院では病院の内部に、「往生堂」という名称の一室が設けられ、重篤な病状に陥った患者がそこに運ばれて、親族の介護を受けながら念仏の声に送られてあの世に旅立つシステムが作り上げられていた。敷地内の別の一室では、故人の遺体を前に、僧侶を導師としてたくさんの人々が念仏を称えていた。その儀式は数日間続けられるという。霊安室と死者の退出口を人目のつかない場所に設けることによって、生と死の空間を截然と区別する日本の病院を見慣れていた私にとって、病院内に生の世界と死の世界が混在するこの光景は、たいへん衝撃的だった。

終末期医療や心のケアに宗教を介在させようとする動きは日本でも起きている。その代表的な運動が、東北大学を中心に、龍谷大学、鶴見大学、高野山大学、武蔵野大学、種智院大学など多くの大学で進められている臨床宗教師の育成である。*17

「臨床宗教師」は、キリスト教文化圏におけるチャプレンに相当するする存在で、「被災地や医療機関、福祉施設などの公共空間で心のケアを提供する宗教者」をいう。その育成講座には、仏教、キリスト教、神道、新宗教などさまざまな信仰者が参加している。宗教者であることが基本的な資格であるが、自宗の優位を公言したり布教や伝道行為を行ったりすることは禁止されている。宗教者としての経験を生かし、相手の価値観を尊重しながら、みずからの病や親族の死などによって心の重荷を負った人々に寄り添い、宗教者としての経験をいかして、看取りやグリーフケアを行うことを任務とするものである。東北大学病院緩和ケア病棟など、国公立の病院でも臨床宗教師の採用が進められている。

日本でも中国でも、現代医療のあり方に対する反省に立って、医療の現場にカミを導入しようとする活動が始まっている。最先端の科学技術が君臨する場において目に見えぬ存在がどのような役割を果たしうるのか、今後の動向が注目される。

息の詰まるような人間関係の緩衝材として、新たに小さなカミを生み出そうとする動きも盛んである。私がいまの日本社会で注目したい現象は、列島のあらゆる場所で増殖を続けるゆるキャラである。もちろんディズニーのミッキーマウスをはじめ、動植物を擬人化したキャラクターは世界中にみられる。しかし、その数と活動量において、日本のキャラクターは群を抜いている。これほど密度の濃いキャラクター、ゆるキャラの群生地は、地球上の他の地域には存在しない。

大量のゆるキャラが誕生しているということは、それを求める社会的需要があるからにほかならない。それはなにか。私は現代社会の息の詰まるような人間関係のクッションであり、ストレスの重圧に折れそうになる心の癒しだと考えている。震災後に初めてディズニーランドを訪れた人が、ネット上に書き込んだ文章である。

私は再開の日にランドに入園しました。夕方から入園したので、ネット上で批判されているのは承知していました。ミッキーを生で見た時は込み上げてくるものがありました。毎日余震に怯え、一人で家にいる事が怖く、外に出るのも不安で、服薬量が増えて、夜も熟睡出来ていませんでした。ミッキーを見たとき、私は生きている事を実感しました。[*18]

ミッキーとハグしたくて、震災後再開したディズニーランドを真っ先に訪れたという類の話はいくらでも存在する。私たちは精神的に追い詰められたときでも、他人に心を開き甘えることは容易ではない。しかし、ゆるキャラに抱きつくことならさほど抵抗はない。ゆるキャラとの出会いが、心に溜まった澱を一挙に昇華するカタルシスとなるケースもあるのである。

現代社会におけるゆるキャラは、小さなカミを創生しようとする試みであると私は考えている。この社会からカミを締め出した現代人は、みずからを取り巻く無機質な光景におののいて、その隙間を埋める新たなカミを求めた。その先に生まれてきたものが、無数のゆるキャラたちだった。
ゆるキャラ日本一を決める「ゆるキャラグランプリ」が毎年開催されている。そのホームページ冒頭には、次のような言葉が記されている。

日本には昔から八百万の神がいると言われています。山には山の、海には海の、川には川の、森には森の、木には木の、花には花の、それぞれの神様が宿っていると。ゆるキャラさんも日本国中にいて、みなさんの地域に根ざした活動をしています。*19

この文章では、ゆるキャラのカミとしての機能と立ち位置が的確に認識されている。叢生する大量のゆるキャラに、私は現代人が抱えた精神の負荷の深刻さと、それに堪えかねている人々の心の悲鳴を聞くのである。

しばらくまえから日本ではペットブームも起こっている。ペットもまた、ぎすぎすした人間関係の緩衝材としての役割を担うものであった。会話のない夫婦がペットを飼うことによって、対話が復活したという話はよく聞く。公園に行っても、見知らぬ他人に話しかけることは簡単ではない。だが犬を連れていれば、愛犬家同士すぐに会話に入ることができる。

繰り返し述べてきたように、過去の歴史においてカミは決して建設的な役割だけを担ってきたわけではない。いま各地でみられるカミの再評価の動きがどの方向に向かうのか、批判的な視点をもって慎重に見定めていく必要がある。しかし、それでも人間にとってカミが決して離れることのできないパートナーであったことは忘れてはなるまい。私たちが大都市の片隅に残る古びた祠に心惹かれるのは、眼に見えぬものの声を聞いていた過去に対する、ほのかな郷愁を感じるからなのである。

終わりに

長らく近代は共同体からの解放の時代であるとされてきた。共同体へ埋没していた人間が自我に目覚めてそこから離脱し、主体性を獲得していく過程が近代化のプロセスと捉えられ、その諸相をめぐって「主体性論争」とよばれる議論が交わされた。*20 近代社会を担う自立した主体の誕生を、近代成立期の文学作品や著作のなかに尋ね見出していくことが、敗戦後の一時期研究の主潮となった。

しかし、共同体から脱出した人々は、よほどの哲人や超人でない限り、際限のない孤独に耐えることは困難だった。神を追放した人々は、旧来の共同体に代わる新たな身の置き場と心の拠り所を求めた。けれども身に棘を生やした近代人が、なんの緩衝材もなしに周囲の人々と手を携えることは困難だった。結局、彼らが向かった先は天皇や国家という新たな寄る辺であり、オウム真理教やイスラム国家のような擬似宗教だった。そこから立ち上がったものは、多様な存在を暖かく包み込む普遍性を持った公共空間ではなく、排除の論理と憎悪が蔓延する暗黒の空間だったのである。

人文学の学問は、世界と日本の社会が直面する現今の危機に対して即効性のある対応策を示すことはできない。しかし、長い人類の歴史に照らして近代社会のいびつさを指摘することによって、現代がどのような時代であり、人間同士の共生を妨げる諸問題がなにに由来するものであるかを、もっとも根底的なレベルで考察するための素材を提供することはできる。

かつて生者と死者がより緊密に交渉していた時代には、多くの家庭がお盆には盆棚とよばれる仏壇を設置し、故人を家に招く風習が行われていた。その際、親族を迎える盆棚とは別に、行き場を失ってさまよっている不特定の死者を供養するために、無縁棚とよばれる小さな棚が設けられた。私はここに、この列島に生きた人々の究極の共生の精神を見出すことができるように思う。

死者に優しい社会は、生きた人間にとっても居心地の良い場所であることは疑問の余地がない。死者を遠ざけ死を語ることを忌む風潮は、見直されるべき時期にきている。人類がこれまで蓄積してきた英智を生かしながら、生だけで完結するのではなく、生の世界と死の世界、可視の世界と不可視の世界を貫通する人生のストーリーをいかに再構築していくか、いま私たちは問われているのである。

註

＊1　佐藤弘夫「記憶される死者　忘却される死者」（東洋英和女学院大学死生学研究所編『死生学年報 2015 死後世界と死生観』リトン）。

＊2　以下、本章の論述は、佐藤弘夫『死者のゆくえ』（岩田書院、二〇〇八年）、『死者の花嫁』（幻戯書房、二〇一五年）を踏まえたものである。

＊3　吉井敏幸「大和地方における惣墓」（『中世社会と墳墓』名著出版、一九九三年）。

＊4　圭室諦成「中世後期仏教の研究――とくに戦国期を中心として」（『明治大学人文科学研究所紀要』一、一九六七年）、同『葬式仏教』（大法輪閣、一九六三年）。

＊5　竹田聴洲「近世社会と仏教」（『岩波講座日本歴史　近世一』岩波書店、一九七五年）。

＊6　「心中天網島」（『曾根崎心中　冥土の飛脚　心中天の網島』角川ソフィア文庫、二〇〇七年）二八三頁。
＊7　同前、二八一頁。
＊8　佐藤弘夫「彼岸に誘う神――日本の浄土信仰におけるイメージとヴィジョン」（『死生学研究』一六、東京大学大学院人文科学系研究科二〇一一年）。
＊9　清水克之『日本神判史』（中公新書、二〇一〇年）。
＊10　国際日本文化研究センター「怪異・妖怪伝承データベース」参照。
＊11　正木晃『宗像大社――古代祭祀の原風景』（ＮＨＫブックス、二〇〇八年）。
＊12　奥山修司『看取り先生の遺言』（文芸春秋、二〇一三年）五〇頁。
＊13　佐藤弘夫『神国日本』（ちくま新書、二〇〇六年）。
＊14　磯前順一「序論　沈黙の眼差しの前で」（『宗教と公共空間』東京大学出版会、二〇一四年）。
＊15　ＤＶＤ『3.11 東日本大震災を乗り越えて』（東北文化財映像研究所、二〇一二年）。
＊16　大澤千恵子『見えない世界の物語――超越性とファンタジー』（講談社選書メチエ、二〇一四年）。
＊17　谷山洋三『医療者と宗教者のためのスピリチュアルケア――臨床宗教師の視点から』（中外医学社、二〇一六年）。
＊18　http://detail.chiebukuro.yahoo.co.jp/qa/question_detail/q1163230141?__ysp=6ZyH54G9IOODn%2BODg%2BOCreODvCDjg4fjgqPjgrrjg4vjg7zjg6njg7Pjg4k%3D（二〇一七年一月三〇日現在）
＊19　ゆるキャラグランプリオフィシャルウエブサイト（http://www.yurugp.jp/about/ 二〇一七年三月一日現在）。
＊20　岩佐茂「主体性論争の批判的検討」（『一橋大学研究年報　人文科学研究』一九九〇年）。

◆コラム

いのちの境界を超える——超えることのよろこび——

竹本　了悟

二〇一六年三月二十三日、浄土真宗本願寺派総合研究所主催の公開シンポジウム「あらためて〝いのち〟について京都で考える」が開催された。これは二〇一五年十一月二十八日・二十九日、京都市にある国際日本文化研究センターで開かれた「鎮魂・翻訳・記憶——声にならない他者の声を聴く」と題されたシンポジウムを受けたもので、その開催趣旨は、「社会に発信された情報とあらゆる人びとの生の声との差異を課題として、〈わたし〉と〈あなた〉の心の機微に注意深く目を向けながら、一人ひとりが本当に大切とされるあり方を模索すること」にあった。登壇者の医療従事者・ジャーナリスト・宗教学者・宗教者がそれぞれに震災を通して、気付かされた様々なことが報告された。なかでも特徴的であったのは、宗教学者・ジャーナリストが、これまで公にされることのなかった、プライベートな心の機微が語られたことである。客観的な分析を強みとする宗教学者やジャーナリストの、本来の枠を互いに超えようとして発せられた、自分の信仰に触れた語りは、とても興味深く、刺激的であった。そして、この語りを他の登壇者と来場者が大切に受け取ろうとする営みのなかに、新たな「何か」が生じる感覚を覚えた。しかしながら、その「何か」が十分に意識化され、言語化されることなく、課題を残すこととなった。

公開シンポジウム「あらためて“いのち”について京都で考える」ポスター

本稿では、この公開シンポジウムを受けて、この「何か」が生じる感覚とその意義の言語化を試みたい。また、その方法として、宗教者とジャーナリストが果敢に自らの枠を超えて挑んだ姿に学んで、わたし自身のプライベートなことも振り返りつつ、探ることとする。

東日本大震災が起こった時のことは、いまでも不思議と鮮明に覚えている。

その日、私たちは職場の会議室で来訪者と歓談していた。台湾から尼僧たちが訪ねて来てくれたのだ。京都でも東北で大きな地震があったということに、会議室は一時騒然となったが、すぐにまたいつもの日常を取り戻した。一方、彼女たちの携帯電話には、いくつか緊急の連絡が入ってきた。日常を取り戻した私たちの目の前で、即座に支援へ向けた対応が行われつつあったのだ。支援の動きの速さに目を見張る思いだった。さて、私はというと、「どうやら大きな地震が東北地方で起きたらしい」という程度の認識で、ほとんど気にも留めず、いつも通りの一日を過ごした。その後も、ニュースなどから現地の惨状を見聞きする中で、心が揺らぐことはあったが、具体的な行動にまで結びつかず、日常を送っていた。

何もしなくて良いのだろうか、という思いに駆られることも、もちろんあったが、そんな時、決まって脳裏に浮かぶのは「自分が今やるべきことは、わたしの領域で精一杯できることをやるだけだ」という思いであった。支援の専門家ではない人びとが、安易に支援へ駆けたことで、現地が混乱したという情報に触れたことも、この思いをより強くさせる要因の一つだった。それ故、周囲の支援活動に熱心な同僚や周囲の人びとに対して、どこか冷ややかな自分を感じ、それらの支援から距離を置こうとさえしていた。

こうした思いは、被災地の支援活動に直接参加できない多くの人びとが、共通して抱えていたものではなかっただろうか。

そんな状況の中、「わたしの領域」を改めて強く意識させられた出来事があった。

震災から一ヵ月後。私の所属するNPO法人京都自死・自殺相談センター主催のシンポジウムでの出来事である。世間は強烈な自粛ムード。日本各地では、多くの催しが中止となった。当シンポジウムも、開催への躊躇はあったが、「震災のニュースばかりで余計につらくなる」「被災者も大変だろうけど、ぼくは震災に関係なくいつも苦しい」といった相談者からの声に背中を押される形で、予定通りの開催となった。震災での自粛ムードのなか、シンポジウムを開催するにあたり、何もしない訳にもいかない気がして、開催に先立ち、被災者に黙禱をささげることにした。ところが、シンポジウムが終ると、自死遺族でもある友人が私のそばにやってきて、

「自死者には黙禱しないの？　どうして？」

怒りとも哀しみともとれる何ともいえない表情で、いうのである。

私は、自死の苦悩を抱えた方と共に歩みたいという想いで、相談センターの活動をしてきたつもりであった。世間から孤独を背負わされ続ける、自死の苦悩を抱えた方たちを、決してほっておきたくない。そのためにできることへ全力を注ぎたいと思っている。それにも拘わらず、世間の空気に迎合して、自死者よりも被災者を優先させていた私を、彼は指摘したのだ。いや、そうではない。私が優先したのは被災者ではない。結局のところ、その世間の同調圧力に屈し、自分を守る事を優先させたのだ。その世間から、孤独を背負わ

され続ける自死の苦悩を抱えた方たちを支援したいと思っていたにも拘わらず。

それ以来、私のなかで「わたしの領域」がより強く意識されるようになった。自死の苦悩を抱える方たちを支援する者として、被災者を支援することからは距離を取ることこそが、自死の苦悩を抱える方にとっても、被災者にとっても、自分にとっても、より良い在り方なのだと、かたくなに思い込むことになったのだ。しかし、この考えは、被災した人びとと実際に関わるようになると、大きな思い違いであったことに気付かされることになる。

東日本大震災から五ヵ月がたった頃、状況が一変する。職場の上司から、被災者からの「死にたい」という相談に対応するよう指示が出たのである。それを契機として私は、月に一度の頻度で宮城や岩手の沿岸部を訪れるようになる。そして、被災した人びとと実際に顔を合わせて関わりを持つようになると、徐々に自ら進んで活動するようになった。それはあたかも、殻のように私の心を覆っていた「わたしの領域」が外側から溶かされ、素の自分が解放されたような、いま、目の前にある関係の中に、新たな自分として、居場所が与えられたような経験であった。

思いかえしてみると、この経験は、決して初めてのものではなかった。私はこれまでに様々な場面で何度もこの感覚を味わってきているのだ。たとえば、今ではＮＰＯ法人の代表を務めるほど、自死に深く関わるようになっているが、もともとは自死から目を逸らし、極力関わらないようにしていた。それが、仕事をきっかけとして自死に関わるようになって以来、自死の苦悩を抱えた人びとや熱心に活動する人たちによって、繰り返し「わたしの領域」という殻を、外側から壊される経験をしてきた。そして、目の前の人によって、それが壊される度に、新たな自分と、新たな居場所を発見し続けてきたのだ。

忘れられない出会いが二つある。

一つは、自死遺族セルフサポートグループ「こころのカフェ きょうと」代表の石倉紘子氏との出会いである。石倉氏はご主人を自死によって亡くされている。彼女の経験についての語りを聞いた時、思わず涙が溢れ出し、そして、しばらく止まらなかった。その涙は、決して彼女に対する共感や同情などではない。自分の心の奥底に眠っていた、幼少の頃に抱いた「死にたい」気持ちが溢れ出て、コントロールできなくなったのだ。この経験は、あえてそれまで自分の外に置いていた自死にまつわることを、自分の内に発見することで、新たなあり方への一歩を踏み出すきっかけとなった。

二つ目の出会いは、自死についての先駆的な相談機関である自殺防止センターの創設に中心的な役割を果たした故西原明牧師との出会いである。自殺防止センター主催の二泊三日ワークショップに参加した時のこと。その日の研修を終え、ホテルの一室で数名のスタッフ、受講生とともに酒を飲み交わした。その席で、幾人かの牧師と僧侶との間で宗教談話に花が咲いた。話題となったのは「救いとは何か」ということについてである。牧師、僧侶が各々、救いについて語るのだが、正直、歯切れの悪い話が多かった。そんな中、氏の救いについての話には、大いにうなずかされた。

「僕はね、この年になって、本当に不思議なんだけど、イエス・キリストの肉体の復活を自然と信じることができているんだ。それが僕の救いになっているんだ」。

私がうなずいて聞いているのを見て、氏から、私に対して「救いとは何か」という同じ問いが投げかけられた。私は、以下のように答えたのを覚えている。

「阿弥陀さまがいつも共に居てくださることを自然と実感できているんです。自分ではどうしようもない時にも、自分で自分のことを認められないような時でも、阿弥陀さまだけは、見捨てずに居てくださることを、自然と信じることができているんです」。

私の答えに頷きながら耳を傾けていた西原氏は、「キリスト教と仏教では、救いのあり方が全く違うもんだな」と感想を言った。しかし、それと同時に「不思議なんだけど、自然と信じることができている」という救いによって、根底の部分から支えられて在ることに、互いに強く共有できる部分のあることを感じた。そして、西原氏より「日本では、お坊さんにこの活動をして欲しいんだ」という言葉をいただいた。それまで、自死にまつわる苦悩を抱える方への支援に対して、中途半端に関わりを持っていた私は、この日の共感と、氏の言葉に、強く背中を押されたような気がした。

これらの出会いは、「わたしの領域」が目の前の「あなたの領域」と共鳴する経験とも言える。自己もしくは他者の存在の根幹に関わるものが表出されることにより、境界を超えた場所で触れ合いが生じる。そこで立ち現れてくる自己とは、「わたしの領域」に閉じこもっている時の自分とは確かに違う。相手の心に触れるほどの距離に近づけた時、その心から直接に影響を受けて漏れ出してくる、素の自分とでも言うべきものである。それは言わば、自分の居場所を守るために作り上げてきた殻が外から破られることで、かえって、開かれた世界に目の前の人と共有する新たな居場所を与えられる経験と言える。

これまで「わたしの領域」としてきたものは、正確には「わたしだけの領域」と表現すべきものなのかもしれない。「わたしの領域」を守ろうとすることは、自分の殻を厚くすることであり、結局、自己と他者との溝は深まり、さらに孤独を深めていくことになる。しかも、自己と他者の違いが際立つからこそ、相手と比較するなかで、渇愛、妬み、恨み、怒りなどの感情が生じてしまい、自分も、共に居ようと望む相手さえも、傷付けることになる。このような意味で、「わたしの領域」を守ることは、却って幸せから遠ざかることにつながるのではないだろうか。むしろ、「わたしの領域」を超えた、現実の目の前の人と心を触れさせるような関わりにこそ、私たちの救いはあるのではないだろうか。

互いに一歩を踏み出し、自分の心と他者の心が触れることによって、互いの「わたしの領域」が溶かされ、同時に、両者の心が共有される新たな領域が生まれる。死にたい気持ちと関わるなかで、この「共に在る領域」を実感できることが、危機的な状況にある人びとにとって救いとなることを、これまでに何度も実感させられてきた。自死の苦悩を抱えた方からの相談はもちろん、被災された方から「死にたい」との声を聞くことが幾度となくあった。そのたびに、相手の死にたい気持ちが和らぐのは、決まって、互いの心の触れ合いを契機としてであった。

たとえば、苦しみや悲しみなどで心が極限状態の時、人は絶望的に孤独になる。誰にも分かってもらえないと思える程の孤独な苦悩だからこそ、それを抱え込むときは、自分ひとりきりで抱えねばならなくなる。徐々に限界を迎え、心が張り裂けてしまうと、ついには死にたくなる。そんな心の状態の時に、共に苦悩を抱えてくれる他者は、掛け替えのない存在になりうる。少なくとも、絶望的な孤独から一旦は開放され、もうひとりきりではない居場所を確保することができる。NPOでの相談活動、仮設住宅での訪問活動において、私たちが担おうとしている役割は、こうした心の居場所を作ることであり、一時でも苦悩を抱えた方が、孤独から開放されることを目的としている。

私は、これまでの活動を通して、「共に在る領域」を持つことにこそ救いがあるのだと、すでに経験的に知っていたはずなのだ。それにも拘わらず、先に述べたように、新たに起こった事態に対して、世間に迎合し、「わたしの領域」を守ることによって、より良いあり方ができるのだと思い込むことになった。このような事態に陥る理由は二つある。

一つは、冒頭に課題として挙げた、経験したことが意識化、言語化されないままでいたこと。二つには、私たちのあり方がそもそも自己と他者を切り離して比較しつつ、自己中心的なものの見方をする傾向があるということにあるように思う。

さて、最初に述べた「何か」である。宗教学者やジャーナリストが、果敢にも、本来の在り方を超えて、自らの信仰に触れて語ることにより「わたしの領域」を超えようとした。そして、その語りを他の人びと〈医療学者・宗教者・来場者〉が、大切に受け取ろうとした。これら相互の営みが、そのまま〈わたし〉と〈あなた〉が触れ合い共振する「共に在る領域」を生み出すことになったのではないだろうか。

いのちの汽水域とも言えるような、〈わたし〉と〈あなた〉との境界を超えた「共に在る領域」に勇気を持って踏み込むことが、わたしたちが本質的に抱える絶望的な孤独から解放されるという意味での救いになる。「共に在る領域」で与えられる、新たな〈わたし〉の心の機微に、より良いあり方を生み出す希望があるように思う。

第三部　生き残った者の生

——翻訳とは何か——

❖生き残るものの論理
声が届くこと
――意味を抜くこと――

加藤　智也

小鹿田焼（おんたやき）の飯茶碗――無銘の民器が成すかたちの安らかさ

一　サバイバーから生き残るものへ

障害者とサバイバー

私は障害者に関わる職である作業療法に就いていたため、その縁で東北の被災地へ行きボランティア活動を行っていた。

私の職域の話から始めるなら、障害者医療福祉の領域では、医療や福祉側から対象者へと向かう一方向の論理ではなく、「障害者」自身の「語り」を大切にして、その「物語」や「意味」を理解することから実践を組立てようとする運動がある。そのような流れの中で書かれた論文の一つに、脳卒中の発作後、半身の麻痺を患う人が自らを“survivor”と称している事例を紹介したものがあった。[*1] 生命の危機でもある急性期から生還したのであるから、その脈絡からすれば自らをsurvivorということは自然なことと思う。しかし、やはり一方で急性期を脱して、重篤な障害が残る人は、周囲から「障害者」として医療や福祉の領域の対象になる。そこでは障害を同定することが、まずもって重要な仕事になる。

「障害者」という言葉に異を唱え、障碍者、障がい者と書く人も多いが、しかしいずれも「しょうがいしゃ」と声に出すことを思うと、もっと良い言葉はないものかとも思う。その点でこのsurvivorという言い方は、私には障害者という言葉の思い切った言い換えのように思えたのだが、いざ日本語に置き換えようとすると行き詰まる。多分日本にはこのような概念が乏しいのか。「サバイバー」とカタカナにすると、サバイバルゲームを連想させる。もしくはアメリカ映画にありがちな、バッタバッタと人が死に、スリリングな展開を演出して、生き残ったものを英雄視するようなイメージと隣り合わせであるように感じてしまう。一方「生存者」と訳せば、自然災害や大事故の報道の折に、生存者は何名という用い方を思い起こす。生存者は、死者が多数いることを前提とする言い方であるように思う。

考えてみれば、survivor とはいったい誰のことを指し示す言葉であるのか？ 障害者や重篤な病気の後で後遺症を抱えている人ばかりでなく、人類全般、人間皆 survivor ではないのかと思えた。ならば、もし自らを survivor と称するなら、私の何が同定されるのだろうか？ この論文を読んだとき、survivor への問いは、ここらで止まっていた。

被災者と生き残るもの

被災地支援に関連する「鎮魂・翻訳・記憶——声にならない他者の声を聴く」の会議の席で、「被災者」という言葉は使いたくない、この言葉を用いることで、被災者とそうでないものを分けるのはいかがなものか、という問題提起があった。被災者ではない支援者は、果たして被災者の気持ちを理解できるのか、何も分からずに支援者と自らにレッテルを張っているだけではないのか、という問題意識があったように思う。席上で私は、被災者／非‐被災者という対比は、例えば障害者／健常者という対比で考え済みではないか、障害者支援を生業とする人間として、すでに日常的に考えていたのではないかと思った。

私は精神障害を臨床としてきたので、例えば狂気と理性という古くからある対比について考えてきた。分裂病は統合失調症に、痴呆は認知症に、という言葉の言い換えにも注意を払ってきた。一方で障害者を明確に区分することで、障害福祉制度のサービスを受けることができるのであり、同じように被災者として定義されなくては、支援の対象にならない。社会は何かを同定しなければ、社会一般として、もしくは社会が認める専門職として対処することができない。このような矛盾を思うと、私は積極的な提言をすることができなかった。

このとき、障害者ではなくて survivor とした論文を再度思い起こした。被災者という語は、被災者を被災していないものと分け隔てる言葉であり、survivor はそれを繋ぐ言葉である。被災者も非-被災者も同じ生き残ったものなのだから、我々を〈生き残るもの〉と言えばよいと思い、会議の席上そのように発言した。この発言は、そのときの思いつきだったのだが、本書の主題である〈死者／生者〉論にも通じるのではなかろうか。〈死者／生者〉論が、死者と生者とに分けておいて、それをまた繋ごうとする論理であるなら、その背後にある切実な思いに、分け隔てることで理性を保ってきた思考はついていくことができない。生き残るものという言葉も、所詮は生者の言い換えに過ぎないのか。つまり〈死者／生き残るもの〉と対比してしまえば、結局死者と生者を分断するのだろうか。

結論を先取りしていえば、生き残るものとは、単に生者をいうのではなく、死者が生者を生きること、つまり生者に生きる死者をいうように思う。生者は生き残りものであるという言い換えは、われわれが何者かの名残であるということを暗示している。私とは個別的生の主体ではない。無数の生死の波残《なご》りが、個別的生の主体といってもよいのかもしれない。初めに言葉ありきは、初めに分断ありきであるのだが、言葉はこのときに別れたものとの名残でもある。

二　生活に沈み込んだ信心

被災地と宗教

東北震災の三カ月後位に被災地ボランティアをしていたとき、ここに必要とされているのは、もうすでに物資ではなく、われわれのような専門家でもなくて、宗教であろうと思った。現地の人に「ここに宗教団体は来ないのですか？」と聞いたりもしたが、すでにそもそもこの私の問い方が愚かだ。医療や福祉の専門職であれ、被災地ボランティアであれ、必要な支援者として働きたいと思うのだが、自らの働きに限界を感じるや、また別の手当、支援者を求める。そして、私は宗教について、自らを考えることもなく、宗教者が祈る姿や特定の宗派の宗教活動を思い浮かべる。

私のボランティア活動の一つは、被災地の丘の上に建つ介護老人保健施設で掃除の手伝いをすることであった。その施設の職員は震災後休みなく働いていたのだが、聞けば家族が津波に流され、行方がわからないままの方もいた。朝早くから働き、体いっぱいに私は元気です、大丈夫です、という方々に、いわば外来の訪問者は、人間の尊厳に敬服しながらも途方に暮れる。

また、被災地から離れた高齢者の避難所で手伝いをすることもあったのだが、そこに至る山間の道沿いに廃校になった小学校があった。校舎に掲げられたまだ新しい横断幕には、子どもたちの感謝と別れの言葉が記されていた。つい最近までこのグランドには子どもたちの歓声が響いていたのだろう。

そのグランドにはプレハブの建物があり、行き場の定まらぬ多くの遺体が安置されていると聞いた。

私が被災地で見て見ぬふりをして素通りしたとき、これは私の役ではないと心の中で言い訳しながら、急場しのぎの別の手当を求めていた。そして、私とは別のレッテルを貼った専門職であるかのような者、いわば宗教の専門家を求めていた。しかしこのような発想は、市場経済における合理性を被災地に投影するようなものであり、マーケティングと同様に、何か問題や不足を見出しては、そこに潜在するニーズを発見し、次々に手当てしていくことに変わりない。教育や医療・介護・福祉と同様に宗教までも、社会制度が生み出すサービスの一つとして並置されるべきものなのか。そもそもこれらサービスの多くは、長い年月に渡る人々の智慧の積み重ねとして、日常的な生活の営みの中にあるべきものなのではないのか、とも思う。

生活と安寧

ここまで支援や手当という言葉を用いて述べてきたことを、ケアの思想から少し考え直してみようと思う。「ケアリング論」で有名な哲学者のミルトン・メイヤロフは、ケアの本質について、「理解できることが、世界の中で安んじることを意味するのなら、われわれは物事を支配したり、説明したり、評価したりすることを通してではなく、ケアすることやケアされることを通して最終的に世界に安んじるのである」[*2]と述べている。メイヤロフの「ケアすることcaring」の考え方は、多くの医療従事者に影響を与えた。それは、医療に従事することが、支配、説明、評価というような対象への操作的な知の獲得を促すことへの反問である。医療従事者は、客観的合理的な知の次元に入り込むことで、医療の成果や安全を確保するかのよう思うのだが、少し視野を広げるなら、人々の安寧からはほど遠い世界を作り出しているようにも思う。

しかしこの「ケアすることやケアされること」という関係は、医療従事者による特別の手当のことではなく、日常的な人間の存在そのものへの言及であると思う。そうであるのなら、人々の日々の生活は、このような関係に支えられているのであろうし、また日々の生活は「理解できること」と相即のかたちであるはずである。メイヤロフの思想の独自性は、「理解」という人間存在のありようを、「～すること」という〈実践〉において、「ケア」や「安寧」という概念と結びつけたところにある。

引用文冒頭にある「理解できること」と訳した語の原文はintelligibility（叡智）であるが、この語についてメイヤロフは次のように述べている。

(intelligibilityとは) 私が自分の生の意味を生きているときに、自分の生の中に次第に浸透してくるものであるが、それは科学的説明や予測し制御する能力によって諸現象が理解できるようになることではない。私の生に関連しているものは何か、私は何のために生きているのか、いったい私は何者なのか、何をしようとしているのか、これらを抽象的にではなく、日々実際に生きることの中で理解していくことなのである。*3

確かにその通りであろうと思う。本当の叡智とは、科学的でも抽象的でもない理解であり、日々生きる中で現実に直面しながらも現在を超えて、人々の間の共通性を見出すことであろう。それは人々が相互にケアすることと、世界に安んじることと同じことである。しかし、私が被災地で感じていたことは、引用文にある「自分の生の意味」や「私は何者なのか」という問いではない。個々の人が自分の人生の意味を失うこと、私が何者でもなくなることである。それでもなお、被災地においてケアすることを考えるとき、私は宗教ということに思い至ったのだろうが、宗教を生きてこなかった私にとって、これ以上は考えようもなかった。

愚者の信心

これまで宗教と無縁だと思ってきた私だが、考えてみると、私の環境は宗教と無縁だったわけではない。第一私の父の故郷は寺である。瀬戸内海の小島の寺で、限界集落という言葉が響きようもないほど、高齢の村民が平静に暮らす美しい小島にある。最近父の何回忌だったか、法事があってその寺へ行ったのだが、寺の住職を含め私たち十名に満たぬ親族たちは、宗教の話は何もないまま、法要の朝を迎えた。寺の本堂に入ればすでに村民が集まっている。わずかな親族が前に座る。住職がお経を称え始めると、唱和すべきところで村民の重なる声が私の背に響くのである。私も慌ててお経を称える。自分の声が出ていたことに驚いた。何の意味もわからず声を出すこと、唱和を心地よく感じていた。

これが念仏ということか、とうとう私もこの歳になって信仰を体得したのか、と思ったのだが、実はこの転機は、一週間前の週末にあった。アイドルグループのコンサートに息子と行って大声を出していたのである。なんのこともないその余波《なごり》だ。村民は、法事の主題である私の父の事を何も知りはしないが、朝から本堂に集まり、なんの前振りもなく、住職の声に合わせてくる。私はお経の意味はわからないが、声を合わせることが自然である。コンサートの余波は、さらに遡れば息子の余波が、私を通過してそのように応じたのだ。

お経が終わり、説教が始まる。このとき説教をした住職は隣の大きな島の大きな寺の高僧で、我が寺の住職の母はえらく気を使って出迎えていた。宗教を解さぬ私には、却ってその高僧が胡散臭く思えるのだが、その説教は、私にとって驚くべきものだった。どのような御言葉であったか正確に思い出すことはできないが、お経の意味はどうでもよい、お経を唱える時の個々の人の心理的な意味というものはどうあってもよいのだ、というものだった。間違いなく用いられた言葉は、「心理」と「意味」。これらは「南無阿弥陀仏」の文言の大切さからすれば、とるにたらぬということなのだろうか。宗教は主観的な意味こそ、つまり個々の人のこころに生じる意味こそ重要だ、と言いそうに思うが、このときの説教はその逆であった。

これは、アイドルグループのコンサートで大声を出したときと同じである。会場では個々がばらばらにただ大声を叫んでいるのではない。曲に合わせる観客の声は、何の前振りもなく揃うのである。主にはいわゆるヲタたち、というよりは観客の多くが出す特有のリズミカルな掛け声を「ミックス」という。ミックスとは曲に合わせて掛け声をかけること、合いの手のようなものだ。これを説明するのは大変難しいのだが、何か決まりごとがあるのではない。ただこれも読経と同じと思うのだが、ミックスも美しい方が良いとは言われている。ミックスとは「打つこと」であると簡単な定義がなされている。[*4] 打つ言葉は決められており、概ね以下である。

タイガー、ファイヤー、サイバー、ファイバー、ダイバー、バイバー、ジャージャー、という。二連ミックスになると、これを日本語に置き換えて、虎、火、人造、繊維、海女……、三連ミックスでは、続けてアイヌ語で、チャペ、アペ、カラ、キナ、ララ……と続く。

この言葉の連なりは非常に奇妙だ。これをある集団が声を揃えて叫べば、かなり異様な光景である。さて、この言葉の連なりにどんな意味があるのか。ヲタの先輩である息子（次男）に問うたら、「意味なんかない」と答える。それはもう吐き捨てるように言う。さらに地下アイドルヲタの世界を生きる息子（長男）は、その横で笑顔でミックスを打っている。次男の答えに言葉を継ぐのではなく、長男は曲に合わせてリズミカルに裏打ちを繰り返していた。これではトートロジーではないかと、ヲタ初級者の父は思う。意味がないのはよいとしても、歴史はあるだろう。いつだれが始めて、どのように広まったか、語り伝えられたものがあるだろう、歴史を知れば意味が分かる。次男に問うたら、何か知っている様子だったが、なにも教えてはくれなかった。問うこと自体が愚かなのだと言いたげだった。ミックスは「打つこと」が肝要であると、私がわかるのはもう少し後だった。

意味を抜くこと

結局私はミックスの意味も歴史も知らぬままなのだが、次のように聞こえる。「タイガー、ファイヤー……、これを日本語で言えば、虎、火……。でもこれをアイヌ語に置き換えるともっときれいな言葉になる。チャペ、アペ、カラ、キナ、ララ……」と。一連で暗号を、二連で言葉を、三連でその言葉の意味を抜いているように聞こえる。アイヌ語が書きとめることを許さない、語り伝えられた言葉であるなら、それを母語としない人にとって、その意味は近寄りがたい。ミックスは会場で用いられたとき始めて何かを暗示する。残るのは唱和する声、シニフィエが剝奪されたシニフィアンが残る。これもまた波残りのように思える。受け手と送り手の不在（相互の主観的意味の不在）、第三者の不在（客観的意味の不在）、これもまた刻まれていくエクリチュールなのかもしれない。ミックスは声にしてエクリチュールなのであり、通路を揃えることによる相互の存在の承認なのだ。社会の中で合理的な思考は、国籍や男女の区別を自明として、父として、息子として、職業役割として、マイノリティを認めるにせよ、排除するにせよ、言葉を言い換えるにせよ、言葉に意味を与える。しかし読経もミックスも、意味を抜くことで見えてくる通路なのではないか。

しかし、意味とはなんだろうか。意味の意味を学的に振り返ることは私には困難であるけれども、人間個々には必ず固有の心があるとしてしまえば、意味とは、概念であれ観念であれ、イメージであったとしても、心に生じていること、心の中身であろうと思う。意味について安直に論じるために、人間個々に心の存在を認めてしまえば、言葉に意味を与えるのは心の働きであるといえる。してみれば、読経やミックスの意味剝奪とは、言葉から意味を抜き、心から意味を抜いてこころを空にすることなのだろう。〈無心〉と言えばよいのだろうか。意味剝奪も、無心といえば宗教的には逆に意味ありげかのようである。仏教は宗派に限らず、我執を去ること、我なるものはないこと、つまり無我をいうようだが、私にとってはむしろ無心であって、それは柳宗悦のいう「無心」に頼りがある。

三　意味と心の拠り所

民芸運動と無心

柳宗悦への私の関心は、私が作業療法士であることに由来する。作業療法の話をすると狭い専門領域に入るようで恐縮なのだが、意味や心という至極雑駁なことを考える上で、特殊具体な下地も必要だろう。

作業療法は今でこそリハビリテーション職種のひとつとされ、いわばリハビリテーションテクノロジーの一翼として扱われるが、元々は科学技術というよりは人文的な脈絡の中で生まれてきた療法である。それは、近代以降の欧米において、ロマン主義を背景にもつ「美術工芸運動（Arts-and-Crafts Movement）」の影響を受けて、障害者と共に主に手工芸活動を行なう療法として広がった。美術工芸運動は、産業革命以後、工場と機械による大量生産が、手仕事や生活環境を阻害していること、つまり素朴で田舎的で宗教的でもあった生活が破壊されたことへの反動として、生活の中の美術工芸の復興を訴えた。このような気運の中で作業療法は、近代の病んだ社会とその社会の中で病んだ心に対して、手仕事や美術工芸の持つ健やかさを提供する療法として広がった。当時の作業療法を主導した人々には、美術工芸による精神（spirit）の再生という発想があり、それら人々には、「工芸と美術には何か神聖な（holy）ものがある」[*5]という信念が共有されていたようである。今に至れば美術工芸運動は「一時の奇妙な運動であった」[*6]と振り返られ、作業療法士のなかでも、自らの起源のひとつにこの運動があったことを知る人も少ない。

さて、柳宗悦に戻ると、彼は「民芸運動」を起こしたことで広く知られており、日本各地の焼き物、染織、木竹工などの日用雑器に民衆的工芸の美を発掘して世に紹介した。この日本独自の民芸運動と作業療法に関連があるわけではないが、欧米の作業療法と美術工芸運動の関連からすれば、当然民芸運動にも関心が向く。民芸運動と美術工芸運動は、ほぼ同時代に近代産業の機械による生産に抗して手工芸の価値を見直したという点では似通っている。しかしその基本的な考え方には相違点もある。

美術工芸運動は、「生活の美」を掲げるにせよ、美術というに相応しく、個人の創造力を発揮することを否定しない。「自分の魂（soul）を注ぎ、自分の感情を十分に生き、創造を通して人間の可能性を解放すること」、「感情と精神的本質（spiritual essence）を発見する可能性」[*7]という言い方には、美と実用という客体に対して、個人の内側には soul や spirit という何か核になるものが位置づけられている。一方、民芸運動においては、「民」と掲げるに相応しく、個人よりも民衆、「民本的」であることに価値をおく。「民」の語に、「特殊」ではなく「通常」を、「分別心」ではなく「平常心」をみてとる。美術家の作と、職人の作とを比較するとき、前者は美意識や個人の自由な意志に基づく創造が優位であり、後者は「無想」に発するという。そして民芸は「伝統的な心」による作であり、「その背後に積み重ねられた過去の智慧を負う」[*8]。民芸品の美は、温室で加工された花の美に対比されて、「自然の光に浴するあの活々した野花の美」[*9]に喩えられる。柳は民芸の美について次のようにいう。

意識よりも無心が、さらに深いものを含むからです。主我の念よりも忘我の方が、より深い基礎となるからです。在銘よりも無銘の方が、より安らかな境地にあるからです。作為よりも必然が、一層厚く美を保証するからです。個性よりも伝統が、より大きな根底と云えるからです。人知は賢くとも、より賢い叡知が自然に潜むからです。[*10]

柳はこのように無心を強調しつつも、手仕事の価値、働く人の悦びを訴えるときには、個々職人の自由と責任、新しいもの創る力に言及している。一方で美術工芸運動を起こしたウィリアム・モリスは共同体社会主義を構想していた。[*11] これらの側面からすれば、美術工芸運動の〝個人や感情〟に対して民芸運動の〝民衆や無心〟がある、という単純な対比だけではないこともわかる。しかし、ここで紹介した二つの運動と一つの療法、つまり、歴史的具体的な三つの〈実践〉は、まとめて次のように捉え直すことができる。それらは広くいえば近代合理主義が人々の精神生活に浸透することへの反動として、失われつつある人間性の回復を求める実践であったということ。個人尊重と人々の間の共通性との矛盾を孕みながら、個人の意識を超えた共通性を想定していることである。またそれらは、外の神秘的な自然、自然美に感応しつつ、そこへの共通性を、共有された通路としての「芸」（芸術、工芸、民芸）に託している。

そして、これも重要なことだと思うのだが、これら三つの実践は、生活と信仰を一体的に考えるがゆえに、または、それにもかかわらず、時代、文化、風土、共同体が異なれば、多分周囲からすれば感覚的に〈異質な光景〉と映る。そうして、これらはいずれ博物館行き、美術館行き、刻まれた記念碑となる。これもエクリチュールということなのか。時の流れの中で死滅していく無数の意味を内に仕舞い込んだ跡、ということなのか。

伝統的な心

柳は、「伝統的な心」を強調する一方で「無心」をいう。この一見して矛盾するもの言いの中に、前に述べた心と意味剝奪の関連、そして〈生き残るもの〉の論理へと導くひとつの鍵があるように思う。伝統は、一般的に「カタ」を重んずる。かたちを成して固定化するのだが、人々はそれが完全に石化してしまうことを恐れて、生き生きとした意味を、心と身体の奥底に無意識化、潜在化させるのではなかろうか。

柳は民芸運動を主導する一方で、『南無阿弥陀仏』という本を著している。柳はこの本の中で、「民藝の美はどういう性質のものか[*12]」という問いに対する答えを浄土思想の中に求めたのである。彼は民芸の美を直観している、すでにわかっているのだが、この本の中でその意味を問うているようでもある。

まず、「伝統的な心」もしくは「過去の智慧」に関連することとして、彼は法然、親鸞、一遍を個々独立に見るのではなく、「一者の内面的発展のそれぞれの過程」「一人格の表現[*13]」として見るという。彼はこれを伝統とは言っていないが、私はここに伝統の祖型を見るように思う。彼は「浄土宗、真宗、時宗が各々違っているということ……、違ったままに一つだ」といい、「一つのものが三面に自らを現した[*14]」のだという。実は、法然にもそれ以前があって、法然は「偏《ひと》へに善導に依る[*15]」ともいっているのだから、見方によっては、三面よりも長い歴史をもつのかもしれない。ただここでの「一つのもの」とは念仏宗のことであり、これに着目するなら三者には強い連続性があって、まるで一人格であるかのように見えるということだろう。後の世の人が現在から過去を歴史的に見るとき、過去に存在したであろう個々人格の表現の現実性は脱落して、より普遍的な「一つのもの」を見る。より普遍的な一つのものとは、より客観的な事実ということでも、より抽象的な概念ということでもない。ここは「神話と歴史」について書かれた、三木清の一節から引用しておこう。

如何なる歴史的方法も、……体現的な現実を、それがもと在った姿において見ることに役立ち得るものでない。歴史とは何らかの在ったものを概念的に再構成することではない。むしろ歴史とは以前の現実の現実性を奪い去ることであり、それを「存在のひとつの全く他の範疇」へ導き入れることである。[*16]

しかし、元に還って逆に重要なことは、「一つのもの」は、一々のつまり複数の別々の〈人格〉においてのみ現実化するということだ。ここは「存在のひとつの全く他の範疇」へ赴くのではなく、もう少し人格に拘ろうと思う。柳も念仏宗も、民衆という普通の人々とその生活に拘ったのだから。

人格とこころ

人格とは、広くは人間としてのあり方、性格のこと。一般的には道徳心や倫理観を含むので、「あの人は人格者だ」といえば道徳心に優れた人を意味するが、ここではこのような堅苦しい意味は脇におく。人格とは、人柄のこと、つまり人と人との間柄に生じることとであって、人が人に対して示す顔ともいえよう。人格に対応する英語はパーソナリティであって、こちらは個性や性格という意味が強い。しかしよく知られているようにパーソナリティの語源はペルソナ、つまり仮面であり、外に向けて示されたかたち、表現、面でもある。[*17]

私たちが現実に生きている世界において、具体的に存在する一つ一つの物というのは、換言すれば、かけがえのない、唯一の存在、つまり個物と言いうるものは、人格的に存在する。このことを西田幾多郎は、「具体的実在の論理」として示そうとしたのだと思う。「真の個物」とは人格的な存在であるということ、そのような一人一人の存在から離れることのない論理を西田は考えていたのだと思う。「具体的な現実の世界」は、「我々がそこから生まれそこに死に行く人格的生命の世界でなければならない」[*18]と西田はいう。

〈死者／生者〉論において、この「人格的生命」の視点は重要であろうと思う。それはしかし、人格が人一人の生涯にわたり同一性を保つということを前提とする。個人は確かに分かつことのできない一つの生命体であり身体であるのだが、個人は身体の同一性ではなく、人格が時間的に連続する同一性を保ち、それが唯一の存在であるということが前提となる。一つの個体的生命に一つの人格が宿り、生涯ある種の同一性を保つ。

人格は、臨場する舞台の仮面として存在する。生きられる仮面は、変化するのであり、変化するからこそ生命体として生き生きとした現実感を人に抱かせる。面は触知できる身体であると同時に、面を作動させる生命活動と一体である。仮面として存在する人格的生命は、その生物的な個体的生命が息絶えるときに、現実の世界から消えてなくなる。しかし生命活動そのものは途絶えるわけではなく、連続するのであるから、「真の個物」である人格的生命は、かえって人々の連続性と複数性を明らかにする。

面は他の面と面している時に生きた面、変容する面になる。人格は対面する他の人格を生き、他の人格によって生かされる。先の言葉と関連させるのなら「ケアすることやケアされること」という関係性に等しい。しかし人々は、対面して臨場する場から離れるとき、変容していた面の裏に、より永続的な、そして相互に配慮することが可能な〈こころ〉をむすぶ。相手の面にこころをむすぶことは、見ることのできない自分の面の裏に自らのこころをむすぶことと同じである。人格は表現的であり身体的・物理的でもあるが、こころは感覚的でも、抽象的でもなく、しかしいわば感性として、真の個物をかけがえのない意味として保持する。対面していない個物を、いつまでもこころに留め置くことができる。こころの存在を云々することは、私には難しいが、真の個物に対応する意味が、人々に伝達可能な普遍性を持つのであれば、こころは「存在のひとつの全く他の範疇」と言いうるのではないか。

伝統と無心

さて、以上のように心を捉え直して〈人格〉と〈こころ〉とした上で、柳の「伝統的な心」と「無心」に戻ろう。法然、親鸞、一遍は元々、各々異なる人格である。同じ時代を生きた人々は、各々の来歴を持ちながらも、臨場する場で活動を共にすることによって、同じ時間を過ごし互いのこころに意味をむすぶ。そうして例えば、法然のこころは法然の人格を通して、浄土宗という言葉の意味として、教義として人から人へと伝承される。

柳は、後の世の人であり、これら先達の人物に接したわけでもなく、残された記録、先達の言葉を読むことしかできないから、一人一人の人格という体現的な現実を知らない。柳はなぜ先達の言葉の意味を、そのときの気運を知らぬまま理解することができるのか。解釈学を説くドイツの哲学者、ガダマーは、理解にとって本当に重要なのは、かつての時代の精神のなかに身を移し替えるのではなく、「時代の隔たりを積極的で生産的な理解の可能性をもつものとして認めることである。時代の隔たりは、……由来や伝統の連続性によって満たされているのであり、この連続性の光のもとで、われわれに伝承が現れてくるのである」[*19]という。法然、親鸞、一遍の人格の現実性が抜け落ちたとき、柳は、よりそこに連続した〈こころ〉をむすぶ。それを柳は「一人格の表現」と言ったのだが、ここでは人格とこころを分けたので、ここはあえてこころと言い直そう。連続して変化するひとつのこころは、三者の異なる個性・人格となって表現された。

こころは、抽象的概念を用いずに別々のものを一つにむすぶ力がある。なんら表現形式によらなくとも、こころにむすび留め置くことができる。これは記号と意味の関係ではない。こころはすでに歴史的・時間的に生きるので、そうとは知らぬまま伝統的な生活世界を生きている。こころは一人の生涯のスパンを超え出て、連続性を持つのであり、われわれは無数の死者の人格をすりぬけてきたこころとして存在する。人格は触知できる面でもあるから、空間的な延長を持ち、その都度の表現であり、言ってみれば、横断的な繋がりを媒介する。こころは、時間的な連続性であって、縦断的な繋がりを媒介する。

先に引用した通り、民芸は「伝統的な心」による作であり、「その背後に積み重ねられた過去の智慧を負う」とあった。この伝統的な心は、これまで述べてきた〈こころ〉に相応する。こころという感性的で無意識的な働きが、現在に生きる表現的な人格を超えて、外の世界に向かい物を作る。人格的な存在であった声や言葉が社会の中で共通言語となり、社会に通用する力をもつようになったとき、いずれ人はその道具的な意味を捨てねばならない。そうでなければ、自然の背後に潜むこころの働く余地がなくなるし、人格は真の個物ではなくなり、単なる個我に堕するからである。

言葉や心から〈意味を抜くこと〉、「無心」とは、〈こころ〉を失うことではなく、現在の社会の中で弱く虚ろな〈こころ〉が働くことができるように、余地を作ることのように思う。

四　葬ることと出会うこと

六字の論理

柳は「念仏の一門は一遍に来て、その最後の花を美しく開いた。あるいは浄めたといってもよく、深めたといってもよい。……そうして一切のものを捨棄して、六字のみを活かした」[*20]という。無論、六字とは「南無阿弥陀仏」であって、一遍において「その意味が最も徹底せられた」ともいう。この「意味」の徹底とは、意味が豊富であるということではなく、他の言葉への一切の言い換えを許さぬということだろう。「南無阿弥陀仏の名号には義なし」「念仏の外の余言をば皆たはごとと思ふべし」[*21]

というのだから確かに徹底している。「一代の聖教皆尽て、南無阿弥陀仏になりはてぬ[22]」。これは一遍、最後の言葉であるらしい。

南無阿弥陀仏とは南無阿弥陀仏のことである。これは、南無阿弥陀仏とは南無阿弥陀仏という意味である、ということではなく、南無阿弥陀仏の一義であるというのでもない。まして多義的であるとはいえない。南無阿弥陀仏は象徴ではなく、何かを暗示するのでもない。だからこの六字は、対義語をもたない。この六字は、何かを切り分けて、周囲の他のものを黒く塗りつぶし、それ自身を顕在化させて主題となること、つまり主語となって述語を導くことを許さない。論理を構成することを許さず、合理でも非合理でもなくなる。論理ではないということは、「南無阿弥陀仏は南無阿弥陀仏である」は、「南無阿弥陀仏、南無阿弥陀仏……」と繰り返すことになる。この六字は、主語とならず、しかし生きる人間のこころにおいては、述語となる。「山河草木　吹く風たつ浪の音までも　念仏ならずといふことなし[23]」ということになる。

柳は、民芸の美と念仏に関して、焼物師がろくろを何回も何回も廻すその音は、「南無阿弥陀仏、南無阿弥陀仏といっている音である」という。そして「成仏している品物が生まれてくる」「そこには心と手との数限りない反復がある[24]」という。確かに民器が成したかたちは安寧であり美しい。器のかたち、特にめし茶碗や抹茶茶碗のような碗は、ちょうど掌を合わせて、水を掬うときの手のかたちと同じである。水を飲むまでの水を掬うという両手の所作は、人類が数百万年という単位で、生活の中で繰り返し為してきた所作であろう。器のかたちは、長い年月を経て、無数の人々の身体の所作、ここでの言葉で言えば人格を通過してむすばれた伝統のかたちである。

山河草木、吹く風たつ浪の音までも、すべて念仏唱和の世界。外の世界をこころにむすぶとき、南無阿弥陀仏になる。ろくろの回る音がする、……下駄の音が響く、湯の沸く音がする、……南無阿弥陀仏、南無阿弥陀仏と続けることができる。風の音、浪の音という自然の音だけではなく、生活の中の音にさえ、六字を続けることができる。しかし凡夫からすれば、それはごく限られた時間である。人生の意味を問い、言葉の意味を問い、震災について考え、生死について考える。無い頭で考えに考え、巡り巡った挙句、何も浮かばず言葉を失うとき、もしくはこころの奥底に沈み込んだ深い悲しみに落ちるとき、……鳥の鳴く声がする、南無阿弥陀仏、と続けることができる。

一遍は「すてよ、すてよ」という。心もすてよという。これは、分別せぬこと、言葉を用いて区別せぬこと、一義も許さぬことなのだろう。しかし、やはり門外漢からすれば、生きている限り、なかなか心の働きは止められない。そしてまた南無阿弥陀仏の意味を問う。「南無阿弥陀仏は、南無阿弥陀仏である」はトートロジーであるから、主語の南無阿弥陀仏は文字、述語の南無阿弥陀仏だけを声に出して繰り返し言うしかない。文字だけでは無時間的であって、こころは時間的であるから、人格とこころは、つまり生きている人はこの六字を声にすることしかできない。そこにあるのは時間を刻むリズムである。

踊り念仏とミックス

柳の著書のなかでは触れられていないが、一遍は「踊り念仏」を広めたことでも知られている。宗教哲学者、磯部忠正は「自然の生命《いのち》のリズム」という概念を用いて一遍の踊り念仏を次のように説明する。

人間がすべてのはからいを捨てたときに、自然の生命《いのち》の姿が人間に見えてくる、そのリズムが聞えてくるのである。……そして人間の心身を内的に支えている生命と、自然の生命とが一つになってリズムを奏でる。それが一遍にとっては「念仏」である。リズムに合わせた身体の躍動が「踊り」である。かくして踊り念仏が生まれる。[*25]

ここまできて、先に述べたミックスは踊り念仏と同じだ、と言えば怒られるだろうか。念仏は説明しようと思えば、トートロジーになる。ミックスの定義は「打つこと」であった。ミックスとは何か?の問いに、うちの息子（長男）は実演で答えていた。踊り念仏は、一遍の時代にあっても奇異の目で見られたようであり、これもミックスと同じだ。〈異質な光景〉なのである。

一遍の踊り念仏は三世紀を隔てた空也上人の踊り念仏に由来するらしく、空也の踊り念仏は、より原始的な民族信仰の「葬法」の一つとして行われていた「輪をどり」に由来するらしい。とすれば、一遍の踊り念仏は念仏宗という「一つのもの」を超え、仏教という枠をも超え、日本古来の「魂振り」の系統を継ぐものと考えられる。[*26] 縄文時代にも太鼓があったようだし、環状集落や環状列石の遺跡からすれば、「輪をどり」のようなものがあったと想像できる。かつての踊り念仏は、現代の民衆においては、盆踊りにその名残があるらしい。しかしまた踊り念仏のこころは、合理的な社会の底に潜伏して、由緒正しき地下アイドルヲタによって、そうと知られぬまま新たなかたちを得て世に出たのではないだろうか。長く潜伏していたものに人々が参加すれば、参加しないものからすれば異質な光景と映る。これこそ逆に〈伝統〉であると思う。意味を失い、伝統的なカタをも失った伝統の命脈は、つまり私の言うところのこころは、縦のつながり、縦糸を通すことに辛抱強く、現前する出来事の雫を受けながら地下水脈のように流れる。

私はかつて、息子（長男）が地下アイドルに金を使うことに腹を立て、目を覚ませ、なぜそんなことに金を使うのだと怒ったときがあった。問い詰められた息子は、「僕は応援することしか出来ない」と言った。この主体性のない、アイデンティティを欠いた言葉に、父親はえらく情けない気持ちになった。呆気にとられ、怒る気力を失った。今になって、父親自身が地上アイドルに金を使い、こう思う。ミックスは「魂振り」の系統を継ぐのであるから、息子の言う「応援」の言葉も外れてはいない。ミックスは、人格が本当には対面することができぬ者、対話することができぬ者の声に、こころが全身で〈応答〉することとなのかもしれない。

一つの人格は、複数の別の人格が存在することによって、一つの人格で在り得る。似た者同士、つまり普通は人々が集まることによって、出来事の中の一人の人間足り得る。人格は他の人格を生き、他の人格によって生かされるということは、相互にケアすることであるとも考えてきた。宗教哲学者、マルティン・ブーバーのいう我―汝における我は人格（person）である。これも人格が二つで一つであり、一つであるが別々の人格である。ブーバーの表現は劇的であり、根元語というものは我―汝という対偶語であるという。[*27] しかしそれほど、人間は他者と対面し疎通することができるのか。対話することができるのだろうか。

被災地で私は被災者と対話することができなかった。私は隣人の心を容易に理解することができないが、しかし私はそこに居ることができる。人間が横の人と繋がることは、思いのほか難しい。こころの縦糸は、時々の横糸を自分の個人的な生命の物語としてしか編み込むことができない。しかし私は累々の死者を通して、どうにか横に居る子供達の余波を、人々の名残を生きることができる。生と死は対義語ではない。生―死という対偶語が根元語となるとき、生き残るものの論理が合理と非合理を超えて生命の論理になるのではないか。

註

＊1 Florence Clark他「作業的ストーリーテリングと作業的ストーリーメーキングのためのテクニックのグラウンドセオリー」（Ruth Zemke, Florence Clark編、佐藤剛監訳『作業科学――作業的存在としての人間の研究』三輪書店、一九九九年）四〇八頁。

＊2 ミルトン・メイヤロフ『ケアの本質――生きることの意味』（田村真・向野宣之訳、ゆみる出版、一九八七年）一五六頁、一五七頁。但し引用文は次を参考に改訳した。Milton Mayeroff, *On Caring*, New York: Harper & Row, 1971 (Harper Perennial, 1990).

＊3 同前、一五四頁（引用文についても同様）。

＊4 筆者のミックスに関する知識は次に準拠している。「美しいMIX講座」（AKB48『GIVE ME FIVE!』Type A DVD、キングレコード、二〇一二年）。

＊5 Ruth E. Levine, "The influence of the Arts-and-Crafts Movement on the professional status of occupational therapy," in *American Journal of Occupational Therapy* 41 (4), 1987, p. 250.

＊6 ibid., p. 248.

＊7　Clare Hocking, "The way we were: Romantic assumptions pioneering occupational therapists in the United Kingdom," in *British Journal Occupational Therapy* 71(4), 2008, p. 30.
＊8　柳宗悦『民藝とは何か』（講談社学術文庫、二〇〇六年）二五頁。
＊9　同前、二七頁。
＊10　同前、三一頁。
＊11　大内秀明『ウィリアム・モリスのマルクス主義――アーツ&クラフツ運動を支えた思想』（平凡社新書、二〇一二年）。
＊12　柳宗悦『南無阿弥陀仏』（岩波文庫、一九八六年）四〇頁。
＊13　同前、三三頁。
＊14　同前、三七頁。
＊15　同前、三二頁。
＊16　三木清『構想力の論理』（『三木清　創造する構想力』京都哲学撰書18、燈影舎、二〇〇一年）四一頁。
＊17　仮面については次を参考にした。坂部恵『仮面の解釈学』（東京大学出版会、一九七六年）。
＊18　西田幾多郎「行為的自己の立場」（『西田幾多郎哲学論集Ⅱ――論理と生命　他四篇』岩波文庫、一九八八年）一一頁。
＊19　ハンス＝ゲオルク・ガダマー『真理と方法』（『真理と方法Ⅱ』轡田収・巻田悦郎訳、法政大学出版局、二〇〇八年）四六六頁。
＊20　柳前掲『南無阿弥陀仏』六〇頁。
＊21　同前、一七六頁。
＊22　磯部忠正『日本人の信仰心』（講談社現代新書、一九八三年）七七頁。
＊23　同前、七八頁。
＊24　柳前掲『南無阿弥陀仏』四四頁、四五頁。

＊25 磯部前掲『日本人の信仰心』七九頁。
＊26 堀一郎『我が国民間信仰史の研究二 宗教史編』（東京創元社、一九五三年）三五〇頁、三五一頁、四三六頁、四三七頁。
＊27 マルティン・ブーバー『我と汝』（『我と汝・対話』田口義弘訳、みすず書房、一九七八年）。

❖謎めいた死者のまなざし、そしてざわめく声

――酒井直樹の翻訳論再考――

磯前　順一

仙台市荒浜の鎮魂観音（磯前礼子氏撮影）

一　翻訳論としての「死者のざわめき」

死者や被災者からどのように声を聞くのかという主題のもと、私が『死者のざわめき——被災地信仰論』（河出書房新社）を刊行したのは二〇一五年のことであった。被災者の声を聴く行為は東日本大震災で注目を浴び、「傾聴」と呼び表された。なかでも宗教者による傾聴は死者の鎮魂儀礼とあいまって、被災者の苦悩を癒す行為としてメディアやジャーナリズムでも大きく取り上げられた。そこで明らかになったのは、宗教者が一方的に説教するのではなく、苦しむ人々に対して謙虚に耳を片けることの効用であった。

宗教者であるという自己認識は、多くの場合、宗教教団への帰属、あるいは経典や儀礼次第などの宗教的知識に依拠する。しかし、この震災においては既成の宗教的な知識や帰属意識では被災した人々の苦しみを解決することはできなかった。むしろ、徹底して「無力」であるという認識が、被災者の心に近づく第一歩であることが確認されたといえる。どの説法者が真理に目覚めているのかといった評価づけは、被災地において救いのメルクマールにはならなかった。そこでは信仰とは何か、真理[*1]とは何かをめぐる認識の百八十度の転換が起きていたのである。覚者という意識ではなく、無力な者という自覚こそが人々の苦しみに近づきえるという認識の転換である。自分からの一方的な真理の注入とは異なり、相手に発話の主体中心が移るとき、宗教者は自分の主体性を一度は手放さなければならなくなった。

こうした過程で主題として浮上してきたのが、ヴァルター・ベンヤミンに端を発する「翻訳（translation）」論という問題群である。[*2] 死者や被災者の声をどのように聴くのか。翻訳とは、一般に異なる言語の間の意味の移し変え（trans-）を意味する。しかし、酒井直樹やホミ・バーバら、[*3] 脱構築の影響を受けたポストコロニアル批評家の仕事によって、言語に限らず、主体間の意味の移し変えという問題が主に一九九〇年代以降、翻訳論として提起されるようになった。酒井やバーバの仕事は主体間の関係を翻訳行為として捉えた点で、ジョン・L・オースティンの言語行為論[*4]の流れに棹差す「コミュニケーション」論として翻訳の意味を拡大した。しかも、この主体間のコミュニケーションは、ハンナ・アレントが公共空間における交渉手段を「発話と行動（speech and action）」と述べたように、[*5] 言語による発話行為だけでなく、身体的な交渉過程をとおして推し進められるものと酒井もバーバも考えた。その点でも、翻訳論は主体間の交渉過程の問題として再把握しえるものである。

本稿では、一九九〇年代以降、日本にとどまらず欧米の翻訳論をで牽引してきた酒井直樹の議論をとおして、現在の主体化論の達成と限界を検討していきたい。[*6] 一九八〇年代に登場した柄谷行人はポストモダニズムの影響を受けながらも、ポール・ド・マンの議論に根ざすことで、主体否定の相対主義に陥るのを回避して、主体の構築への意志を示してきた。[*7] その後登場してきた酒井もまたデリダからポストコロニアル批評へと問題を発展させることで、主体が幻想であるといった議論に終始することなく、不在の主体が歴史的文脈の中で分節化されて、差別や排除といった効果をいかに生み出してきたのかを検証してきた。自身の関心の在りかについて酒井は次のように述べる。

ハリー・ハルトゥーニアンは、……テツオ・ナジタと同じように、彼もまた自ら模範を示すことで、社会的不正義に対する批判的な感性をもたないとき、知識人の生活に対する自己耽溺以外のないものでもない、と教えてくれたのである。マサオ・ミヨシ……が知的信条と政治的信条の力動的な綜合を身を以って示すことで、学問的事項をいかにして不正義のなかで苦しんでいる人びとの問題に結びつけるべきかを提示してくれたのである。[*8]（傍点は磯前、以下同）

「社会的不正義という倫理」のもと、どのように主体化をめぐる議論を語りえるのか。酒井の議論に導かれながら主体化過程を検討していくことは、東日本大震災で提起された公共性や格差の問題を考えるための学問的な土台を提供してくれるだろう。この震災では主体が幻想であるという指摘では現実に対処することができず、主体が歴史的文脈に接合された形態を、経済・社会的格差や差別といった問題と重ねることで、個々の歴史的被拘束性のもとに主題化する思索が余儀なくされた。主体の歴史的拘束性を、主体の非歴史的な本質化に陥ることなく、再び問題にした点が、ポストモダニズムの遺産を継承しつつもポストコロニアリズムが一九九〇年代から二〇〇〇年代にかけて新たな時代の旗手となった理由である。[*9]

そして、「社会的不正義」という言葉で多くの者が思い出すのが、東日本大震災を契機として露わにされた日本の戦後社会の矛盾ではないのか。そこで、酒井は学問的な批判の果たす役割を「人間理性の限界を問うこと」で抽象的な真理に達することではなく、「いかにして、私たちが私たち自身の――人種的、国民的、階層的、民族的、性的などの――同一性から逸脱し他者と横断的な関係を作り出すことができるのか」という「歴史実践的な批判」の水準に求めていく。[*10] 次の酒井の言葉は、普遍性の理念によって政治的問題を解消するのではなく、政治的問題のなかにこそ普遍性を見出していこうとする、きわめて政治的な批評意識のあり方を示している。

人種主義の批判によって私たちが求めているのは、自分たちの潔白や倫理的な正しさを証明することではなく、私たちを分断し、競争させ、孤立させてゆくものを見いだし、その代わりに、私たちが人びととつながること、新しい共同的な生を探し求めること、そして、人びとと協力しつつ、これまでとは違って未来を一緒に築いてゆくことだからである。[*11]

日本国内の格差。国家による搾取。民主主義は決して全ての者に平等ではなく、不平等な現実を曖昧にする欺瞞としても機能してきたこと。理念と現実の混同。そして原発政策で明らかにされたのは、戦後七十年経っても日本はいまだアメリカの植民地国家に過ぎないこと。そうした現実に対する否認の態度は、戦後日本が民主主義的社会だという自己幻想から生じるものなのではないか。[*12]

死んでいった者たちあるいは社会的に立場の弱い者に対する声を聞く装置の不十分さ。それだけでなく、社会から排除されていった者たちの声が聞こえない。それは民主主義という理念が現実にすり替えられるときに、いっそう否認が推し進められる。だが、幽霊たちのざわめく声[*13]（Disquiet Voices）から逃れられないように、そうした否認された現実も震災を通して、社会に弱者たちに復讐する。強者ではなく、弱者に復讐される厳しい現実。それをもって民主主義的な社会と呼ぶことは可能なのだろうか。小説『1Q84』の中で、村上春樹は声を聴く者の存在を次のように述べている。

その時代にあっては王とは、人々の代表として〈声を聴くもの〉であったからだ。そのような者たちは進んで彼らと我々を結ぶ回路となった。そして一定期間を経た後に、その〈声を聴くもの〉を惨殺することが、共同体にとっては欠くことのできない作業だった。地上に生きる人々の意識と、リトル・ピープルの発揮する力とのバランスを、うまく維持するためだ。古代においては、統治することは、神の声を聴くこと同義だった。しかしもちろんそのようなシステムはいつしか廃止され、王が殺されることもなくなり、王位は世俗的で世襲的なものになった。そのようにして人々は声を聴くことをやめた。[*14]

たしかに東北イタコを初め、シャーマンの存在は日本では数えるほどになってしまった。しかし、それに代わって、仏教者や芸術家、あるいは学者など、異なるかたちで声を聞こうとする人間が東日本大震災で注目されるようになった。だとするならば、酒井の言葉、「社会的不正義という倫理」は彼らにとっては誰に対する公平さとして提示されてきたのなのだろうか。震災の被災者なのか、死者なのだろうか。そこから零れ落ちた者はいないのだろうか。それは、酒井の議論を含む従来の、主体をめぐる議論に批判的な問いを投げかけることにもなる。酒井は自分と見解を異にする他者との対話について次のように記述している。

私に向かって返答し、私の行動をなじり、私を見つめるまなざしを持ったはずの他者が、私を中心に編みだされた私の欲望を満足するシナリオの一要素になってしまうとき、私と他者の関係は安全で暴力のない共感的なものになるだろう。……そのとき、他者は、その単独性を失い、私と馴れ合ってくれる存在者以上の何ものでもなくなってしまう。[*15]

酒井直樹が行なった発話が、批判力を抜かれた均質化された言説へと骨抜きにされる状況のなか、酒井の発話から自分ならではの主体をどう構成するか。そのためにも、私たち一人ひとりが酒井の発話に対峙する個としての他者になりえているのかが問われなければならない。その際に死者や被災者との対話という視点は、社会の公共空間をどのように構築するかという公共性をめぐる議論へと主体化論を導いていくことだろう。

死者――それは災害や戦争で身体的に死亡した人間を指すだけではない。人権や主権を剝奪された社会的死者、精神を破壊された精神的死者。様々なかたちで死者は社会の周辺に存在する。あるいは精神を破壊されることなしに、社会の一員として、社会的権利を付与されることはないかもしれない。フロイトが「トーテムとタブー」[*16]で示したように、誰かを排除あるいは殺害することなしに公共空間が立ち上がらないとしたならば、私たちの社会は死者を輩出することで公共空間を形成することが可能になったのかもしれない。だとすれば、次々に生み出される死者に対して生者はどのように向き合っていったらよいのか。

東日本大震災の大量死は、それが偶然の自然災害であるにとどまらず、原発を受け入れざるを得なかった寒村や海岸部の漁村地帯に限定されているという意味で、広い意味で社会構造の生み出した人災でもあったと言える。そうした弱者たちの死や犠牲をどのように社会が向き合って、引き受けていくのか。まさに酒井の言う「社会的不正義という倫理」が問われているのだ。

ここに酒井らの翻訳論を継承しつつも、東日本大震災の経験を通して顕わになった新たな視点から戦後日本社会の民主主義を総括する可能性も潜んでいる。酒井は、人種主義に対して一九八〇〜九〇年代に展開した自分の批判について、「この問題意識が一世代を過ぎた現在でもまだ妥当しているかどうかは、私には判らない。読者の判断を待ちたいとおもう」[*17]と述べている。もちろん、その翻訳論は依然有意義であるが、それが震災以降の社会状況――社会の不均質さの露呈と死者祭祀の必要性――でどのように発展されられていくかが、本稿で果たすべき課題となる。

以下、酒井の主体化論を、翻訳不能論、主体論、他者論という三つの視点から議論していきたい。それは、死者の声をどのように聴くか、天皇制のまなざしをいかに捉え返すか、そして内国植民地の状況をどう克服するかといった、この震災で露わになった戦後日本社会の症状を克服する試みともなるはずである。

二　翻訳不能という事態

ポストコロニアル批評の翻訳理論で決定的に重要な認識は、「非共約的なものの共約性[*18]（commensurablity of the incommensurable）」という主体間の関係をコミュニケーションの本質に据えたことである。

酒井は、すべてのコミュニケーションには誤読が伴う点で本質的に失敗する運命にあると述べる。

相互的な理解や透明な伝達がまったく保証されていない「われわれ」という集団のなかで、私は話し、聞き、書き、そして読むように努めてきたのである。……「われわれ」の間では、誤解や了解や聞違いだけでなく理解に欠如にも常に出合うのでなければならない。このように、「われわれ」は本質的に混成的な読者の集まりを意味し、この混成的な「われわれ」においては、話し手と聞き手の関係を雑音の入らない共感の相互性に支えられた転移の関係として想像するわけにはいかず、……「われわれ」はむしろ統合されていない共同体（nonaggregate community）であって、聞き手はその意味作用が完全に抜け落ちてしまうゼロ度の了解を含めて、異なった度合いで私の表明に対して応答するだろう。[*19]

それは被災者の苦痛に対して、宗教者が理解不能であることを認め、自らの「無力さ」あるいは人間の「寄る辺のなさ」を認めたところから、交渉関係を始める状況ときわめて似通っている。そこでは、自分と相手が同一の理解のもとでの「合意」[*20]（ユルゲン・ハーバマス）に達するという予定調和的な関係はあらかじめ斥けられる。両者とも自分の想いが他者と同一なものにはなりえないという諦念のうえで、一方的な思いの押し付けにならない配慮のもとに、他者との関係を模索する点で同じ立場を有する。そこでは、そもそも合意とは何かという、未解決な問いとしての合意が問い直されることになる。こうした視点に立つとき、円満な関係というのは自分の側だけの自己満足に陥る危険性が高まる。そうした共同体を酒井は、他者意識の欠如した「恥の共同体」と呼ぶのである。

ある主体の行為が「国辱的」、つまり、国民にとっての「恥」を構成するかどうかを決定するものは、国民としての「我々」以外の者のまなざしの存在である。……同じ空想に酔っている人々のあいだでは、空想に酔うことは恥ではない。ところが、醒めたまなざしをもつ者がいるとき、酔っていることそれ自身が恥として感じられる可能性が生まれる。「同胞」とは恥を感じなくても済むような「身近な人々」のことである。……外人や非国民のまなざしが存在しないような、身近な親密な「なかよし仲間」の世界を彼らは希求しているのである。[*21]

そうした均質な共同体が歴史的に「自然化」されたのが、酒井においては人種という言説であった（「レイシズム・スタディーズへの視座」三八頁）。しかし、そうした人種の言説すなわち「共約可能なもの」の言説で現実を覆い尽くすことはできない。現実には紛争がいたるところにあり、同じ人種に属するとされる人々の間でも殺し合いがある。そうした諍いは異なる人種間のみに起きるといった理解をとるとき、被差別部落民は異なる人種であるというような、人種概念の操作が起こる。だが、こうした同一人種内ではすべて共約可能であるという言説で、無理に現実を理解しようとする時にこそ、否認（disavowal）と呼ばれる症状が起きる。

ジャック・ラカンによれば「否認[*22]」とは無意識という回路を通って心に表れることなく、直接に身体化される症状（symptom）を指す。それは心の歪みの存在を認めず、無意識下に抑圧することで、自分とその歪みを無縁とするあまり、身体に症状が出る深刻な状態をさす。だから、歪んでいることを暗示する夢さえ見ることがない。個人のレベルで言えば身体の特定部位に現われるが、家族を単位にすれば、引きこもったりトラブルを抱えたりするのが特定個人に集中する。家族は自分たちが正常なのに、なぜこの子だけが問題を起こすのかと家族は悩むわけだが、実のところ、家族全体の症状が一番弱い個人に現われたに過ぎない。

それを治療するためには、その症状を主体全体が引き受けることなのである。その歪みを意識化することで、否認の状態を解除し、主体を再構成しなければならない。だとすれば東北の被災の問題についても、それは日本社会の症状として捉えるべきことなのである。こうした視点に立つとき、酒井がいう苦痛を引き受ける態度は、否認に対して主体がとるべき治療法として望ましいものに思われてくる。

社会的な実践には苦痛と不愉快がしばしば伴うだろう。社会的な実践が他者あるいは私自身を傷つけ苦痛をもたらすからこそ、実践には道徳的な配慮が避けられないのである。苦痛と不快を避けるためにのみ行動するとき、人は道徳的な成熟も自立も達成することはできなくなる。[*23]

それは自分たちに異論を唱える死者の声にも耳を傾けることだ。「お前の言う「私たち」とは誰なのか。そこに自分は入っているのか」と。人類学者のタラル・アサドが言うように、人は自分の「苦痛」を認めるとき、他者の痛みにも共感する力を持つ可能性が開かれる。[*24]だが、死者の苦痛は生者の捕縛を逃れ出るものである。死者は死んだ者である以上、かつて死者が感じた感覚を追体験することはもはや不可能だからである。酒井が言うように、「外部性としての死」としてしか、死者という存在は私たち生者には思い描きえないものなのだ。

われわれは死者とは決して合体できないということがまさしく死の本質だからである。……死者は死んでいるがゆえに、主体たり得ないのである。……死とは表現不可能でありかつ手なずけることが出来ないがゆえに、所与の共同的表象体系の外部がまさしくあり得るのだということ、つまり外部性を意味する。と同時に、それは決して名辞的に指し示されることはないけれども、ある種の現実界の場所に関連しているのである。[*25]

ここで、表象不能なものをどう想起するかという翻訳不能性の問題が立ち現われる。「可視性や言語的分節化との関係において言葉が発言される場所は、超越的なままである。それは、把握しようと試みるたびに逃れていくシュタイである。結局のところそれは、私にはきわめて近いにもかかわらず同一性の場ではなく、（大文字の）他者の場である。いわば、それは私のなかの他者の場所なのだ」。[*26] 死者だけでなく、等しく他者は自分の外部に立つからこそ、翻訳不能な存在だと酒井は考える。

現前不能なのは死者だけではない。ナショナリズムをはじめとして、過去から響き渡る声は死産した亡霊に他ならない。酒井はこの死産と呼ばれる表象不能性を、「日本語」という国語、さらにはそこで立ち上がる「日本人」という人種をとおして次のように分析する。

当時の、今日日本と呼ばれる地域は、多くの国と社会的集団・身分に分断され、方言や文体の多様性は膨大なものであり、「日本人」によってしゃべられる「日本語」なるものを十八世紀に見出すことはできなかった。そのため、その維新（＝復活 restoration）が熱望される、喪失され死んだ言語としてしか日本語を概念化することはできなかったのである。つまり私は、日本語と日本民族は、一定の言説において音声中心的な言語概念が支配的になるにつれ死産したと、主張したのである。[*27]

しかし、むしろ表象不能だからこそ、翻訳を可能にする。固定化不能なものだからこそ、多様な意味が次々に散種されていく。表象不能ということは、内部の異種混交性あるいは複数性の起源を自覚する契機にもなるのだ。ここで、ラカンの考えを借りて、文字通り「死産」された死者の表象のあり方を考えてみよう。

ひとつは可能態としての外部性にとどまる死者たち。こうした意味秩序に穿たれた孔を、ジャック・ラカンに倣って固定化不能な「小文字の他者」[*28]と呼ぶことにしよう。そこからは様々な幽霊や亡霊が湧き出していく。それはポストコロニアル経験がもたらした「異種混淆的な（hybrid）」アイデンティティと対応するものであり、共約不能さゆえに様々な立場への分節化が可能な「潜勢力」[*29]（potentialities）」（ジョルジュ・アガンベン）を秘める。バーバはそうした主体のあり方をスピヴァクとともに「異質的[*30]（heterogeneous）」と、酒井は「異言語的（hetero-lingual）」と呼び表した。

もうひとつは均質化されたものとしての対形象化された死者たち。例えば、国家のために死を命じられた靖国の英霊たちである。こうした死を命ずる象徴機能をもった死者を「大文字の他者」と呼ぶにふさわしいものである。酒井は戦前の日本国家を「ほとんどの国民国家は、その成員に対して国のために殺せといい死ねと命令する」として、「死者の共同体」と呼び表した。[*31]

だからこそ死者の声に憑依されずに、その声を聴く技術が求められることになるのだ。それは他者の声に字義的に盲従することではなく、その奥底にある意味を紡ぎ出していくことである。字義的に従うことはその他者の声に憑依されることであり、行為遂行的な翻訳を意味しない。過度に「聴かない」ことで、適切に「聴く」技術。まさにそれが被災地で宗教者たちやカウンセラーに求められる「傾聴」[*32]の真髄である。ただし、それが共約不能な関係のもとに成り立つものであることは必ずや自覚される必要がある。

> 社会問題化の「仕事」で達成されるのは、多数者と少数者の間に歴史の効果として存在する伝達不可能な溝の存在を明示し、そうすることで、相互性でもなければ共通性でもない社会性を成立させることなのである。……ここでは、合理性をめぐる対立と闘争が〔少数者と多数者の間に――磯前補足〕起こる。……合理性を再分節化する過程で、多数者と少数者のそれぞれの同一性の規定そのものも変化してしまう。[*33]

酒井が指摘するように、理解不能な溝の存在を意識することが、かえって社会編成に変化をもたらす。東日本大震災での経験に即して言い直すならば、他者の苦しみに対する無力さに裏打ちされてこそ、その呻吟する声が耳に入ってくるようになるのだ。木越康が看取したように、自分が精神的や社会的な死者の立場に置かれることで無力さが他力に目覚める契機になることもままあるものなのだ。

親鸞が目覚めたのは、救われるべき自身ではなく、真実心のない、嘘偽りだらけの自己の実体だった。……「無慚無愧のこの身」とは、悔いる心すら欠落して過ちを繰り返す私たちに対する、さらに深い悲嘆の告白なのである。しかし、そのように自己の深い罪障性を知り、それを悲しむ親鸞であればこそ、逆に明確に、そのような自己が導かれて従う道を見出すのである。……他力とは、そのような人間を深く悲しむ、如来の心を指す。[*34]

実践的な翻訳が話し手と聞き手の間の関係の均質化を意味しないものならば、話し手の意図に逆らって異なる意味を取り出すこと自体も異質性や社会的抗争自体を顕わにする事態となる。こうした死者の声を聞くこと（＝翻訳）は、一見合理的に見える公共空間に異質な要素を持ち込む。聴く者もまた精神・社会的死者——無能力者[*35]——と化すからだ。情動に満ちた想像界にどのように象徴的な言語機能を持ち込むかで新しい主体の存在形態が決まるのだ。そこで排除された者たちは形を変えて共同体の中へと呼び戻されて、共同体を定位しながらも、包摂不能な位置を与えられていく。それが死者祭祀において、「鎮魂」あるいは「弔い上げ」と呼び表された行為の意味であろう。[*36]

ジークムント・フロイトは有名な論文「トーテムとタブー」において、共同体の原父を殺すことで、タブーを伴う秩序が成立すると述べている。しかし、こうした殺害は原父の殺害という罪悪感を伴うため、共同体で隠蔽する傷が生じる。その傷を禁忌としてのタブーと呼んでもよいのだが、その傷との向き合い方が共同体のあり方を均質化するのか、異質化するのかを決定する。そんな傷は存在しない、実際に犠牲を強いた出来事などなかったと思い込もうとすれば、症状は特定の集団や個人に特化されたかたちで異常者を生み出す。異常者と正常者との境界線引きにおいては、正常者を僭称する側の不安の存在が大きな役割を果すとして酒井はこう述べる。

国民的共同体に暴力的に同一化する者は、確かに移民のような自らの帰属に不安を持つ者が多い。しかし……「まっとうな市民」などというものはひとつの仮説である。ということは、国民を構成する個人の全てが、潜在的には、「異常者」のレッテルを張られる可能性にさらされているのだ。究極的には、人が自らを「正常者」として自認できるのは、たまたま、「異常者」と呼ばれる他者が想定されているからにすぎない。[*37]

主体が欠損した形でしか存立し得ない以上、その成立過程において犠牲を伴っており、その犠牲者は死者として主体に憑依してやまない。ラカンの言う「父なるもの」とは、その欠損あるいは排除という中心化機能によって打ち立てられた秩序化＝象徴機能のことである。脱中心化はすでに中心化を達成している主体に肯定的な効果をもたらす。他方、中心化がないまま脱中心化がおこなわれるのならば統合失調症を発する危険を伴う。

そうした犠牲の出来事が共同体に過去に起こっていたことを認識するのであれば、傷の痕跡を認めた共同体は特定の排除とは異なるかたちで開かれた異種混淆的な共同体へと変容する可能性を持つ。この心理機制については私も同意する。だが、そういった不安に誰しもが向き合えるのかと言えば、そうではないだろう。そこに、酒井から丸山眞男にさかのぼる従来の個人主義を範型とした世俗主義的な主体論の系譜が抱える難しさがある。

三　主体化過程としての翻訳論

酒井直樹の主体論はデリダの脱構築論の影響を受けながらも、単純な主体否定論に陥ることはない。むしろ、主体が他者との関係においてどのように構築、そして再構築されるべきものなのかという観点から主体化過程の考察を行なう独自のものであった。その議論の特質は中心化する「主体」と、他者に向かって脱中心化する「シュタイ」という、二重性を持つ主体の理解である。その点について彼は次のように説明している。

わたしは文化と文化的差異の分析の文脈において、認識論的主観（「主観」）とシュタイ（実践主体もしくは実践作因）という、主体性（subjectivity）についての二種類の定義間の作動（differential）を仮説的に導入したい。……主体は始めから雑種的な存在をする。主体のもつこの雑種性のために主体の自己構成においてシュタイは否定され否認されなければならないのである。……この点で、シュタイの雑種性はその現前＝表象不可能性以外の何物でもない。……発話行為の身体(the body of enuciation)をシュタイと捉えることによって、「語」としての主体（＝subject）が回避される翻訳を考えようとしているのは、ひとつにはこのためである。[*38]

見落としてならないのは、主体とは当初より欠損したものとして存在することである。そこから、「主体であるかぎり、国民とはそのうちに常に「無」を抱えていて、それはむしろ「なろう」とする者たちの集合のことであり、日本人とは常に「日本人」になろうとする者たちの空想された集団である」という理解が導かれる。それは、丸山眞男の述べるような「作為」として主体を形成する意志とも重なり合うものである。[*40]

この二重の主体のうち、酒井独自の議論として注目されたのが、カタカナの「シュタイ」である。酒井は認識論的純粋さを志向する「主体」と区別する意味で、身体的な主体を西田幾多郎に倣い「個物」あるいは「シュタイ」と呼び、そこに生じる脱中心化作用を次のように説明した。

人は、決して主体と十全に照応することのない、単独－異的個物、あるいは私的な自己として行為する。同時に、よく理解されているように、主体は常に過剰決定されており、その結果、実際のところ、主体は決して統一的な位置などではない。主体は多くの断層によって内側から分裂しているのである。……私が倫理的行為の行為者として個物的個人を強調するのは、この主体と個物の間の回復不能な差異を強調したいからであり、そしてまた、この差異によって個物はテクストとして存在するのであって、言説のなかに完全に捉え込まれているわけではないという点を確認したいからだ。……これらすべての結果は、行為のテクスト的物質性のおかげであり、この点からも人の身体は脱中心化の中心なのだ。*41

主体は名詞の主語（subject）として能動的な行為主体であると同時に、“be subject to”という成句が示すように何かの影響下にある受動的な客体でもある。すなわち、行為の主体であると同時に客体であるという二重性を有するものである。ここでフーコーの真理と権力の関係が思い起こされる。フーコーが言うように、主体は言説に従属化することで主体化を可能にするが、そのためには能動的に解釈する「主体の解釈学」あるいは「自己への配慮」が自己統治の技術として必要になる。*42 酒井やフーコーの議論があくまで主体の二重性を前提に成り立っているように、主体なきシュタイだけは形を成すことができない。そこでは、シュタイの存在を前提としつつも、どのようにして主体を構成するかという議論が浮上することになる。そのときに、翻訳という主題もまた現れ出てくる。

自己完結的な「主体」が、どのようにサブジェクト（subject）の他の異なった翻訳と連携するかを探査することによって、翻訳と主体の政治的効果を個別の歴史のなかで確認し、抑圧されたり排除されてしまった「シュタイ」を分節化する作業を担っている。書く・語る・聞く・読むといった行為と同様に、翻訳の行為は人々が「他なる者」へ開かれていること、つまり人びとの社会性の行為なのであり*43……

シュタイを媒介とすることで翻訳に規定される主体という視点は、自己完結した主体論から他者との関係性へと議論を開く契機をもたらす。それゆえ、酒井は自作『過去の声』の日本語版作成に当たって、「私の「社会性」の考え方のなかに間主観性による社会性についての理解が残存していた」ために、「徹底して間主観性による「他者」と「私」の関係の理解を排除」につとめたと述べている。[*44]

他者との交渉の場としての身体（＝シュタイ）はたしかに脱中心化のエージェントだが、言語や意識を欠いたときに身体は均質化への契機ともなる。シュタイと主体、身体と意識、情緒と言語の相互規定としての主体の構築記述を論じる酒井だが、そこには謎めいた他者のまなざしが主体構築に積極的にかかわる契機として存在する。何よりも主体は欠損しており、対象aの声が絶えず「死者のざわめき」として聞こえてくるのではないか。そうである以上、現存在としても成立過程においても、他者のまなざしから解き放たれたことはない。

公共空間において個人は完結した個人として最初から出会うではない。他者のまなざしに支えられて主体は成立しており、個としての主体ありきではない。その主体を束ねる場として複数性の世界すなわち公共空間の中で、各主体は形成されていく。そこでは「謎めいた他者」――神仏でもあり天皇でもある――を中心に据えた主体の「他者論的転回」[*45]が必要になるのである。

謎めいた他者はエマニュエル・レヴィナスの言うような「無限性」として「小文字の他者」（想像界）でもありえる一方で、「全体性」として「大文字の他者」（象徴界）ともなる両義性を有する。[*46]そこに転移論が主体の存在において本質的契機を持つ所以もある。だが、まず問われなければならないのは、そもそも「偶発性」のもとでの諸主体の出会いは可能なのかという理解である。その点について、酒井は「対形象」としての内部と外部の同時成立という議論を展開する。

> 対形象化の図式は国民共同体が自らに対してそれ自身を表象し、そうすることで主体としてその共同体を構成するための手段なのである。……翻訳関係にかかわる他者の形象を可視化することによってこの主体は自己構成するように思えたのである。……等価物と類似性における二つの項の関係が、その二項から無限個の比較可能な違いを引き出す可能性を生み出すのだ。……「西洋とその他」……の対形象化の場合にように、概念的な差異は一項が他項に対して優越したものとして評価的に限定することを許すようになる。[*47]

ラカンの説明を用いるならば、それは鏡に映った自己の姿や周囲の他者を通して自己を認識する根源的模倣としての、主体形成の鏡像段階に対応するものである。それゆえに、ラカンの「鏡像段階」[*48]と呼応するような主体の成立図式を出発点として、酒井はそれを掘り崩していく努力あるいは運動に主体の可能性を見出そうとする。そうした先入観なしの、想定不能な他者との出会いを酒井は「愛」あるいは「情」の交わりとして、江戸時代の儒学者、伊藤仁斎の議論から導き出す。

> 行為は私が抱いている他者のイメージに向けられるのではなく、結局のところ私が完全には思考することも、知ることもできない個物としての他者へ向けられている。他者への行為の遂行において、

その他者からの報酬、収益、あるいは応答が当てにできないにもかかわらず実行してしまったときに、その行為をもたらすものが「愛」と呼ばれうるのである。それゆえ、「愛」には常に他者への尽きることのない拡充の「情」と、主題化されていない他者への信頼の感覚が伴っている。[*49]

しかし、感傷と情は二律背反のものではなく、感傷の只中にこそ情は超越的外部として発生するものといえるのではないか。人間には個物の他者同士が何の歴史的拘束性を被らずに出会うことは困難であり、むしろ大文字の他者に捕らえられた主体構成の中で孔として穿たれた「小文字の他者」をとおして偶発的な出会いは部分的に可能となる。

このことは人種主義の通俗的批判に対して「人種主義には実定的な外部は存在しない」と注意を促す酒井の議論からも、「実定的な外部、すなわち、人種主義に汚染されていない、人種主義から完全に潔白になれるような場所は、少なくとも私たちの歴史の地平にはないのである[*50]」と見て取れるところである。こうした状況による規定性はポストコロニアル批評がつとに指摘するところであり、さらにはアメリカの植民地支配下にある戦後日本の社会状況と重なり合うとも言えるだろう。

アメリカに身を置いて、アメリカと日本の対形象を批判する酒井は、自身の批判力もそうしたアメリカの覇権力が付きまとうことを実感しているはずである。事実、彼は「いまだに植民地的なものにしてしまっている歴史的条件をはっきりと対象化するため[*51]」と断った上で、次のように日米関係を規定する。

この問題を追及することは、戦後の日米関係に見られるような、（合衆国の）帝国主義とその反定立としての（日本の）国民主義の間の一見すると対立するように見える愛憎関係において、……合衆国の帝国主義的国民主義の悲惨な遺産について黙ってやることとの引き換えに、自らの帝国主義的国民主義の悲惨な遺制を隠蔽することを促進してしまうような共犯関係を、日本の国民主義は合衆国の帝国主義的な国民主義との間に作ってしまっていることを明示する第一歩なのだ。[*52]

だとすれば、自らがアメリカ的な知の覇権力を持つ者として、日本の土着知識人に出会ったことはどのような影響を酒井にもたらしたのであろうか。すでに指摘したように、酒井の議論もまた、彼自身が「間主観性」の残滓を懸念したように、いまだ純然たる偶発的な個人が本来的な人間関係の基盤にあるという認識がどこかに温存されていたように思われる。[*53]だが、実際の酒井の生活世界をとりまく主体のあり方はアントニオ・グラムシのいう「歴史的ブロック」[*54]としての塊であり、一対一の出会いとは異なるものである。アメリカと日本、あるいは日本と東アジア諸国がそうであるように、諸主体の出会いはすべて不均質な力関係の中での出会いが出発点でしかありえない。

ホミ・バーバは「マジョリティを夢見ないマイノリティ」の必要性を説いたが、[*55]彼のように社会的成功を収めた卓越的な個人こそが主体を個人では形成できない人々を惹きつけ、その発話を言説に変化させて歴史的ブロックを形成する。そこでは発話を担いえる個人と、それを言説へと通俗化する集団との共犯的な関係が生じ、集団的な主体へと同質化するヘゲモニーが働いてしまう。

そこでは主権者と主体との違いという、ジョルジョ・アガンベンが提起した問題もまた関係する。

主体の中でも法的な権利を認められるものだけが主権者[*56]（sovereignty）になれる。人権は万人に平等だという理念は西洋近代とともに広がりを見せたが、それが植民地主義の拡大と表裏一体をなすものであった。主体の中で社会権を有するものは選ばれた者だけである。植民地民に限らず、女性や被差別部落民など、つねにマイノリティはマジョリティのアイデンティティを成り立たせるために排除されつつ包摂するかたちで産出されて来た。社会権を持つ人間のみが身体的シュタイであるにとどまることなく、中心化する主体であることを可能としてきたのだ。

だとすれば、大衆という「主体なき主体」を、個人の一対一の関係のもとで理解しようとするよりも、有機的知識人が前提とせざるを得ないグラムシのサバルタン論を念頭に置いて、個としての主体を形成し得ない人々の考察を行なうべきではないか。主体とは、例えば「磯前順一」といった個人だけでなく、いうまでもなく「日本人」といった文化や社会を単位とするものもある。個人が文化や社会の一部であること、一方でそうしたあり方の主体の形状を個人が固有のかたちで咀嚼することもある。主体は様々な単位の中で状況に応じてアクセントを移動させるものなのだ。酒井やバーバは個人としての諸主体間の翻訳行為に注目したが、主体のアクセントが社会や文化と個人の間のどの地点に置かれるか、個別の文脈での違いにこそ注目すべきではないだろうか。

個が個でありえないときに、主体は国民や宗教の一部に安易に呑み込まれてしまう。そこからどのように個人としての主体を作るかがこそ、問われなければならないはずである。しかし、ポストコロニアル批評の議論は意識的にせよ無意識的にせよ、個人の発話や行動の変革に求められ、その個人を包摂する社会構成をどのように考えるべきかといった方向に展開することはなかった。その点は、すでにベニタ・パリーが指摘したとおりである。[*57] ここにポストコロニアル批評の翻訳論は一つの認識論的な臨界点を迎え、その後の研究は停滞していった。

そのようなときにガヤトリ・チャクラヴォルティ・スピヴァクが「批判的地域主義[*58]（critical regionalism）」の名のもとに、ナショナリズムや土着主義（nativism）に陥らず、反省的な姿勢で地域に根ざす生き方を提唱した。それは、自らを含むポストコロニアル知識人の、メトロポリタン・ディアスポラと呼ばれる生き方に対する懐疑であった。シオニズムのように排他的なものにならず、他者と共存するシニフィアンとしての「故郷」を構築しえるものなのか。スピヴァクが提起した未完の理念、批判的地域主義をいかに具現化していくのかという課題は、近年議論され始めたばかりの問題である。

それはポストコロニアル批評家の多くがアメリカで成功したアジア系の知識人であったことにも関係しているだろう。彼ら自身は卓越した知力と生き方をもって、国境横断的なコスモポリタンとしての生き方を邁進してきた。だが、同じ国境横断的な存在であっても、労働者の移民や難民では異種混淆的な主体構成をとるのは困難を極める。日本における在日コリアンについてしばしば指摘されるように、不安的な社会的地位に置かれるからこそ、故郷のコリアにしろ、帰化して日本に求めるにせよ、民族という同一性を自己のアイデンティティの支えにしなければならなかったのである。

何よりも先ず、一度移民したならば、さらなる移動は少なくとも自由意志に基づくかたちでは困難となり、彼らはその土地に縛られることになる。それは日本の被災地の避難民とて同じことであろう。帰還困難あるいは同化困難だからこそ、「故郷」というものがやみがたいノスタルジア[*59]として希求される。ポストコロニアルの知識人たちがこうした民族や故郷といったアイデンティティを求めないで済むのは、彼らがコスモポリタンとしての社会的地位や経済的地位を手に入れた例外的存在だからである。

この点では、ハルトゥーニアンやフレドリック・ジェイムスンのポストコロニアル批判は的確だったといわざるを得ない。[*60] 差異を唱えることが、差異という名のもとでの均質化をもたらす。差異はそれぞれの歴史的固有性を破壊し、「すべてが差異の戯れだ」という言説による同質化を生み出したのだ。ただし、彼らの批判には「差異（difference）」と「差異化（differentiation）」を同一視する誤解がある。たしかにハルトゥーニアンが言うように差異が強調されるとき、すべてが差異という言葉に還元され、ドゥルーズのリゾームや多様体（multiplicity）のようにその最小単位は他とは変わらなくなる。そこにおいては確かに主体の固有性は、その負うべき責任とともに消失してしまう。しかし、ドゥルーズのリゾームという概念はそれが変化して多様な形態の固有な諸主体を生み出すことを見逃してはならない。さらに言えばデリダの説く差異とは、固定化された「差異」を指すものではなく、「差異化」のことである。それは前提となる同質性の常態に批判的に介入して、差異化の働きをもたらす運動過程（movement in process）なのだ。[*61]

その運動の目的は差異という静態にとどまるものではなく、同質性を開放的な異種混淆的な場に変えることにある。差異が単なる非共約的な関係だとすれば、差異化は非共約的な認識を前提とした共約的な関係をもたらすものである。同質性はたしかに脱構築されるのだが、それは完全なる破壊ではなく、その痕跡を使って共約的な場を作り出し、その中に非共約的なものを集める公共的な（öffentlich）場へと読み替えられていく。その点では、ハルトゥーニアンの議論には差異と差異化の区別に対する理解が欠けていたと言わざるを得ない。だとすれば、バーバや酒井に対してまでその批判はすべて妥当だとは言えないだろう。

しかしその一方で、ハルトゥーニアンのいう「差異」としてのみ「差異化」を理解する安直な認識が、ポストコロニアル思想の追従者に広まっていたことも事実である。つまり、ハルトゥーニアンの批判は、この追従者たちの唱える「差異」に向けられたかぎりにおいて、適切な批判であったということになる。言うまでもなく、それは静態的な実体としての「主体」論と、運動過程としての「主体化」論との違いにも当てはまるものである。

ナショナリズムは個性をもった思想家を生み出さないことを指摘したのはベネディクト・アンダーソンだが[*62]、ナショナリズム批判の発話もまたそうした没個性的なナショナリズムの言説に回収されてしまったといえる。ナショナリズム批判する人々がその言説（＝主体）の一部に呑み込まれ、自分たちの権益を独占するために、ナショナリズムを批判するという名のもとで排他的なナショナリズムが形成されてしまう皮肉な結果がもたらされた。差異を唱えることを反ナショナリズムの思想と矮小化させた者たちが、没個性的な差異の結果できあがった同質な共同体を、まさにナショナリズムの反復として蘇生させたのだ。

そこでも酒井直樹が懸念したような、「言説（discourse）」と「発話[*63]（enunciation）」が区別不能に陥るような、「主体」の理解に深刻な混乱が生じていた。酒井が言うように「発話」とは特異性を有するものであり、個人の異質的な主体を立ち上げる契機となる。一方、「言説」とは主体を立ち上げる場だが、その主体は個人というよりは、言説の一部に均質化された没個性的な集団を意味する。だからといって、発話と言説がまったく別のものあると言いたいわけではない。ナショナリズム批判の例が示すように、単独性[*64]（singularity）のある発話が均質な言説に化したり、言説のなかから異種混淆的な発話が生まれ出たりする相互浸透的な関係に両者はある。

こうした「発話／言説」の議論は公共空間の理解にも密接に繋がってくる。ユルゲン・ハーバマスが唱えるとおり、公共性とはドイツ語の“Öffentlichkeit”[*65]が示すように、理解不能な他者に対する開かれを意味する。ただし、その開かれはあくまで理念にとどまるものであり、個人が発話の主体になったときに、公共空間はようやく「複数性[*66]（plurality）」（アレント）の空間になりえるのだ。他方、発話が言説として均質化されるとき、ナショナリズム批判の言説がそうであるように、異なる他の意見を認めない全体主義の空間も成立してしまう。

坪井秀人は震災後、日本社会には死者が充満しすぎていると懸念する。[*67]皆が死者に憑かれている、と。その心配は死者に憑依された個人の発話が、全体を覆う言説によって均質化された状態に関するかぎり、妥当である。だが、死者のざわめきに適切に耳を傾けるならば——それは憑依された状態とは全く異なる——、その声は均質化を免れて発話主体の単独性を取り戻すはずである。そのとき生者もまた個人の主体として、死者のまなざしに支えられた主体として再生することが可能になるのだ。こうした謎めいた他者のまなざしへの考慮の有無は、晩年のフーコーの自己のテクノロジー論とラカンの主体化論が袂を分つ点でもあった。

公共空間は一方で開かれた異質性に満ちた場を理念としつつも、全体主義的な均質化の場にも転じる両義的な空間なのである。公共空間における開かれた状態は容易に消滅する。さらに言えば、公共空間はハーバマスの言うような合理的な討議だけでなく、恨みや憎しみなどの負的感情や凡庸な悪も含みこんで存在している。公共空間のコミュニケーションは合理的な討議だけでなく、発話者の社会的威信などを契機とする転移的関係が前提とされている。こうしたディスコミュニケーションを含めて公共空間での諸主体の交差、酒井のいう脱中心化はおこなわれる。酒井の言うような個と個の向き合う関係というのは、こうした発話の不均質さや感情を乗り越えた上ではじめて可能になるものである。

東日本大震災をきっかけに問われ始めた「「戦後」の見直し」[*68]というテーマもまた、こうした公共空間の両義性への実感に基づくものであったとも考えられる。戦後の日本社会の理念であったリベラル民主主義は、その理念に反して、原発や米軍基地の設置された地域のように、特定の地域に犠牲を強いるシステムであった。しかも経済的に貧しい地域はそうした犠牲を拒めないほどに、メトロポリスを中心とする資本主義経済に依存しているため、その格差構造から逃れ出ることは容易ではない。「わたしたち」に属しない他者に犠牲を強いることで手に入れた経済・文化的な繁栄を、民主主義社会の成熟と呼べないことはもはや明らかである。

だとすれば、戦後の日本社会が推進してきたリベラル民主主義[*69]が機軸とする「個人」という主体は十分には確立されなかったと見るべきであろう。私たち「言説」の一部ではなく、個人として「発話」を行ないえていたのであろうか。「発話／言説」の区別できなさに対応するような、主体理解の曖昧さ。それが公共空間の両義性を十分理解できていない今日の状況を作り出しているように思える。

結局、戦後の見直しで問われるべきは、第一に自立した個が構成する複数性の空間としての民主主義の問題。第二に、原発設置に見られるような資本主義と結びついた地域格差の拡大構造、すなわち内国植民地の問題。第三に、国民のアイデンティティを支えてきた天皇制の問題。いずれも他者と共存する個人という主体をどのように構築するかという問いなのである。そのなかで、天皇という「謎めいた他者」のまなざしを受けて、どのように国民として主体化してきたか。そして、死者の声をどのように聴くのかという問題が個人の主体を再構築するために、東日本大震災ではともに問われてきたのだ。

「天皇のまなざし」と「死者のざわめき」は靖国神社の英霊祭祀で見事に重なり合う。天皇のまなざしのもとで死者の声は国民に働きかけ、帝国臣民あるいは日本国民という主体を作り出してきた。他者のまなざしや声との対応関係の中で主体構築を論じるとき、感情の転移という問題がいやおうなしに浮かび上がってくる。国のために死ぬというナショナリズムの原動力は、理性というよりも感情の問題、国家的権威に対する転移の問題なのである。

近代の制度化された学問ではこうした感情の問題は極力排除されてきた。しかし、ドゥルーズがスピノザに倣って「情動」と呼び、ラカンがフロイトに想を得て「想像界」と名づけたように、主体論に感情や情動の問題は現実には無視することのできない根深いものである。今は亡き歴史家の安丸良夫は東日本大震災が起きたとき、この出来事を咀嚼して学問的な教訓を引き出すまでに最低十年はかかると言った。それはこの出来事が広島や長崎への原爆投下、沖縄戦を含むアジア・太平洋戦争と同じほどの、主体の情動を揺るがす深刻な体験であり、単なる理性的な解釈にとどまっているかぎり問題を処理することはできないからである。

情動から揺さぶられた主体に対してどのように再び秩序をもたらすことができるのか。主体の根本的な再編がどのように進められていくのか。そのなかで謎めいた他者への感情転移の問題として天皇制や、宗教者の傾聴活動が吟味されることになる。謎めいた他者の声を聴く行為とは、主体にどのような変化をもたらすものなのか。死者と生者のあいだの声をめぐる翻訳行為が、「発話／言説」の間での主体論の問題として、さらには他者と共存するための複数性の領域としての公共空間の問題として捉え直される時が来たのである。

四　謎めいた他者との転移論

天皇制の「まなざす」性格にいち早く論及したのも酒井直樹であった。彼は天皇制に集約される国民国家の性質を、「個人の無媒介な全体への綜合」たる「共感の共同体」として次のように分析した。[70]

「一君」即ち天皇は、全体の象徴であって、この前提の象徴との関係で国民の一人ひとりが、全体に総合されつつ個人化されるのである。「一君万民」体系の全体と個人化された個人の関係は「一視同仁」という慣用句によって見事に表現される。「一視同仁」とは、全体を体現する一者である天皇のまなざしの下では、すべての国民（＝天皇の赤子）は同じ「仁」（慈しみ）を受けることになる、というもともとはキリスト教宣教の決まり文句を盗用したものである。[71]

ここでは注目される他者論が提示されている。通俗的なポストコロニアル批評においては、他者との違いに対する倫理が説かれる。自分と同じように個人として存在する他者に対して、その存在を無視して勝手なイメージを押し付けてはならないという議論である。たしかに酒井も同様に倫理を、「共感によって結びつけられた「我々」以外の他者のまなざしを無視するとき、人は、じつは他者からの呼びかけの潜在性も黙殺しているのだ」[*72]と述べている。さらに、他者の視点を内在化させた自己省察がナルシシズムを克服させると説く。

いうまでもなく、こうした自己省察は他者と共存していくために人間に欠かすことのできない倫理である。そこには他者という存在は、自己の外側にいる完結した個人として主体であるという認識がある。だが酒井の文章を丹念に読むならば、その他者論はそうした個人としての主体認識に議論がとどまるものではない。天皇制のまなざしがそうであるように、まなざしなしに主体は形成することはできず、どのようなまなざしが主体を構築していくか、その過程が問われてもいるのだ。次の文章は酒井がラカンに倣って、他者を大文字の他者と小文字の他者という二種類に分けて理解しようとしていることを物語る。

> 私は他者を、いわば大文字のそれと小文字のそれに区別すべきであると考えている。（小文字の）他者が思考において実定化され言説において措定される異なる者であるとするならば、（大文字の）他者とは、思考における実定化をまぬがれるような異なる者である。換言すれば、（大文字の）他者は、新しく異なった実践系との結びつきを要求し、それゆえに、常に抑圧されてきた「抗争」を

明るみに出すのに対し、（小文字の）他者は、すでに配分され、定置され、同一制度の内部にそれ自身自明なものとして現存する。[*73]

酒井は小文字の他者を固定したシニフィアン――酒井のいう漢字の主体――として、一方で大文字の他者を固定を逃れる個物――酒井のいうシュタイ――として定義している。それは用語の理解においてラカン自身とは逆の定義になっているが、両者の定義を入れ替えるならば、酒井の主体をめぐる議論にとってラカンの他者論がいかに重要なものであったのかが見て取れる。

翻訳が翻訳不可能なものを生むのだ。だから、翻訳不可能なものは、翻訳可能なものと同じように、非集成的な共同体の存在を開示する翻訳者の社会性の証なのである。しかし、均質言語的な聞き手への語りかけの構えでは翻訳不可能なものの本質的な社会性が無視されてしまい、この洞察が抑圧されるとき、均質言語的な聞き手への語りかけの構えでは翻訳と伝達が同一視されてしまうことになってしまうのである。[*74]

こうした発言は、酒井がラカンの言う小文字の他者という概念に対して高い評価をしていたこと示している。そこから、「他者への保証のない信頼と、比較できないものを比較することこそが、他者に開かれてあることに含まれており、共在性という言葉によって密かに指し示されているのではないか」[*75]といった、共約不能なものの共約可能性といった発言が導かれていく。だが、テロリストと非テロリストと判別のできない状態のまま、すべての他者に無条件の信頼を置き、入国許可を行なったなら何が起こるのだろうか。現実の個人としての他者に全幅の信頼を置くことなどできるものではない。では、理念としては可能であっても、現実にはどのようなたちで実現できるものなのだろうか。考えられるのは、「比較できないものを比較する」、すなわち非共約的なものの共約性という視点が導入されることで、アイデンティティ・ポリティクスではなく、他者と共存する公共空間の問題として翻訳論が酒井の議論において成り立つことである。その根底にある認識は、言うまでもなく比較不能な存在としての人間がともに社会を構成するべきだという彼の信念なのである。

主体の脱中心化の必要性を説くことは、極度に観念化した主体にとっては身体的シュタイの復活を意味する効用を有する。他方、身体的シュタイの肯定は、観念的な主体が未確立な場合には情動に一方的に押し流される危険性をはらむ。酒井は感傷と恋愛を厳密に区別する。そして、個人関係の改変を伴わない集団没入の危険性を次のように戒めている。

感傷的というのは、個人の主体的な在り方や、社会編成との関係を変えずに、集団的に共有されたと想像それた情緒つまり共感においてのみ、問題を解決してしまうからである。つまり社会関係を変えずに情緒において解決するとき、その情緒は「情」ではなく「感傷」となると、とりあえず規定しておく。[*76]

酒井の研究が世に知られていく一九八〇年代は「バブル経済」とアメリカの「ジャパン・バッシン

グ」との共犯関係が問題とされ、強固な国民国家の主体性を前提としてそれを崩さなければならない時期であった。しかし、「この問題意識が一世代を過ぎた現在でもまだ妥当しているかどうかは、私には判らない」と酒井が懸念したように、堅固な主体から流動化した主体に移った現在の状況では、むしろ固定化されないかたちで、しかも同時にいかにして主体化を促すか、抵抗の主体を脱構築しながら形成するところに学問の果たすべき役割がある。

そこではかつての主体のように情動の動きを無視することで、排除された情動に憑依されてしまう状態ではなく、意識が排除されることで、情動的なより広汎な主体の一部に個人が取り込まれてしまう事態が留意されなければならない。主体を取り巻く状況が逆転して、その中心が意識から身体へと動いてしまい、主体が形をなさないようになってしまったのである。

他者への倫理を説く酒井は、「善とは根本的に、万人への応答性、万人への妥当性が所与のものとして考えられるべき理念的な普遍性[*77]」であるとして、現前不能な理念としての万人への応答を、抽象化された謎めいた他者（＝小文字の他者）の存在へ自覚的であることで促そうとする。しかし、現前不能なものを真実として実体化するとき、理念は現実批判の機能を喪失して、自己肯定の我欲に転化してしまう。実定的な「主体化」を実践する大文字の他者に対して、「抗争」を実践する小文字の他者を対置するように、酒井の翻訳論はときに議論が個物としてのシュタイの次元に還元されがちなところに問題があると考えられる。

個物が併置する空間が原初の公共空間だとすれば、結局酒井の想定する公共空間はその意図に反して、「間主観的」なものにとどまり、それを共約する共通項は不在になる。他者とは個物に限定されるとすれば、主体が先験的に他者との関係のなかで生起するものとならないのではないか。他者とは個物だけではなく、享楽を所有する非個人としての存在（シニフィアン）でもある。複数性としての公共空間を支える他者のまなざしがあるとすれば、他者に対する開かれた主体もまた、その成立のためにはまなざしによって捉えられる必要があったのではないか。そもそも他者と出会うというは個物としてではなく、幻想のなかで出会うものではなかったのか。ここで吉本隆明の言うような、自己幻想、対幻想、共同幻想といった重層化する幻想のあり方を思い出す必要があろう。[*78]

ただし、自己幻想から共同幻想が生まれたとする吉本の考え方もまた、いまだ独我論に囚われている。自己幻想から共同幻想までが、むしろ同時に相互規定しながら発生したと構造論的に理解すべきである。なぜならば、人間が一人いるだけでは幻想は発生しづらく、自分を生み落とした母親や育てる環境となる家族との関係のなかで幻想に包まれて、主体は形成されるものだからである。家族の幻想自体がいやおうなしに時代や社会の幻想の刻印を押されると同時に、自己幻想や家族幻想の総和が共同幻想を紡ぎ出すという相互関係にあるのだ。

他者は「私」がまなざすだけでなく、他者にまなざされることで「私」が生起する。他者のまなざしは主体に先行する先験的な他者であり、「受動的」にまなざされることで主体は成立するようになるものなのだ。私によってまなざされる他者は個人としての主体だが、私をまなざす他者は非個人としての謎めいた他者でもある。個人としての他者と謎めいた他者は異なるものでありながらも、実際には両者が部分的に重なり合うがゆえに、現実の個人に対して後に述べるような転移現象が起きて、人間関係が展開していくともいえよう。

この謎めいた他者による主体の成立過程は天皇制のように均質な国民の主体を立ち上げる場合もあれば、被災地の神仏信仰のように異種混淆的な個人の主体を立ち上げる場合もある。他者が主体によって認められる客体だけでなく、むしろ「私」という主体の方が他者という主体の一部だと理解した方が適切なのかもしれない。現実にはアレントやハーバマスが言うような、初めから他から独立した、自己完結した個人として主体が存在しているわけではないのだ。そこに、公共空間が個物の集まりというだけでなく、謎めいた他者に規定された存在として原初的に状況に組み込まれた主体を捉えるために、認識の他者論的転回が必要になる状況がある。

大文字の他者と小文字の他者は表裏一体をなす謎めいた他者であり、ともに主体の成立前提をなす規定要因となる。謎めいた他者のまなざしなしに主体は成り立つことはできないのだ。事実、絶対的他者との距離のとり方を述べる次のくだりにおいて、酒井が言及する「絶対的他者」はラカンの謎めいた他者ときわめて近いものとなっている。

私自身について言えば、私は歴史に対して外部的ではないけれども、私は絶対的他者のなかに歴史に関して絶対的であるポイントを見出す――絶対的他者との合体によってではなく、彼と語るなかで私は他者と出会うのである。歴史は多くの歴史的断絶によって寸断されており、そうした歴史的断絶においてこそ歴史的裁定は下されるのである。歴史的絶対者に近づく時、人は歴史から抜け出してしまうのだ。[*79]

酒井は絶対的他者を例によって自分の外側にある別主体として扱っているが、自らの主体をこの他者の一部に同化させてしまうのか、そこから分離する交渉を行なうのかという問いを立てる点では、ラカンの議論と同じ論法を取る。ただし、本稿の立場からすれば、問われるべきはその二者択一的な選択ではなく、どのように絶対的他者、すなわち大文字の他者から分離と交渉を行ないながら、主体を再確立していくかということになる。

今求められているのはデリダの脱構築を通俗化したポストモダンのように、主体を幻想として一切否定することではない。他者との共存を模索するために、むしろラカンが説くような主体化過程の問題として主体をどのように構築するか、そのあり方を論じるべきなのだ。かつてのような国民にしろ家族にしろ個人にしろ、強固な主体の存在が前提とされていた時期には、主体の幻想性を説くことは確かに一定の効果があった。だが、一九八〇年代にデリダが大きく転回して見せたように、主体の流動化が前提となる現代社会の状況においては、新たな価値規範のもとで他者と共存可能な主体化過程を模索することが急務とされる。

例えば、「日本国民」はフィクションであるというとき、私の主体は脱構築される。しかし、それは主体が全く存在しないということではない。そうした否定的脱構築は、主体が強固に存在する時期にこそ、そうした個人主義や国家主義が強固な主体に対して有効な批判になった。だが、果して「日本」という存在は幻想であると指摘しただけで人々は目覚めることはなかった。

主体は言語のような象徴だけで出来ているのではない。情動という感情的なものからも構成される。その情動を言語化機能と絡ませながらどのように変容させていくことが可能なのだろうか。言語的な指摘だけで主体の幻想が消えてしまうとすれば、身体に刻まれた歴史はあまりにも軽いものなのではないか。主体は吹いて無くなるようなものではない。「日本人」として刻印された近代の歴史を引き受けた時にこそ、そうした主体の歴史性を克服しえるのではないか。

いまや主体が流動化して、何か大きな主体の一部に捉えられている現在、主体をどのように作り出すかが問われる。ミシェル・フーコーが言うように、権力は外から来るだけでなく、自己を構築する力としても作用する。[*80] そのとき主体をどう作るかが問われる。人間が歴史的存在である以上、私という主体は幾重にも構築されている。その謎を解きほぐしつつ、異なるかたちで、「存在とは別の仕方で」[*81]主体は構築されるべきであろう。でなければ死者の声は際限なく憑依して、主体は統合失調症に陥る。

死者論の可能性は、世俗主義において排除された謎めいた他者という、理解不能でありながらも、自らの主体を構築する原因を、今一度主体論の議論の中に取り込むこと、そして父の名による秩序の再建をもたらす過程を明らかにする点にある。主体化の過程自体は、酒井が翻訳で論じるようにプラスにもマイナスにもなりうる両義的なものなのだ。

一方で、他者の声は、すでに成立した主体が「能動的」に聴く対象aすなわち主体化をまぬがれた残滓、それが象徴界の亀裂に見出す余白である。先験的に主体を成立せしめるのか、主体成立後に聴き取るものかで、他者のまなざしと他者の声はその果たす役割が明確に異なる。被災地に出没するという幽霊たちは、私を成り立たせしめる存在ではなく、私たちが切り捨てた存在である。だから、彼らの声はまさしく声なき声として生者の耳から逃れ出るものなのだ。村上春樹はすでに処女作『風の歌を聴け』のなかで、死者の声を聴き取ることの難しさをこう語っている。

死んだ人間について語ることはひどくむずかしいことだが、若くして死んだ女について語ることはもっとむずかしい。死んでしまったことによって、彼女たちは永遠に若いからだ。それに反して生き残った僕たちは一年ごと、一月ごと、一日ごとに齢を取っていく。[*82]

死者とどのような関係性を持つかによって、生者がどのように生きるのか、その生き方やアイデンティティのあり方は決定される。フロイトが無意識という概念に代えてドイツ語で語った「エス」とは何か。日本語で言う「それ」とはいかなる固有名をも名づけがたく、謎めいた存在のままに主語を規定するものである。互盛央は名づけがたいものを、名づけなければならない。沈黙の思考をそれでも聞き取らなければならない。そうしたねじれが近代であると語った。[*83]だとしたら、主体など存在しない。エスは聞こえない。あるいは私はエスである。そう語ったところで、人間は救われはしない。確かに一度はそのフィクション性を暴露されるべきだろう。しかし、それだけでは欲望はなくならない。存在を否定するのではなく、その様態の変容を促すべきものなのだ。

被災地の幽霊譚が示しているように、死者の声を生者が適切に聴き取れないときに、さ迷う幽霊の姿は数を増していく。逆に彼らの声を正しく聴き、生者の主体であり社会にその声を反映するとき、幽霊は成仏していく。この死者の成仏は同時に生き延びてしまった生者の罪悪感を昇華していくことを可能とする。その点で、他者への開かれを説く酒井の議論は、決して個人としての他者に限られることなく、謎めいた他者の存在にまで拡大して理解されるべき可能性をはらんでいる。私たちは「引きこもり」の隘路から、アジアの人々によって助けてもらえるように、自らを開く勇気を持たなければならないのです。もちろん、私たちが変わってゆくことは、同時に他者を変えてゆくことでもあります。私が他者によって助けられることは、同時に他者を助ける可能性を切り開くことでもあるのです。[*84]

そう、生者は死者から正しく声を聴き取り、彼らの声を回復させなければならない。ここに否定的な転移論から肯定的な転移論へ議論を展開する必要が出てくる。ひとたび死者の感情に呑み込まれてしまうならば、それは適切に耳を傾けている状態ではありえなくなる。大文字の他者に同化されて、個人の主体性を喪失した混乱が生じるだけである。事実、酒井は、情動的な次元が主体論において肝要であると考え、文明論的転移を「植民地被支配者特有の健気な願望[*85]」として次のように説明する。

語りの位置としての「西洋」あるいは「日本」そのものが構成されたものであるという自覚がそこには欠けている。地域研究がそれを突き動かしている「西洋」の自己確定の欲望を対象化できないように、「日本人論」は「日本」の自己確定の欲望を対象化できない。したがって、「日本人論」が求めるのは、そこで語っている自分が「日本人」であることを西洋人によって認知してほしい、自己画定を西洋人によって承認されたいという欲望以外にはなくなってしまう。……「日本人論」だけでなく、江藤淳などによって声高に主張された日本人アイデンティティ論そのものが、「文明論的転移」であることが見えてくる。[*86]

そこでは件の米国と日本の植民地的関係が負的な転移として理解されている。そこには個人としての主体形成の欲望が減退しており、何らかの大文字の他者の一部に主体を同化させたい願望が強くみられる。そうした大文字の他者の享楽の玩具として、植民者も被植民者の主体も捕縛された状態にあるといえる。ラカンの定義によれば「享楽[*87]（jouissance）」とは決して完全には実現することの無い快楽（pleasure）のことであり、それゆえ苦痛に満ちた快楽として病的な状態へと主体を引きずり込んでしまう。

転移感情の享楽に陥ったモデルマイノリティ。そうした植民地的欲望を酒井は「おまえも日本人になれる」という声に誘われて、「宗主国民のようになりたい、宗主国民に入れてもらいたいという欲望を持ち続けるような規制が機能しつづけること」だと語っている。[*88] しかし、転移の欲望を有する者はさらに逆転移の現象をも誘発する。そこにみられるのは、真理をもつ者と持たない者のあいだでの一方通行的で、享楽という点では共犯的な宣教師的立場の成立である。

「原住民」と「宣教師」の間には、真理をもつかもたないかという点で、絶対的な落差が存在している。……だから、宣教師的立場にある限り、宣教師は原住民に対して聴く耳を持たない。その代わり、原住民が宣教師に魅せられること、つまり、「片思い」の立場に陥ることをあくまで追求し、この魅惑の作業を成就するためにのみ原住民への関心を払うだろう。……世界の全ての現象のなかに自己賛美の徴候を見ようとする態度をナルシシズムと呼ぶとすれば、宣教師的立場はまさにナルシシスティクである。[*89]

宣教師は原住民という追従者を必要とし、原住民もまた宣教師という真理（＝大文字の他者のまなざし）を必要とする。わたしは日本の人々を救いたいと必死に祈っていた日本滞在中のアメリカ人原理主義者たちを思い出す。彼らは日本人が自分と同じキリスト教に改宗しないかぎり、地獄に陥るから可哀想だという。そして、彼らが改宗することで自分が真理にあることを確信する。実のところ、アメリカでは彼ら原理主義者はマイノリティであり、経済的にも弱い立場に置かれている。それが日本に来るや否や、欧米を体現する者となり、正しき者になれる。だがそれでも、自分たちの閉じた存在だけではその正しさの確信を維持することはできないものである。それを承認してくれる他者の存在がどうしても必要になる。

こうしたマイナスの転移・逆転移関係には情動だけが働いて、そこに秩序を与える象徴機能――安丸良夫のいう「全体性」[*90]を俯瞰するまなざし――が欠如している。そこにはハーバマスの言う理性的な対話とは異なる、感情値を帯びたねじれた言葉、言葉を欠くしぐさなどが混じり合って、発話者自身にとっても極めて予測しにくい公共空間が横たわっている。酒井の説くような脱中心化が困難な「主体なき主体」、アレントが「悪の凡庸さ」[*91]と呼んだような、大文字の他者の一部に簡単に取り込まれてしまう諸主体がこの社会の公共空間を構成している。それが、酒井が「予定調和的な間主観性」

と名づけた、複数性を拒否した国民国家の正体なのである。

身体を脱中心化の中心とした伊藤仁斎の認識は、荻生の思考においてはもはや大きな意味をなさなくなってしまう。身体は、いまや、再中心化の中心とみなされるのであり、荻生にとって身体は何よりもまず感情移入のトポスとなっている。ところでこの感情移入によって一体感が保証されるのであるが、これは基本的に転移の相互作用から成り立っている。荻生の政治思想においては共感とはまずもって転移であり、人間の身体はその統一の場であると私は思う。間身体性による予定調和的な間主観的共同性が実現されるのは、この身体という場においてなのである。*92

先験的なものとして本来的に織り込まれた他者のまなざしとの関係性の中で構築されるのが主体であるならば、肯定的な転移の活用は主体の構築過程に不可欠なものとなる。なぜならばプラスの転移とは、相互依存的な享楽の負的な転移関係から主体が抜け出し、個人としての肯定的な信頼関係を打ち立てるために不可欠な契機だからである。だとすれば、求められることは転移の解消ではなく、マイナスからプラスへの情動の変容である。*93 転移を引き起こすまなざしなしに、主体は成立しない。そこで問われているのは転移の解消ではなく、転移からの目覚め方なのである。それは他者が楽しむ享楽から自己を解放する作業、快楽と苦しみの交じり合う享楽の断念を意味するものとなる。

ただし、それは謎めいた他者に託された万能感を現実の個人に全面的に投影することにはならない。酒井が批判するとおり、現実の世界は調和的で公正だという幻想は、世界を正しく認識するための障壁として解消される必要がある。現実の世界は正義などに貫かれておらず、不正義や暴力の多発する不条理な空間である。それゆえに完全には現前することのない理念としての「倫理」が、現実に批判的に介入するために求められる。

そのためにも、謎めいた他者を具体的な個人に享楽的なかたちで癒着させることなく、個人としての主体を確立させるために、自らを構成するこの他者と交渉していくことが必要となる。幻想としての世界の癒着関係から身を引き剝がし、新しい認識を形づくるために、複数性の世界からそのつど一部分を切り出してはそれを適切に名づけ、信頼に満ちた関係性を構築することが求められるのだ。酒井の議論は時に転移関係の存在そのものを解消しようとする。しかし、転移とは止みがたい情動次元からの他者への先験的な志向性でもある。どのように合理化したとしても、転移感情が完全に消えてなくなることはない。もし消えたとすれば、それは他者へのかかわり自体が消滅することを意味するからだ。この酒井の議論に、他者を完結した個として捉える「間主観的観点」の残滓を読み取ることはあながち的外れではないだろう。

そこで負的な転移関係は模倣を通した主体化の「鏡像段階」と捉え直され、「日本精神分析」[*94]（柄谷行人）のような言語行為を介在させることで、他者のまなざしを契機とする反省を主体形成にもたらすことが可能になる。その点についても酒井はこう語っている。

私の内なる人種主義や性主義によって排除され虐待されている人々の批判や告発によって触発されることのない自己反省などというものは、たかが知れているからである。他者の批判を経ない自己反省は、どう転んでみても、道徳的ナルシシズムを超えることはないだろう。[*95]

他者の存在を契機とする反省は、主体の欲動の「去勢」(＝断念)をもたらす。自分が他者と同一化できない、あるいは他者の期待に全て応えられない能力の限界の認識。その自己万能化の断念がイマジナリーな領域で起きるなかで、意味をもたらすものとしての象徴機能――酒井はそれを「理論」と呼ぶ――が成立する。西洋人になりたい日本人。あるいは日本人に慕われたい西洋人。そうした欲望の断念のなかで、秩序をもたらす象徴機能が動き出す。そこで「混成[*96]」的な主体が他者との関係性のなかで成立する。それは、スピヴァクやバーバが異種混淆的あるいは異質的な主体と呼んだものでもある。

再度確認するならば、そうした断念が行われた主体は個人である場合もあれば、集団であることもある。グラムシのいう「有機的知識人」の歴史的ブロック、石母田正の「英雄時代[*97]」といった表現は、そうした手段的な主体形成における個人の役割を指し示す。ここで言う英雄とは、共同体の構成員たちの欲望の源である謎めいた他者の謂い名でもある。共同体における個人の主体の強度は決して一様ではなく、スピヴァクのサバルタニティ[*98]という関係概念が示すように、決して消滅することのない弱さや悪といった問題を含みながら、不均質な複数性[*99](uneven plurality)を構成する。

では、他者を契機とする反省がもたらす人間関係とは、不均質な個の共同性にどのような変化をもたらすのだろうか。酒井はそれを「社会的抗争」と呼ぶが、グローバル資本主義社会のなかでこの社会関係は一体どのようなものになるのだろうか。そこでは、弱者はどのような存在として生を送り、社会の支配的な主体を構成する人々とどのような関係を作るものとなるのか。しかも、他者という存在が個人にとどまらず、謎めいた他者に支えられた空間だとするならば、その公共性はそうした他者に対する転移関係を含みこんで、どのようなかたちで複数性として成り立つものなのだろうか。

五　不均質な複数性の公共空間

社会的抗争は、筆者の議論も含めて、これまでの酒井論において問われることが少なかった主題である。しかし、主体の翻訳論が他者との共存のあり方を模索する公共性論でもある以上、どのような社会関係が構想されているのかが問われなければ、その議論も画竜点睛を欠くことになる。それは酒井の考える「正義」がどのようなものなのか、それを考える手掛かりとなるだろう。社会の不均質性について酒井は次のように述べる。

〈グローバル〉化に曝された現実の生活では、「一視同仁」が掲げたような「平等な共同性」は絵に描いた餅に過ぎません。……公的世界に生きる私たちにとって、個人主義と競争原理を拒絶することは近代社会から隠遁することを意味するからです。しかし、この殺伐とした現実を、もっぱら近代社会の劣悪さの所為にするわけにはゆかない点は、改めて確認しておきましょう。なぜなら、人が他者から疎外されているのは本来あるべき共同性が剝奪されているからだけではないのです。個々人の孤立は、むしろ、人間の社会性の基本条件だからです。したがって、現実に生きられた社会関係のなかで、……国民共同体の内部と外部をこのように表象することは、空想としてのみ可能です。[*100]

酒井は一対一の主体関係を前提として、「個々人の孤立」状態に基づく「個人主義と競争原理」を近代的人間関係の基本として据えた。個と個とが社会的抗争にある状態は差異化と呼ばれる運動に貫かれている。酒井は社会的抗争を均質性に到達しえない動きとして、田辺元の種の論理を引きながら次のように定義する。

国民と呼ばれ得るような社会は均質的な全体性に到達することは決してありえない。というのは、社会は社会的抗争を必ず内在させているからで、均質な連続性の総体としての社会的全体性が不可能であることと国家の存在は、田辺によれば、同じことなのである。[*101]

差異化の動きは均質化を覆す多様性のある社会をもたらすが、一方で格差を生み出す自由競争の原理ともなる。だとすれば、この社会的抗争の動きからどのようにして普遍性が生まれるのだろうか。酒井にとって「普遍性（universality）」とは、均質化を意味する「一般性／特殊性（the generality/the particularity）」の二分法を脱臼させるものである。自由主義経済の中で競争原理を保ちつつ、搾取にならない差異化の基づく共同性を、どのようにしたら確立することができるのだろうか。しかし、少なくとも社会的抗争がなければ異種混淆的な主体化が促されることがないのは確かである。

この社会抗争が作りだす対立に沿って、共同体が想定され、このように刻印された対立する「種」への帰属の論理が働きはじめるかもしれない。とすれば、どちらの「種」にも属することのない、それまでまったく存在しなかった責務あるいは規則によってしか、この社会的抗争を超えることはできない。これまで与えられることのなかった規則を作り出すことによってしか、この非連続点を連続化することはできないはずである。……ジル・ドゥルーズはこうした単独点（独異点）を超えるものとして、……一般性ではなく普遍性を考えているわけだが、カントに沿って思考を進めている田辺は、……原理の普遍性によってこうした非連続性を連続化する新たな方向を、……「類」と呼び、単独性との関係で「類」を規定しようとする。[*102]

ここで酒井の言う「非連続性の連続化」とは、ポストコロニアル批評家たちの「非共約的なものの共約性」としての公共空間と重なり合う。それは、もはや確認するまでもなく、同質性に陥ることなく、複数性の共同性を模索する試みである。そうした共約性を実現するために、酒井は「平等」という共同性のもつ両義的性格に注目する。

近代の社会闘争の力学の中枢におかれた価値が平等である。私たちは平等の理念を手放すわけにはゆかないのである平等には、しかし、互いに矛盾する二つの面がある。……というのは、一方で人種主義は平等への要求を含んでいると同時に、平等の理念によって人種主義の批判が可能になるからである。[*103]

ひとつは全員を均質化させることで平等を説く社会。共約的なものの非共約性とでも言うべき共同性である。そこでは差異はすべて同一のものから分派したバリエーションに過ぎないと見なされて、「同じである」ことを旨とする共同性」が「制度化された平等」として掲げられる。[*104]もうひとつは非共約的なものの共約性としての民主主義である。それは、「違う」ことをもとにして社会性や共同性を作り出す私たちに内在する能力」に基づき、「理念としての平等」、すなわち現前しない正義としての平等を現実社会に提示する。[*105]

「制度化された平等」は、諸個人をひとつの大文字の他者に呑み込むことで主体を打ち立てる方法である。ナショナリズムがその典型であるが、すべての国民を均質な共同性に回収しきることはありえず、均質な国民主体の外部には彼らを搾取しつつイデオロギー操作する支配層が出現する。「制度化された平等」は差異化運動の否定であるが、社会全体が差異化を完全に否定しきることはできない。そのために、均質な主体によって構成された共同体の外部に格差が追いやられる。均質性は必ず格差を生み出す。それが酒井のいう社会構想、デリダやドゥルーズのいう差異化運動の原則である。

他方、「理念としての平等」は「比較可能性を逸脱する潜在性」を前提とする共約性であり、個々の主体は比較不能な単独性を保持するものと見なされる。[*106]ここで比較不能なものの共存ということであるが、それは差異化運動による競争原理の活性化でもある。「制度化された平等」の場合と逆に、それは社会内部に発生する相違を是認するものでもあるが、その相違を束ねる共約的な場を「理念としての平等」として共同体の只中に打ち立てようとするのだ。「制度化された平等」と「理念としての平等」の関係を酒井が両義的というのは、片方だけを取り出すことはできず、そのつもりでいても常にもう一方が付きまとって離れない状態を指す。本来、フロイトの言う意味での「両義的（ambivalent）」とは、こうした切っても切れない表裏一体の関係のことである。問題はこの両義的な関係に主体が介入することで、その比重を変えていくことなのだ。

酒井の議論では、非共約的な諸主体の単独性が重んじられるため、転移を媒介とする諸主体間の相互規定性あるいは依存的関係は退けられがちである。しかし、ここでいう他者が個人や大文字の他者に限られず、完全な分節化が不可能な小文字の他者を含むことも考慮するならば、主体の単独性もまた謎めいた他者との関係のなかで成り立つことは明らかである。謎めいた他者が分節化しきることのできない差異の根源でもある以上、謎めいた他者にかかわることで主体にもたらされる状態が、天皇制のような同一主体へのもとでの均質化ではないことは確かであろう、

酒井を始めとするポストコロニアル知識人がそうであったように、こうした社会抗争が前面に押し出される社会では各主体はたえず差異化の動きに曝される。それに対する反動として、同質化を望む衝動や享楽に捕らえられる危険性はかえって強まるため、自らを差異化の運動にゆだねながら、そのつどの固定化した意味を紡ぎだす主体の強度を高めるのは容易なことではない。酒井はこうした単独者としての主体の強度が他者への転移を断ち切ることで実現可能になると考えていた節がある。しかし、本稿では転移を介してこそ、他者と深く交差する差異化の運動はよりダイナミックなものとなり、主体の強度もまた高まっていくと考えたのである。

主体が他者の一部であるだけならば、それは没個性的な同質性に終わる。だが、他者の主体の一部として安定した時にこそ、そこから相対的に自立した個としての主体を他者との関係性のなかで重層的に確立することも可能になる。アレントのいう「人間関係の網の目」[*107]とは、彼女が考えたような自己完結した主体を前提とした上での相互関係ではない。むしろ、複数的な起源としての謎めいた他者に支えられてこそ、多様性を備えた諸主体が交渉し合う場として成立可能になるものである。再度確認するならば、起源とは必ずしも均質化された同一の状態ではなく、差異化を無限に生み出す反復運動でもあるのだ。

被災地で注目された傾聴行為は、こうした謎めいた他者の声を聴く行為として、自分と他人を緩やかに、かつ緊密に結びつける。そうした状況のなかで、神仏の像を介した儀礼行為もまた、失われた家族や地域共同体を補うために、謎めいた他者のなかに自分を位置づけなおす行為として各地の被災地で執り行なわれた。そのとき社会的抗争のもたらす競争は、固定された社会・経済的格差に終わることなく、補完し合う差異化運動として意味づけ直される。そのためにも転移現象を使って、無理のないかたちで情動的エネルギーを変容させていく必要がある。東北の被災地では、謎めいた他者への転移感情の投影を宗教者や表現者、あるいは家族や地域の住民が個人の能力の限界を超えないかたちで少しずつ負担し合いながら、様々なかたちの共同体を支え合ってきたのだ。

もし社会がその内部と外部に「余白」[*108]を含むかたちで、現行の秩序を脱構築させつつ維持できるならば、酒井の望むように、不正義を絶えず是正する「理念としての平等」もまた一つの現前不能な働きとして、私たちの社会のなかで批判的機能を発揮していくのではないだろうか。表象不能な存在である死者や神仏こそが、こうした余白をその表象不能性ゆえに共同体の秩序のなかに回帰させていく。そして、共同体を成り立たせる謎めいた他者として、あるいは制度化された秩序から排除された「対象a」[*109]として、非共約的なものの共約性という関係性をもたらすのである。

死者の声やまなざしは、私たち生者がコスモポリタン的な浮遊する主体にとどまりえず、歴史的時間の流れのなかで生み落とされた局地的な主体でもあることを示す。その余白を顕在化させる行為として、宗教や芸術あるいは学問もまた東日本大震災のなかで注目された。しかし、福島原発の周辺地域のように、死者の声さえも途絶える場合がある。その姿を見、声を聴く生者がいなければ、幽霊として現れることはできない。

死者が生者の記憶によって存在可能になるように、生者の共同体もまた死者を想起することで支えられる。[*110]死者との交流が途絶えたとき、人間は孤立し、真の絶望に陥る。原発災害でいまだ人間の住むことの困難な無人の街。ひたすら積み上げられた汚染土壌の黒い袋が果てしなく続く海岸線。人間の声のしない沈黙の世界の只中で、私もまた言葉を発する能力を失う。数羽のかもめだけが空を舞う。しかしだからこそ、ハンセン病患者の苦難に満ちた歴史を辿る在日コリアンの姜信子はその著作『声千年先に届くほどに』のなかで、代理表象行為の責任を次のように力強く語る。

身代わりの私が語るあなたの物語は、今ここに生きる私自身の限りある言葉では語りようがありません。語らぬままでは、私は生きてはいけません。生きている甲斐がありません。語りえないことだからこそ、語られねばならないのです。それはいつかきっと語られる、私を越えた私の言葉で。

そう信じているのです。私はここにいます。私は語ります。[*111]

故郷から離れざるをえなくなっても、それぞれに新たな場所で人間が生き続ける限り、そこに再び希望は灯る。バーバが言うように離散していくことは、新たな場所で集い合うことをも同時に意味する。現実の人間を超え出た死者や神仏の存在に想いを寄せる時、新たな場所で、あるいはかつての場所に再び故郷を見出すことは可能になる。結局のところ、酒井の説く翻訳論とは、新たな「人間関係の網の目」を人間を超え出た存在のもとに紡ぎ出す、共生のための「希望」の技法なのである。それは困難を退けたところにではなく、まさに困難と絶望のさなかにこそ、ひっそりと花咲くものなのである。[*112]

註

＊1　真理のもつ両義性については、ミシェル・フーコー『真理の勇気――コレージュ・ド・フランス講義 1983-1984 年度』（慎改康之訳、筑摩書房、二〇一二年）。

＊2　ヴァルター・ベンヤミン「翻訳者の使命」（『暴力批判論 他十篇』野村修訳、岩波文庫、一九九四年）。

＊3　ホミ・バーバ「散種するネイション――時間、ナラティヴ、そして近代ネイションの余白」（『ナラティヴの権利――戸惑いの生へ向けて』磯前順一／ダニエル・ガリモア訳、みすず書房、二〇〇九年）、酒井直樹『日本思想という問題――翻訳と主体』（岩波書店、一九九七年）。

＊4　ジョン・オースチン『行為と言語』（坂本百大訳、大修館書店、一九七八年）。

＊5　ハンナ・アレント『人間の条件』（志水速雄訳、ちくま学芸文庫、一九九四年）三〇五頁（一部改訳）。

＊6　筆者の酒井論はこれまで下記のかたちで発表されているが、本稿はその批判的展開を試みたものである。磯前順一「外部性とは何か――日本のポストモダン　柄谷行人から酒井直樹へ」（『閾の思考――他者・外部性・故郷』法政大学出版局、二〇一三年）。

＊7　筆者の柄谷評価については、同前。

＊8　酒井直樹『過去の声――一八世紀における言語の地位』（酒井直樹監訳、以文社、二〇〇二年）一七頁。

＊9　ポストコロニアリズムのもつ主体の歴史性への着目については、磯前前掲『閾の思考』。

＊10　酒井直樹『日本／映像／米国――共感の共同体と帝国的国民主義』（青土社、二〇〇七年）三〇五―三〇六頁。

＊11　酒井直樹「レイシズム・スタディーズへの視座」（酒井他『レイシズム・スタディーズ序説』以文社、二〇一二年）六八頁。

＊12　こうした戦後日本社会の評価については、西川長夫『植民地主義の時代を生きて』（平凡社、二〇一三年）、酒井前掲『日本／映像／米国』、磯前順一「戦後日本社会と植民地主義国家」（『竹村民郎著作集完結記念論集』三元社、二〇一五年）など。

＊13　幽霊の声については、下記の文献による。ジャック・デリダ『マルクスの亡霊たち――負債状＝況国家、喪の作業、新しいインターナショナル』（増田一夫訳、藤原書店、二〇〇七年）。筆者の「ざわめき（Disquiet）」という言葉は、Harry Harootunian, *History's Disquiet: Modernity, Cultural Practice, and the Question of Everyday Life* (New York: Columbia University Press, 2000) から着想を得たものである。

＊14　村上春樹『1Q84 BOOK2』（新潮文庫、二〇一二年）三〇八―三〇九頁。

＊15　酒井前掲『日本／映像／米国』二五七頁。

＊16　ジークムント・フロイト「トーテムとタブー」（『フロイト全集』一二巻、須藤訓任・門脇健訳、岩波書店、二〇〇九年）。

＊17　酒井直樹「文庫版の序」（『死産される日本語・日本人』講談社学術文庫、二〇一五年）一六頁。

＊18　バーバ前掲「散種するネイション」九八頁。

＊19　酒井前掲『日本思想という問題』八頁。
＊20　ユルゲン・ハーバマス「公共圏における宗教——宗教的市民と世俗的市民による「理性の公共的使用」のための認知的前提」(鏑木政彦訳、島薗進・磯前順一編『宗教と公共空間——見直される宗教の役割』東京大学出版会、二〇一四年)九八頁。
＊21　酒井前掲『日本／映像／米国』二三四—二三五頁。
＊22　立木康介『露出せよ、と現代文明は言う——「心の闇」の喪失と精神分析』(河出書房新社、二〇一三年)二二九—二三三頁。
＊23　酒井前掲『日本／映像／米国』三〇三頁。
＊24　タラル・アサド『自爆テロ』(苅田真司訳、青土社、二〇〇八年)。
＊25　酒井前掲『日本思想という問題』二六九頁。
＊26　酒井前掲『過去の声』二九五頁。
＊27　酒井前掲『日本思想という問題』四—五頁。
＊28　ラカンの他者論については、ジャック・ラカン『精神病（上・下）』(小出浩之他訳、岩波書店、一九八七年)を参照のこと。
＊29　ジョルジョ・アガンベン『思考の潜勢力——論文と講演』(高桑和巳訳、月曜社、二〇〇九年)。
＊30　バーバ前掲「散種するネイション」七〇頁、酒井前掲『日本思想という問題』四頁。
＊31　酒井直樹「「日本人であること」——多民族国家における国民的主体の構築の問題と田辺元の「種の論理」」(『思想』第八八二号、一九九七年)四〇頁。
＊32　山形孝夫『死者と生者のラスト・サパー——死者を記憶するということ』(河出書房新社、二〇一二年)、安部智海『ことばの向こうがわ——震災の影 仮設の声』(法蔵館、二〇一七年)など。
＊33　酒井直樹『死産される日本語・日本人——「日本」の歴史‐地政的配置』(新曜社、一九九六年)八四頁。
＊34　木越康『ボランティアは親鸞の教えに反するのか——他力理解の相克』(法蔵館、二〇一六年)一三三—一三

四頁。

＊35　ジョルジョ・アガンベン「バートルビー――偶然性について」（『バートルビー――偶然性について』高桑和巳訳、月曜社、二〇〇五年）。

＊36　鈴木岩弓「二・五人称の死」本書収録。

＊37　酒井前掲『死産される日本語・日本人』七五―七六頁。

＊38　酒井前掲『日本思想という問題』一四八―一四九頁。

＊39　酒井前掲「レイシズム・スタディーズへの視座」四〇頁。

＊40　丸山の主体論については、丸山眞男『日本政治思想史研究』（東京大学出版会、一九五二年）。丸山の国民主義批判でその名をはせた酒井であるが、啓蒙主義的な主体論の立場という点では、丸山の理解と近いものがある。

＊41　酒井前掲『過去の声』一五四―一五五頁。

＊42　広瀬浩司『後期フーコー――権力から主体へ』（青土社、二〇一一年）。

＊43　酒井前掲『日本思想という問題』viii頁。

＊44　酒井直樹「日本語版への序」（『過去の声』）二頁。

＊45　磯前順一「複数性の森にこだまする神々の声――天皇・国民・賤民について」（磯前・川村覚文編『他者論的転回――宗教と公共空間』ナカニシヤ出版、二〇一六年）。

＊46　エマニュエル・レヴィナス『全体性と無限』（熊野純彦訳、岩波文庫、二〇〇五年）。

＊47　酒井前掲『日本思想という問題』二八―二九頁。

＊48　Jacques Lacan, “The Mirror Stage as Formative of the *I* Function as Revealed in Psychoanalytic Experience,” in *Ecrits*（*The First Complete Edition in English*）, trans. by Bruce Fink（New York an London: W. W. Norton & Company, 2006, originally in French 1966）.

＊49　酒井前掲『過去の声』一五五―一五六頁。

＊50　酒井前掲「レイシズム・スタディーズへの視座」六八頁。

＊51　酒井前掲「「日本人であること」」七頁。
＊52　酒井前掲「「日本人であること」」六―七頁。
＊53　テオドール・W・アドルノ『本来性という隠語――ドイツ的なイデオロギーについて』（笠原賢介訳、未来社、一九九二年）。
＊54　アントニオ・グラムシ「獄中ノート」（デイヴィド・フォーガチ編『グラムシ・リーダー』（東京グラムシ研究会訳、御茶の水書房、一九九五年）四三四―四三五頁。
＊55　Homi Bhabha, "Speaking of Postcoloniality, in the Continuis Present: A Conversation," in David Goldberg, Ato Quayson, eds., *Relocating Postcolonialism* (London: Blackwell, 2002), pp. 17.
＊56　ジョルジョ・アガンベン『人権の彼方に――政治哲学ノート』（高桑和巳訳、以文社、二〇〇〇年。原著一九九六年）、ミシェル・フーコー『社会は防衛しなければならない――コレージュ・ド・フランス講義1975-1976年度』（石田英敬・小野正嗣訳、筑摩書房、二〇〇七年）。
＊57　Benita Parry, "Signs of Our Time," in *Postcolonial Studies: A Materialist Critique* (London and New York: Routledge, 2004), p. 65.
＊58　ガヤトリ・チャクラヴォルティ・スピヴァク『スピヴァク　みずからを語る――家・サバルタン・知識人』（大池真知子訳、岩波書店、二〇〇八年）八三頁。
＊59　磯前順一『喪失とノスタルジア――近代日本の余白へ』（みすず書房、二〇〇七年）一五―一六頁。
＊60　Harry Harootunian, "Outwitted by History: Modernization, Postcoloniality and the Romancing of Culture," unpublished, pp. 12-13. フレドリック・ジェイムスン『カルチュラル・ターン』（合庭惇他訳、作品社、二〇〇六年）九三―九七頁。
＊61　ジャック・デリダ『根源の彼方に――グラマトロジーについて』上下（足立和浩訳、現代思潮新社、一九七二・一九七四年）。
＊62　ベネディクト・アンダーソン『増補　想像の共同体――ナショナリズムの起源と流行』（白石さや他訳、NT

T出版、一九九七年）二三頁。
＊63 酒井前掲『日本思想という問題』一四頁・三〇五頁等。
＊64 柄谷行人「不可知の〝階級〟と『ブリューメル一八日』――単独者としての共産主義者」（『マルクスを読む』情況出版、一九九九年）五四頁。
＊65 ユルゲン・ハーバマス『第二版 公共性の構造転換――市民的カテゴリーについての探究』（細谷貞雄・山田正行訳、未来社、一九九四年）。
＊66 川崎修『アレント――公共性の復権』（講談社、一九九八年）二八〇―二八一頁。
＊67 坪井秀人「死者論言説と戦後八十年」（『日本文学』第六五巻八号、二〇一六年）。
＊68 「特集「戦後」の超克――西川長夫への応答」（『思想』第一〇九五号、岩波書店、二〇一五年）。
＊69 リベラル民主主義批判については、Talal Asad, "Trying to Understand French Secularism," in Hent de Vries and Lawrence Sullivan eds., *Political Theologies: Public Religions in a Post-Secular World* (New York: Fordham University Press, 2006).
＊70 酒井前掲「レイシズム・スタディーズへの視座」三二頁。
＊71 同前、三一―三二頁。
＊72 酒井前掲『日本／映像／米国』二四〇頁。
＊73 酒井前掲『過去の声』二一頁。
＊74 酒井前掲『日本思想という問題』二七頁。
＊75 酒井前掲『日本／映像／米国』二六四頁。
＊76 酒井前掲『日本／映像／米国』一〇六―一〇七頁。
＊77 酒井前掲『過去の声』五〇六頁。
＊78 吉本隆明『改訂新版 共同幻想論』（角川文庫、一九八二年）。
＊79 酒井前掲『日本思想という問題』三二五頁。

＊80　ミシェル・フーコー「真理と権力」（北山晴一訳『ミシェル・フーコー思考集成Ⅵ』筑摩書房、二〇〇〇年）。
＊81　エマニュエル・レヴィナス『存在の彼方へ』（合田正人訳、講談社学術文庫、一九九九年）。
＊82　村上春樹『風の歌を聴け』（講談社文庫、二〇〇四年）一〇〇頁。
＊83　互盛央『エスの系譜――沈黙の西洋思想史』（講談社、二〇一〇年）五七頁。
＊84　酒井直樹「パックス・アメリカーナの終焉とひきこもり国民主義」（『思想』第一〇九五号）五三頁。
＊85　酒井前掲「レイシズム・スタディーズへの視座」六六頁。
＊86　同前、六五―六六頁。
＊87　Bruce Fink, *The Lacanian Subject: Between Language and Jouissance* (Princeton: Princeton University Press, 1995).
＊88　酒井前掲「「日本人であること」」三九―四〇頁。
＊89　酒井前掲『日本／映像／米国』一五三―一五五頁。
＊90　磯前順一「思想を紡ぎ出す声――はざまに立つ歴史家　安丸良夫」（前掲『閾の思考』）八五―八七頁。
＊91　ハンナ・アレント『イェルサレムのアイヒマン――悪の陳腐さについての報告』（大久保和郎訳、みすず書房、一九六九年）二二一頁。
＊92　酒井前掲『過去の声』三五四―三五五頁。
＊93　ジャック・ラカン『転移（上・下）』（小出浩之他訳、岩波書店、二〇一五年）。
＊94　柄谷行人『日本精神分析』（文芸春秋、二〇〇二年）。
＊95　酒井前掲『死産される日本語・日本人』vii頁。
＊96　酒井前掲『日本思想という問題』八頁。
＊97　石母田正「古代貴族の英雄時代――古事記の一考察」（『石母田正著作集』第一〇巻、岩波書店、一九八九年）。
＊98　ガヤトリ・チャクラヴォルティ・スピヴァク「サバルタン・トーク」（『現代思想』第二七巻八号、一九九九年）八一頁。

＊99　アントニオ・グラムシに遡る概念「不均質さ（uneveness）」については、次の著作でハリー・ハルトゥーニアンが闡明している。Harry Harootunian, *Marx after Marx: History and Time in the Expansion of Capitalism* (New York: Columbia University Press, 2015).
＊100　酒井前掲「パックス・アメリカーナの終焉とひきこもり国民主義」五二頁。
＊101　酒井前掲「「日本人であること」」二四―二五頁。
＊102　同前、二三頁。
＊103　酒井前掲「レイシズム・スタディーズへの視座」三四頁。
＊104　同前、四〇頁。
＊105　同前。
＊106　同前、三四頁。
＊107　アレント前掲『人間の条件』三〇七―三〇八頁。
＊108　デリダの唱えた概念「余白」については、磯前順一「いかにして近世日本を研究するか――近代の「想像／想像」論を超えて」（ピーター・ノスコ他編『江戸のなかの日本　日本のなかの江戸――価値観・アイデンティティ・平等の視点から』柏書房、二〇一六年）。
＊109　ジャック・ラカン「対象aの五つの形」（『不安』下、小出浩之他訳、岩波書店、二〇一七年）。
＊110　佐藤弘夫『死者の花嫁――葬送と追想の列島史』（幻戯書房、二〇一五年）。
＊111　姜信子『声　千年先に届くほどに』（ぷねうま舎、二〇一五年）二一三頁。
＊112　酒井直樹『希望と憲法――日本憲法の発話主体と応答』（以文社、二〇〇九年）、磯前順一／ガヤトリ・チャクラヴォルティ・スピヴァク「か弱くも確かな信念、そしてひそやかな祈り」（『現代思想』第三九巻八号、二〇一一年）、金哲『抵抗と絶望――植民地朝鮮の記憶を問う』（田島哲夫訳、大月書店、二〇一五年）。

❖「彼らが幸せでいられるなら」
――声・権利・責任――

寺戸　淳子

ラルシュ共同体で行われた，天寿を全うしたメンバーのお別れ会（2013年９月）

本稿のタイトルは、〈ラルシュ〉という、知的な障害がある人とアシスタントが共に暮らす共同体運動で、長年スタッフとして働いてきたフランス人男性の発言の一部である。「なぜラルシュでの人生を選択したのか」をめぐる会話の中で、彼は「知的な障害のある人たちが幸せでいられるなら、自分も幸せでいられると思った」と語った。

ラルシュ共同体運動は、一九六四年にジャン・ヴァニエというカナダ出身の男性が、キリスト教カトリックの精神に基づいてパリ北東のトローリー・ブルイユという小さな村で始めたもので、現在は世界三七カ国に一四九の共同体と一四の新共同体プロジェクトを数える国際ネットワークを形成している（日本にも静岡に共同体があり、新しいプロジェクトも進行中である）。そのヴァニエに対し、精神分析医で哲学者のジュリア・クリステヴァは、二人の共著（往復書簡）の初めの部分で次のように問いかけている。「どうやって、あなたの〝友だち〟の友だちを、見つけ、募り、鍛え、忠実な友にしたのですか?」[*1]。クリステヴァには障害のある息子がおり、自分にとって「障害のある人と生きる」のは選んだことではなく「課せられた」ことだと述べている。その彼女の実感として、縁もゆかりもない「無関係な人」が知的な障害をもつ人たちとともに生きる選択をするのは、理由のわからない不自然な振る舞いに思えるということを、この問いは示している。これに対してヴァニエは次のように応える。「ラルシュがまだ存在できている秘密? それは「喜び」です」[*2]。喜びは「いつも闘いの中から湧き出します。闘いが激しいほど、喜びも大きい……喜びは祝祭（célébrations）によっても、もたらされます……お祝いすること、誕生日を、ラルシュにやって来たこととラルシュを去ることを、ラルシュでの暮らしの十・二十・三十周年を、死を（それさえも）、そしてもちろん、クリスマスと復活祭を」[*3]。

実はこの往復書簡の中でクリステヴァは繰り返し、知的な障害がある人たちの存在は「健常者」の心に死の恐怖をかき立てると述べている。「障害は私たちを肉体的・精神的な死、私たちの内部で働く死性に向き合わせ[*4]」、「障害を前にすると、健常な人たちは生者の限界、欠陥への恐れ、要するに、肉体的・精神的な死の脅威にさらされるのです[*5]」。彼女はこれらを他人事としては語っていない。「障害という状況にある者の母として、私は死性に背を向けないように努めてきました。わたしはそれを共有し、生き、そのような者である限りにおいて、傷つきやすさと共にあることができる[*6]」のであり、「私たち自身の死性との共存が……他者の傷つきやすさに出会うための必須条件に思われます[*7]」。クリステヴァは、生命に抜きがたく備わっている「死性(la mortalité＝死すべき定め)」と「出会う」とは、「死性を「受け入れる」ということではなく……死性という抗しえない存在を、〝喜び〟の武具の一つにまで「組み込む」こと[*8]」だと書く。「人類を神の高みに置くという野望を持ったヒューマニズムは、人間に本質的な傷つきやすさを検閲し排除することで築かれた[*9]」というクリステヴァは、この往復書簡の出版後、フランスを代表する日刊紙『ル・モンド』のインタビューで「ヒューマニズムは死性と共に生きる術を知らない(L'humanisme ne sait pas accompagner la mortalité.)[*10]」と述べている。ヴァニエもまた、私たちの社会では「人間は強く有能でなければならない……何でも弱いものはすべて片隅に追いやってしまうのです。こういったことすべての背後には、死への恐れがあります[*11]」と述べている。

知的な障害がある人たちと共に生きることと、社会における死や死者のあり方を安易に並べることには問題があると承知したうえでなお、クリステヴァとヴァニエがともに、知的な障害がある人たちと共に生きることの難しさを、死を否定し排除することと関連づけ、それを繰り返し述べていることから、二〇一七年の日本に生きる私たちにとって、ラルシュにおける死と祝祭と幸せを考えることには意味があると思い、この主題を取り上げる。以下、第二節でラルシュについて紹介し、ヴァニエが「祝祭」といっているものの理解のために、第三節で伝統的な共同体祭儀についての通過儀礼論を概観する。次に第四節で、祭儀の中でも死と死者に関わる実践が十九世紀以降のフランスでいかに変化したかについてのギヨーム・クシェ著『煉獄の黄昏』を参照し、最後にそれらをふまえて、日本も含めた近代社会における死や死者との関係の、さまざまな形があり得る中でのひとつの姿、そして死（者）を祝うことの意味を、「声」「権利」「責任」をキーワードに考える。

一　〈ラルシュ〉共同体運動

ラルシュの創設者ジャン・ヴァニエは敬虔なカトリックの家庭で成長した。第二次世界大戦が勃発すると、十三歳だったにもかかわらず平和に貢献したいとイギリスの海軍士官学校に入学し、戦後はカナダ海軍士官となった。だが平和に仕える道は他にあるという思いを抱いて二十歳で除隊、司祭を目指したが断念し、パリ・カトリック学院で神学と哲学を修め、『アリストテレス倫理学の根幹としての幸福観』で博士号を取得した。平和と幸福が彼の人生の一貫したテーマだということがわかる。その後トロント大学で哲学を教えていたが、生涯の師であったフランス人ドミニコ会士が知的な障害がある人々の施設に関わるようになったのをきっかけに、そこでの暮らしぶりを知り、彼らに家庭を提供したいという思いに突き動かされて、一九六四年に設備も何も整っていない一軒家で二人の男性と慎ましい共同生活を始めた。一九六九年にトロントにも共同体が設立され、その後、世界中に展開する共同体運動となった。

一つの共同体は数軒のホームからなり、一軒に四〜五人のメンバー（知的な障害がある人たち）とほぼ同数のアシスタントで共同生活をおくる。現在アシスタントの多くはボランティアで、なかでも高校卒業と大学入学の間の「ギャップ・イヤー」制度を使った欧米からの若者が、世界各地のラルシュで一〜二年間滞在する例が多い。そのまま常勤スタッフになる人もいるが、最近ではそのスタッフも長くとどまるケースが減ってきているという。一九六〇〜七〇年代には、ラルシュで暮らすことは、生涯独身のまま知的な障害がある人たちと家庭を作るという召命のような意味を持っていたが、現在は社会福祉施設としての性格が強まっていると感じている創設世代のスタッフもいる。その暮らしは、国、地域、そして共同体の中でもホームによって異なるが、ここでは筆者が滞在した欧米のホームでの経験に基づいてその生活を描写する。なお現在のラルシュは宗教宗派を問わない活動になっており、またヴァニエの著書を一冊も読んでいないアシスタントもいる。

ラルシュのホームでの一日は、「家庭」のそれにほかならない。担当するメンバーがどのような支援を必要とするかにもよるが、午前中はメンバーの身支度、朝食とお弁当の準備、連絡ノートにメンバーの前日からの様子を書いて各自の活動に送り出したのち、掃除・洗濯・買い物などの家事を行う。正午から夕方までは休憩時間で、メンバーが戻ってくると、夕食当番以外は各メンバーに必要な介助をしたのち、思い思いに一緒に過ごす。夕食は、ホームによってやり方はさまざまだが食前食後に祈り、曜日によって決まったお客様（他のホームのメンバーやアシスタント、ホームを定期的に訪れる「友人」など）を迎え、必ず全員一緒に食べる。ラルシュでは食卓を囲むことがもっとも大切にされている。みなで後片付けをし、サロンで歓談（最近はテレビや映像ソフトの鑑賞が多い）、就寝の身支度、日誌に一日の様子を記入した後、九時頃には各自部屋に引き上げる。週末は買い物や外食などが企画され、日曜日は希望者が各自の宗教宗派の施設に出かけたり、外泊したりする。ラルシュではかつては家庭での暮らしが理想として掲げられ、就労時間の概念に馴染まなかったが、現在では行政の指導の下に法令で定められた就労時間（休日）規定の遵守が義務づけられ、それに基づくシフトが組まれている。

ラルシュでの暮らしは、この日々の小さな取るに足らないルーティンワークで過ぎていく。目立った出来事といえば解決すべきトラブル（おもに人間関係）くらいで、それもまたルーティンのようなめごとから込み入ったものまで事欠かない。そしてそれは、メンバーとアシスタントの別なく、「自分の弱さ」がすべての人の前でむき出しになる場面である。ヴァニエも繰り返し述べているが、ラルシュは「私の弱さ」を突きつけられる場所であり、善いことをしようという立派な心がけでやってきたアシスタントはそのことに戸惑い、傷つき、怒りや暴力的な衝動に苦しむことになる。共同体での暮らしは思い描いていたような美しいものではなく、メンバーもアシスタントも互いの弱さやネガティブな衝動から目を背けることはできない。その衝突の一つ一つを乗り越えない限り生活は成り立たず、日々の小さな営みは、ネガティブな衝動に巻き込まれている人といない人が一緒に目を背けず、心を配り合い、手間をかけ、メンテナンスを怠らないという努力と全員の関与があってはじめて、守られ続いていくのである。

他方で、ラルシュ存続の秘密だとヴァニエが言っていた「喜び」もまた、その同じ人間関係によってもたらされる。彼は、誰彼の弱さがあらわになったとき、一人一人の多様性が受け止められている共同体では、その弱さが他者によって応えられ受け止められ手当てされて、喜びと和解に至るという。それは次のようなプロセスを指す。「ハンディを持つ人は、しばしば自己中心的になりやすいものです。彼らを閉じ込めるあらゆるものと闘わなければなりませんし、他者に自分自身を開くよう、恐れの心や、失意や死といった感情から解放されるよう手伝わなければなりません」[*12]。だがそれはメンバーに限ったことではなく、「私たちは誰でも傷つきやすく……自分なりのハンディを持っています……弱さを認めることができれば、助けを求め……一緒に働くことができる」[*13]、すなわち「弱い人は愛に渇き、愛が必要だと叫んで、「親しくひとつになる交わり」へとうながしてくれる」[*14]という。こうして弱さは人々を衝突させると同時に、共に生きる喜びに向かわせてくれるというのである。ヴァニエは、自分に対して知的な障害のある人たちが、弱さゆえに他者を信頼して生きる姿を見せ、心を開いて生きるとはどのようなことかを教え導いてくれたと、繰り返し述べている。

ヴァニエは、数えきれない小さなことのために時間を費やすことから喜びが生まれるというが[*15]、その日常が、現代社会に生き刺激を求める私たちには「あまりにも小さく、意味がないものとなってしまい」、人々は「日常の平凡さとか倦怠の中に死ぬのが怖い」ようにみえるとも述べる[*16]。このようにヴァニエはかつては象徴的な死をおもに語っていたが、九十代となったここ数年は肉体の死について語ることが増え、二〇一〇年に開かれたシンポジウムでは次のように述べている。知的な障害がある人たちが「どうやって愛と互いへの配慮のうちにとどまるか、どうやって生きることを祝い、また死ぬことを祝うか、死について語り、死にゆく人に寄り添うかを、教えてくれました。死は生命の一部です[17]」。「私たちは生んでほしいと頼んだわけではありません。いつどのように死ぬのか知りません。私たちは生命を所有してはいません。授かったのです。このどうしようもなさ（helplessness）が、私をいっそう、神と共同体の兄弟姉妹へと向かわせてくれ」、「失うことと、このどうしようもなさを受け入れない限り、私たちの社会と世界に平和が訪れることはない[18]」ことに気づかせてくれたという。このシンポジウムに参加していた現代アメリカを代表する神学者のハワーワスも、次のように述べている。啓蒙思想によって私たちは苦しみとの闘いにのりだし、社会をよりよくすることができたが、同時に苦しみを受け入れる力を失ってしまった。ヒューマニズムには、「なくせない苦しみ」を生きている人たちに対する暴力、治らない人々を排除しなければならないという考えが潜んでいる[19]。またヴァニエは前述のクリステヴァとの往復書簡で次のように述べている。喜びと死別は、人生における「出会い」の両面をなしているのに、現代社会では生者と旅だった者との間に幕が引かれていて、出会いのこの二面を十分に生きられなくなっている[20]。それを生きるために、生命を祝う場を作る必要があるのである[21]。この発言を理解するために、次に伝統社会における共同体祭儀についての議論を参照する。

二　通過儀礼

祭儀の社会的機能についての古典的な議論に、フランスの民俗学者アルノルト・ファン・ヘネップの通過儀礼論がある。[22] それによれば、伝統的共同体に生きていた人々の世界観は、「部屋と廊下からなる家」のようなものとしてイメージできる。そこでは社会の成員は、あるステイタス（社会的位置・立場・身分）から別のステイタスへ、常に「身の置き所」を変えなければならず、その移動を正しく安全に実行するために行われるのが「分離（今までの部屋からの退出）／過渡（廊下を移動）／再統合（新しい部屋に転入）」という三つの局面からなる「通過儀礼」だという。ファン・ヘネップは、人間だけでなく、季節の移り変わり、人間社会の定期的な刷新なども、「以前」のステイタスから「以後」のステイタスへの移行として捉えられていたと説明している。通過儀礼論の意義は、伝統社会で異なる機会に行われてきたさまざまな祭儀には「以前」から「以後」への「通過」という共通の目的がある、と指摘したことだけでなく、世界の正しい姿（家の構造）は決して変化せず、そこで起こるのは「部屋の住人の定期的な正しい移動」（人間社会を含めた世界全体を構成するすべての成員を、その時々にふさわしい定位置に正しく位置づけ直す）というコントロールされたあるべき変化だけであるという世界観、「世界全体に対する定位置感覚」を示した点にある。この世界観の下では、「死」は社会の成員が生者の部屋を出て死者の部屋へと移動することであり、部屋（の住人、すなわち生者と死者）同士の関係は「家」のルールに従って明確に定められていて、そこに迷いや不安はなかったと考えられる。

　現在、事典の記述などを見ると、通過儀礼論は、成人式、結婚式、葬式など、人の成長の節目に行われる人生儀礼を中心に語られ、「個人のライフ・サイクル論」に還元される傾向がある。だがファン・ヘネップが比較分析した祭儀は、「共同体＝私たち」を主な関心対象とする共同体祭儀であり、そこには、いま共にある成員によって共同体を作ることに加えて、共同体内での世代交代（メンバーの円滑な交代による共同体の継承）を保証するという重要な機能があった。担い手が代わっても変わらず行われ続けるのが共同体の祭儀であり、そのためには上の世代から下の世代へと祭儀がしっかり受け継がれていかなければならない。そのような、祭儀を託し託されるという信頼関係が、共同体をいま・ここに在らしめてきたというのである。

これに対して、個人のライフ・サイクル論としてとらえられた通過儀礼は、おもに家族という私的で親密な範囲を担い手とし、さらに現在は自己プロデュース化が進んで「人生のイベント」という表現がふさわしくなっている。葬儀さえ、エンディング・ノートの作成や生前葬など、自己決定が良いこととされる傾向がある。唯一、生誕だけは自己プロデュースできないように見えるが、これは生まれてくる赤ん坊ではなく親の立場から見れば、バース・コントロールという形での自己プロデュースと考えられる。近代化とは、共同体の担い手としてのメンバーの円滑な交代への関心が低下し、一人一人に自己裁量権という形で選択（居場所）の自由が与えられ、共同体の一員という定位置に付随する義務と責任から解放される過程と捉えられる。

このような生者の生存状況の変化は、死者の「在り方」と、生者と死者の関係にも、当然変化をもたらす。次にそのような変化を、フランスを例に見ていく。

三　煉獄の盛衰

「煉獄」は西欧キリスト教社会で中世に一般化した観念で、死後すぐには天国へいけない死者の魂が、罪の状態を浄める罰を受けるために一定期間留め置かれ業火に苦しめられる場所とされる[*23](地獄とは異なり、煉獄の魂はいずれは天国にいくことができる)。煉獄での拘留期間は年月で換算され、天上の「勝利の教会」(天国で神のそばにいることをすでに許された諸聖人)、地上の「闘う教会」(存命の信徒)、煉獄の「苦しむ教会」(罪を償うための罰によって苦しんでいる死者)の間に「取りなしの祈り」が交わされる(地上の教会の信徒が、祈りやミサなどの実践によって得られた神の恩恵を、煉獄の魂の救いのために譲る)ことで、その期間を短縮することができるという観念がのちに生まれた。

この煉獄が突如、近代化が進行し通過儀礼が社会的機能を失っていった十九世紀後半から二十世紀初頭にかけてのフランスで、信者たちの関心と実践の中心となり、煉獄の魂の救いのために祈ることを目的とした「信心会」の一大ブームが起きた。会員は会費を納め、会員証と会報誌を受け取り、自分の行った宗教実践に対してよりよい恩恵を得られるなど、さまざまな特典を得た。入会の最大の動機は、取りなしの信心業を通して煉獄の魂の救いのために恩恵を得ることであり、「神への負債」(犯した罪に対する罰の支払い)の観念に突き動かされて、ポイントを貯めるように「贖宥(信心業によって得られる恩恵)」が貯められた[*24]。このとき、どのような実践をすればどれくらいの贖宥が得られるかは、各信心会の個別の要請に応えて「その信心会のみに与えられた特典」という形で、教皇庁によって認可されていた。だが小さな信心会ではそのような特典を個別に得ることは難しく、そのため、有名で大規模な信心会と一種の姉妹提携を結ぶことによって、その信心会と同じ贖宥の特典に与ることができるようになる道を選択することが多かった。ここから、小さな信心会が大信心会によって束ねられ、煉獄の魂の救いを祈る人々の一大ネットワークが形成されていった。その形成と衰退にみられる「生者／死者」の関係の特徴として、クシェは次の四点をあげている。

第一に、伝統的共同体に代わる「私たち」の出現。信心会のネットワークは、それ以前の伝統的な教区（地域）共同体という枠組みを超える「会員」という「私たち」を生むと同時に、生者と死者の関係も、ローカルな地域共同体を越えて広がっていった。煉獄の魂の救いのためにミサが捧げられる場所も、教区教会（地元の共同体の中心的教会）ではなく、信心会や修道院の付属聖堂など、より多くの贖宥が効率よく得られる場所に人気が集まり、ミサの依頼が殺到したという。[*25] クシェはこの背景に、伝統的な共同体の解体によって、共同体（祭儀の担い手）の継承に対する安心感と信頼が失われた結果生じた、「私が死んだら誰が祈ってくれるだろう」という恐怖（伝統的な村落では、葬儀では村人が葬列に参加し、全員で墓地まで行って祈りを捧げた）があると考え、信心会の存在が、縁者のいない単身者（特に女性）の不安を和らげたと考えている。[*26] 信心会の会員は自分の名前が会報に間違いなく掲載されることに非常にこだわったというが、それは自分が祈りの共同体の一員であるかどうかを確認する必要があったことを意味しているだろう。煉獄の魂の救いを祈る信心会が、カトリックの伝統が維持されている（共同体が存続している）地域では流行しなかったという事実も、この動機を裏付けていると考えられる。[*27]

第二に、煉獄の魂の「寄る辺ない立場」。煉獄の魂は自力ではそこから早期に脱出できず、他者の厚意にすがるしかないとされていたが、このとき会員は、近親者や身内ではなく「煉獄の魂一般」、特に「最もうち捨てられた者の魂」のために祈るべきだとされた。[*28] クシェはこのような見捨てられた魂への関心を、「存命中だけでなく死後にも不平等があってはならない」という十九世紀的な「民主的要求」に結びつけ、[29] 恵まれない生者への支援と同じ感覚・関心で恵まれない死者を支援する、「共感・連帯・互助の精神の、死後の世界への拡張」と見なしている。実際、病人の家庭を訪れ介護をしていた修道女や女性たちが、重大で苦しみに満ちた煉獄の魂の叫びを生者に届ける使命も引き受けていたという。[30] これは、世代交代への関心と責任が失われ、上の世代と下の世代の間にあった「配慮するべき関係」が解体した結果と考えられる。

その共同体解体のもう一方の結果と考えられるのが、第三の、「家族」という単位の重要性の増大である。[31] クシェは、一八六三年にイエズス会士が書いた「天国での家族の再会」をテーマにした本が大ベストセラーになったことを引き合いに、死後の運命について、「神との出会い」よりも「家族との再会」の方が重要になったかのようであると述べている。[32] もちろん伝統社会でも家族は大切な単位であり、元旦に死者に贈り物をするという、家族と祖先を結びつける習慣もあった。だがこれは二十世紀に廃れたというように、[33] 家族における死（者）への関心にも変化がみられる。そこで注目されるのは、不信心な男たち（夫、息子、父）に対する女たち（妻、母、娘）の憂慮で、彼らの死後の悲惨な境遇（煉獄での苦しみ）を心配する手紙が信心会に数多く寄せられていた。「生者／死者」の関係においては、いまや女性が責任者となり、男性は共同体祭儀の担い手としての役割が後退するとともに、「死者」との関わりにおいて、家族の中で配慮する側ではなく配慮の対象となったかのようである。[34]

そして第四に、煉獄の衰退期が、国家的追悼の発生期と重なること。煉獄の魂のための信心会の会員数とその実践は二十世紀初頭にピークを迎え、その後急速に衰えていった。クシェはその理由として第一次世界大戦の衝撃をあげ、戦死者の国家的追悼の定着がその一因であろうと推察している。[35] と同時に、戦場で祖国と愛する人々のためにあれほどの犠牲を払った兵士たちが死後煉獄でさらに苦しむはずがない、彼らはすでに天国にいるはずであるという確信の前で、債権者（国家の英雄）を債務者（神に対する罪人）とは到底思えず、[36] キリスト教の贖罪観念が通用しなくなったためであろうとも考えている（筆者にはこれは、贖罪という「神との和解」以上に、「祖国との和解」の方が必要・急務だったことを意味しているように見える）。他方でクシェは、この大戦がもたらした新たな死別の経験として、兵士たちがどのような最期を迎えたのかがわからないばかりか、遺体が帰ってこない者も多かったことによる、「残された家族の苦しみ」を指摘する。[37] このとき、最期の様子を知りたいという家族の願いに応えたのは従軍司祭の証言であった。だがそこで求められたのは「実際に起きたこと」ではなく、「祝福に満ちた穏やかで正しい（キリスト教の祭儀に則った、すなわち赦しの秘跡に与った）死」だったという保証であった。それは、死者の死後の幸せを確信するために必要な保証であったと考えられ、そこには煉獄の魂への配慮と同じ関心が認められる。クシェは、二つの世界大戦の戦間期は、「死」に関する心性が、伝統的なそれから近代のそれへと移行する中間に当たると考えている。いままさに祖国のために犠牲の死を遂げ続けている兵士たちの存在が、煉獄の魂への関心を一掃したというクシェの指摘は、「死者」という存在ではなく「死別」という親密な体験が社会を覆ったことを意味しているように思われる。

このように煉獄の隆盛は、伝統的な共同体が解体し近代化が進行する中での、生者と死者の関係の再編と考えることができる。これに関連して興味深いのが、十九世紀に使われるようになった“au-delà”という言葉である。「向こう側、彼方、先」を意味するこの言葉には、その「どこか」についての明確な観念、定位置感覚はない。カトリック教会はこの表現を、死後世界に関する教理に反するもの（天国と地獄のリアリティがなくなっていく）として初めは忌避したが、後には受け入れた。クシェは、十九世紀の人々は死者と別れたくないという思いが強く、死者に、煉獄というつながりを持ち続けることができる場所にいてほしいと願ったのではないかと述べているが、[*38]それは、死者の逝く先のこの不定性に関わっていると思われる。そしてそれは、死者の「居場所」よりも生者との「つながり」が重要になる過程、死者との個人的で親密な関係の継続への願いの強まり、つながりの死後への延長、という過程であったと推察される。

次に、フランス社会がこのような心性の変化、共同体祭儀としての死者供養から親しい関係者による追悼へという転換を経験した後での、ラルシュ「共同体」と創設者ヴァニエのメッセージの意義を考える。

四　黙する声とともに生きる

イギリスのラルシュ共同体で二十年近くアシスタントをしてきたヒラリー・ウィルソンが、そこでの生活を綴った小著の中で、死と別れについてのさまざまなエピソードを語っている。[*39]障害があるからと、肉親の葬儀に参列できなかったメンバーが、ラルシュではお別れができて喜んだこと。あるメンバーが復活祭の夜、自分と友人たちのなくなった母親を想って語った、「その人たちのために祈った、天国で幸せでありますようにって……どうして死が重要なのかわからないけど、でもそうなんだ」という言葉。ウィルソンはこれを受けて、「私たちは皆、同じ問いとともに生きている……なぜなのかという気持ちと謎――それが美しいものでも辛いものでも――を受け入れる力、それは私たちをより深いところへ導いてくれる」と書き、「謎を受け入れる力は、人生の意味を見いだす確かな道」というテレーズ・ヴァニエ（ジャン・ヴァニエの姉）の言葉を引いている。[*40]「受け取る」と題した章では、メンバーの一人が高齢になって弱り、友人たちに見守られながら亡くなっていった様子が語られる。その出来事を振り返ってあるアシスタントは、「彼は自分の死にゆく姿によって、私たちに信じられない贈り物をくれました。死に対する私たち自身の不安に向き合わせてくれて、よく死ぬとはどういうことかを見せてくれました」と述べる。そこには苦しみ、悲しみ、亡くなった人への感謝、共に生きられた幸せが、同居している。彼の葬儀では教会がいっぱいになり、その生と死を祝った。[*41]

先述のクリステヴァは精神分析医として、「死性」から目を背けてはならないといい、「死を出し抜く」という表現を用いるが、ヴァニエはそこで「ゆるしと祝祭」という表現を用いる。「死をも祝う」という時の祝祭は、このゆるし、すなわち和解と並置される祝祭として、死性との和解を示唆していると思われる。このとき和解は、合理化とは異なるものとして考える必要があるだろう。たとえば戦死者の追悼・顕彰という「死の意味づけ＝合理化」は、戦死をもたらした「祖国」との和解としての面を持つ。だが、同じように戦争がもたらした死であっても、アウシュヴィッツと広島と長崎で奪われた生命は、払われた犠牲の大きさの前に、「○○のための死」という合理化の限界を超えており、それを合理化してはならないと感じられる。そして、それでも、その合理化できない暴力的死の先にある選択肢には、復讐、悔悟、無視、忘却、などとともに「和解＝平和」がある。「和解＝平和」は理不尽で合理化不可能な暴力の「その後」であり、平和は「何もない」ことではなく、「事後」に獲得されるものだと考えると、「死性」を生きること、死性を含めた生と和解することは、「奪われた・なくした・なくなる／幸せ」の、「奪われた・なくした・なくなる」という前半との和解と、その事後に、後半の「幸せ」を紡いでいくプロセスとして、イメージできるのではないだろうか。

本稿のタイトルに掲げた言葉は、「自分たちの幸せは、弱さを排除したところにはない」という実感を述べているように思われる。この発言をした男性は、それに続けて「人生に意味があると思える」と言った。「意味がある」の反対は、無意味・無駄・無用である。現在の社会において、「弱い無駄な生命」を名指しし、それだけを無意味とみなしているつもりに見える主張がなされることがあるが、現実にはすべての生命が、最終的には死に向かう弱いものである。クリステヴァのいうように死性が「私たちの内部にある」ならば、死性に敵対するということは、自分自身を含むすべての生きとし生けるものに敵対することを意味するだろう。ではその逆の和解、生命の弱さを生きていることから目を背けないだけでなく、それが顕在化した場面を生きている人たち（死別を生きた人々）からも目を背けない、すなわち、死性が潜在的である「事前」とその顕在化という「事後」における幸せ、「弱さ抜きの幸せ」から一歩進んだ幸せとは、どのようなものだろうか。

残された人々が、「幸せになってはいけない」と想うことがある。そこには、死者が不幸せだという思い、死者をこれ以上不幸せにしてはいけないという思いがあるように思われる。ならば、タイトルにした言葉を、「死者が幸せでいられるなら」と変えてみてはどうだろうか。現に私たちが死者を供養し、安らかに眠ってほしいと願う時、死者を幸せにしたい、今からでも幸せになってほしい、ともに幸せになりたい、と願っているのではないだろうか。死性を全うした死者が幸せでいられるなら、死性をいま生きている生者も幸せでいられる、そして人生に意味があると思える。それでは、「死者の幸せ」はどうすればわかるのか。

東日本大震災後の人々の生の営みについてのテレビ番組で、死者に電話で語りかけ、ポストに死者への手紙を投函する人々の姿が紹介されていた。その人々は、もう一度「声が聞きたい」「返事は、声は聞こえないけれど」と語っていた。声を聞きたいと切に願っている人たちにも聞くことができない黙する声。その死者の声が「聞きたくても、聞こえない」ところでできることがあるとすれば、それは「気遣う＝責任を負う」ことのように思われる。生者が死者の幸せを願い、死者にも生者の幸せを願っていてほしいと願い、聞こえない声を気遣い、死者の幸せのために何かしようとする、黙する声への責任を果たそうとする。十九世紀末のフランスで起きた煉獄ブームも、死者の人生儀礼を祝し続ける（小学校入学、成人式、結婚式を祝う）ことも、そのような営為と考えることができるのではないだろうか。そこでは「その人たちを幸せにするためにできるだけのことをする」という幸せが、生きられているように思われる。そこでの「幸せ」は、何らかの目的を達することではなく、黙する声を感じながら、その幸せに配慮する過程そのものであるだろう。

ただし、「黙する声」と「聞きたい人」の関係は、個別である。「黙する」といっても、そこには、言いたい、言いたくない、言えない、聞きたい、聞きたくない、聞こえない、いろいろな「黙する」がある。だから、「死者の幸せを気遣ってできること」も、人や立場によって異なる。災害や戦争などの「見知らぬ他者が一時に大勢不慮の死を遂げる」状況では、家族・友人・知人という枠を超えた多くの第三者も「残された」「聞こえない」立場にたたされる。そこでは死別を生きる当事者が、具体的な唯一無二の、個別で代替不能な、親密な経験としての死別を生き、そのなかで故人の証をする一方で、縁もゆかりもない無関係な人々は、聞き手となることでその証を在らしめることができるだろう。と同時に、誰がどのような形で「黙する声」を気遣う＝責任を負うのかを、一元化することはできない、というより、してはならないと感じられる。なぜならそれは、共同体祭儀としての通過儀礼が行われなくなった後に生者が獲得したものに呼応すると考えられるからである。十九世紀末のフランスでは、死者との関係が共同体という枠を失ったとき、煉獄という、互いの固有名を超えた「生者」と「死者」の連帯の世界が現れ、そこでは見捨てられた「死者」に対して存命の信者が「生者」としてなすべき配慮をしていた。祭儀を通して保証されていた縁ある者の間での配慮の関係が失われていったとき、生者一人一人が自分の責任で黙する声を気遣う自由が生まれたと考えることができるのではないだろうか。

ただし、死者の幸せを願う願い方・かなえ方がさまざまであっても、そこには、それが「権利」の名においては求められないという原則があるのではないかと思われる。断るまでもないが、権利が抑圧されている場面では、そこでの気遣い＝責任を負うことは、「幸せを願う」ことでよしとはならないし、させてはならない。ここに、知的な障害がある人とともに幸せに生きることと、死者とともに幸せに生きることとの違いがある。これまで多くの社会では、知的な障害がある人たちの声は「聞こえない」ものとされ、健常者が代わって義務と責任で対処してきた。だがヴァニエはその声は聞こえるといい、聞くことができる声を聞こうとしない態度は、彼が「政治的ではない」とわざわざ断るラルシュにおいても非難される。だがクリステヴァとの往復書簡で、権利の問題において二人がかみ合っていない印象を受けるのも事実である。クリステヴァがマイノリティ（女性や障害者）の権利に関わる話題を提供しても、ヴァニエはそれに直接応えない。そこでは彼は、権利とは別の次元について語ろうとしているように見える。ここで思い出されるのが、クリステヴァの「ヒューマニズムは死性と共に生きる術を知らない」という言葉である。この発言とそこで示唆されている問題は、「生者に認められた」権利にかかわっているのではないかと考えられる。権利が「主体のもの（力）」だとすれば、死はヒューマニズム（「主体」の尊重）にとって、権利についての議論が困難になる（あるいは消失する?）地点のように思われる。通過儀礼が社会的機能を果たさなくなり、自由な裁量権を持つ「私」が人生儀礼によって生死を自己プロデュースするようになったとき、死は「権利の埒外《らちがい》」という新しい「状態」として規定され直したと考えることができるのではないだろうか。「生者の部屋から死者の部屋への移行」としての死から、「生者が持つ権利の剝奪」としての死への変化。そのような観点からみると、煉獄という不安定な通過点での魂は、権利を剝奪された状態で恩赦を待っているようなものと捉えることができる。クシェは煉獄の魂に対する生者たちの「連帯」に十九世紀の民主主義的心性を見ていたが、「連帯」は、十八世紀までの社会的「責任」としての「慈善」に代わるものとして、十九世紀的「権利」の誕生と発展を背景に生まれた概念であった。[*42] 煉獄の隆盛と「権利」概念の関係についての考察は稿を改めることとし、ここで考えたいのは、そのような変化があった場合、「死者」は「権利」という一点において「生者」との連続性を失うことになるのではないかということである。そのとき、連続性を担うものとして浮上するのが「家族（血縁）」ではないか。だが、いま

「死性」を生きている私たちと「死性」を全うした人たちとが、無関係ということがあるだろうか。自分もいずれ必ず死ぬとわかっている中で、死者の居ない、「死者抜きの世界」を私たちは望むだろうか。多くの理不尽な死を目の当たりにしたとき、そのような世界を望む人はいるだろうか。不老不死の夢を見る人は、亡くなった人たちのことをどう思うのだろうか。

「抑圧された結果、聞こえなくなっている声」は、権利という原理で対処すべき世界内に位置づけられるべきである。だが、抑圧とは関係なく「黙する声」（聞こえない声）とともにあろうとするときには、「権利」という原理では対応できないのではないか。というのも権利は、「黙する声」との関わりの中ではなく、「命じる声」（法）に「異議を唱える」（法に対峙する）必要の中で意味を持つように思われるからである。先述のヒラリー・ウィルソンは、「（イエスは）人々を一つに、一致させるために、戒律を与えたりはしなかった、そうではなく、父なる神に祈った[*43]」と書いている。ユダヤ教からキリスト教への転換として、キリスト教徒によって「律法の神から愛の神へ」といわれるものは、ヴァニエのメッセージにおいては、「命じる声」から「黙する声（十字架上のキリスト）」への転換と考えられる。

キリスト教以外の宗教的世界に目を向ければ、死者以外にも人ならざる「黙する声」が存在し、その存在に気遣いながら生きている世界がある。そのような「黙する声に仕える」ことが「生命に仕える」ことだと考えたとき、「日常」とは何かということが問われてくる。ヴァニエは、国際的な紛争や不正義など「政治的争いで荒れているとき、小さいことの大切さを思うのは、必ずしもやさしいことではない[*44]」としたうえで、ラルシュに向いているのは「非常に単純な生活の繰り返し」「小さなことのなかに人との関係を見いだして喜べる」人だといい、「小さなことをして生きる、そのなかで神さまとの出会いを経験する……神さまはつつましく、おとなしく、小さくても依然として神さまです」[*45]と、小さくおとなしいものの大切さを述べる。現在私たちが生きている世界は、生者で満ちたおしゃべりな世界である。しかし、世界を股にかけた絶え間ないおしゃべりに満ちた現在から目を離せば、「日常」とはもともと寡黙なものではなかっただろうか。その寡黙さに耐えられないとき、わたしたちは日常という「小さくおとなしいいま」に耐えられなくなりはしないだろうか。そこに溢れるおしゃべりは、声がなくなったときの静寂への不安と一体であり、静寂の中に黙する声を聞きたくないという気持ちの表出、さらには声に対する「責任の予感」とその忌避という側面を持ってはいないだろうか。「抑圧された、異議を唱える声」だけが聞こえないわけではない。「権利を求めたいのに黙せられている声」が聞こえ「ない」という問題と、「黙する声」がそこに「ある」と感じて生きることとは、別である。先述のウィルソンはラルシュでの生活を描写する中で、「私たちの間の言葉は繰り返しで、たいていは限られた意味しか持たないけれど、それはどうでもいいこと。それは、お互いに投げあうボールのようなもの」[*46]と書いている。また復活祭前の「洗足の祭儀」で、長い時間を一緒に過ごし「長い歴史（物語）を分かち合っている」メンバーとアシスタントが、片方が相手の足を洗い、もう片方が相手の頭に両手を置いて祝福する様子を見ながら、「幾千もの語られぬ思い出の気配が、彼らが結びついているさまを通して見えてくるようだった」[*47]と述べている。

ヴァニエがいう祝祭とは、このようなものであるだろう。黙する声の確かな存在が立ち現れる場所。だがその黙する声は、祝祭の場に突発的に出現するのではない。祝祭は、日常の中で声高に主張することのない黙する声がいつもそこにあると皆に実感される場、そのような黙する声と共にある喜びを形にする場なのである。「祝祭」のテーマは、一九八八年にハーバード大学神学大学院で行われた講演から今日に至るまで、ヴァニエのメッセージに一貫している。「私たちは祝うことを学ばなければなりません。「学ぶ」のです、なぜなら、祝祭はただの自然発生的なイベントではないからです[*48]」。その最も困難なものが、死性が顕在化した事後に行われる和解の祝祭だろう。「私たちは勝つチームに属することを夢見ます……ところで、イエスは喪失に向かっています。ペトロはそれが耐えられません……死というのちの大きな失敗の前で、どうして躓かないでいられるでしょうか[*49]」。失敗がないことを祝うのではなく、一人一人の、そして生命すべての、弱さと躓きと和解し、黙する声と共にあることを味わい、ともに幸せでいられるために、祝うことを学ぶ。「ラルシュの基本的な教えは、他の人に「あなたと一緒に暮らせて嬉しい。あなたと一緒にいられて幸せだ」という、それだけのこと[*50]」であり、「幸せになるために、コミュニティーに入る。他の人を幸せにしようとそこに留まる[*51]」。フランス語で「いま」を意味する“maintenant”は、「保つ、とどめる」を意味する“maintenir”の現在分詞の形をしている。生者も死者も幸せでいられるように、黙する声と共にそこに留まるのが、「いま」というものだということだろうか。

註

＊1　Julia Kristeva, Jean Vanier, *Leur regard perce nos ombres* (Paris, Fayard, 2011), p. 10.

＊2　Ibid., p. 23.

＊3　Ibid., p. 25f.
＊4　Ibid., p. 13.
＊5　Ibid., p. 32.
＊6　Ibid., p. 94.
＊7　Ibid., p. 44.
＊8　Ibid., p. 37.
＊9　Ibid., p. 13.
＊10　この言葉が記事のタイトルとなっている。*Le Monde* (samedi 30 avril 2011), p. 22.
＊11　ジャン・バニエ『ジャン・バニエの言葉――講話とインタビュー』（浅野幸治訳、新教出版社、二〇一二年）一〇一頁以下。
＊12　ジャン・バニエ『ラルシュのこころ――小さい者とともに、神に生かされる日々』（佐藤仁彦訳、一麦出版社、二〇〇一年）六五頁。
＊13　同前、一八頁。
＊14　同前、五九頁。
＊15　同前、八〇頁。
＊16　同前、七九頁以下。
＊17　Jean Vanier, "What Have People with Learning Disabilities Taught Me?," in Hans S. Reinders (ed.), *The Paradox of Disability: Responses to Jean Vanier and L'Arche Communities from Theology and the Sciences* (William B. Eerdmans Publishing Company, 2010), pp. 19-24, p. 22.
＊18　Ibid., p. 23.
＊19　Stanley Hauerwas, "Seeing Peace: L'Arche as a Peace Movement," in Hans S. Reinders (ed.), op. cit., pp. 113-126, p. 116f.

＊20 Kristeva, Vanier, op. cit., pp. 47–53.
＊21 Ibid., p. 108.
＊22 アルノルト・ファン・ヘネップ『通過儀礼』（綾部恒夫・綾部裕子訳、岩波文庫、二〇一二年）。
＊23 以下の記述は、Guillaume Cuchet, *Le crepuscule du purgatoire* (Paris, Armand Colin, 2005) によっている。
＊24 Ibid., p. 142.
＊25 Ibid., p. 121.
＊26 Ibid., p. 126f.
＊27 Ibid., p. 188.
＊28 Ibid., p. 76f.
＊29 Ibid., p. 82.
＊30 Ibid., p. 167.
＊31 Ibid., p. 140.
＊32 Ibid., p. 27.
＊33 Ibid., p. 119.
＊34 Ibid., p. 39.
＊35 Ibid., p. 226.
＊36 Ibid., p. 234.
＊37 Ibid., p. 209.
＊38 Ibid., p. 240.
＊39 Hilary Wilson, *My Life Together: L'Arche Communities and the Challenge of Unity* (London: Darton, Longman and Todd Ltd., 2004).
＊40 Ibid., p. 59.

＊41 Ibid., p. 70.
＊42 林信明『フランス社会事業史研究——慈善から博愛へ、友愛から社会連帯へ』（ミネルヴァ書房、一九九九年）。
＊43 Hilary Wilson, op. cit., p. 3.
＊44 ジャン・バニエ『コミュニティー——ゆるしと祝祭の場』（佐藤仁彦訳、一麦出版社、二〇〇三年）四八九頁。
＊45 ジャン・バニエ『ジャン・バニエの言葉』一〇五頁。
＊46 Hilary Wilson, op. cit., p. 37.
＊47 Ibid., p. 55.
＊48 Jean Vanier, *From Brokenness to Community: The Wit Lectures, Harvard University, The Divinity School* (Mahwah: Paulist Press, 1992), p. 45.
＊49 ジャン・バニエ『永遠の泉』（佐藤仁彦、一麦出版社、二〇〇五年）三七六頁以下。
＊50 ジャン・バニエ『ジャン・バニエの言葉』九九頁。
＊51 ジャン・バニエ『コミュニティー』一三七頁。

◆コラム

再会を期すこと——シンポジウム「鎮魂・翻訳・記憶——声にならない他者の声を聴く」によせて——

小田　龍哉

ウォン・カーウァイ監督の映画、『ブエノスアイレス』（一九九七年）は、香港返還前夜の〈アジア—世界〉的ともいうべき時代の雰囲気を、もっとも魅力的に描いた作品のひとつだった。

主人公は、一組のゲイカップル。香港からちょうど地球の裏側の都市、ブエノスアイレスで激しく求めあい、傷つけあうかれらにとって、故郷から遠く離れたその場所はしかし、約束の地ではなかったようだ。カップルのひとり、ファイは、台湾からの若い旅行者にかれの「秘密」を吹き込んだレコーダーを託す。旅行者が向かう「世界の果て」の町には灯台があり、そこで悩みごとを捨てられるのだという。まるで、土地に縛られて生きた往古の人びとの願いが、巡礼者や山岳修行者たちに託されてきたことを思い起こさせるような「信じること」の関係が、この映画では、故郷アジアを離れ自由に旅する者どうしで交わされる個人的な約束として描きなおされている。

そして、そのことがいかにも軽やかに見える一方、粗い粒子のフィルムやライティング・衣装・小道具にいたるまで、作品全体を覆うノスタルジックな装いは、世紀末を旅するかれらの狂騒が、あらかじめ失われたものだということを物語ろうとしているかのようでもある。すでにその場所では一切が模倣でしかありえず、だからこそ却って「信じること」が真剣に問われたのかもしれない。

「地球」という、空路や航路、鉄道といった具体的な交通網を駆使して踏破可能な、きわめて実測的な世界把握のなかでその彼方を願うこと。その同時代性、のみならず一時間・一秒といった単位の共時性において永遠を信じること。そうした話法は、特徴的なスローモーションの表現とあわせて、カーウァイが好んでもちいてきたところのものだった。

たとえば、「その時、彼女との距離は0.1ミリ。57時間後、僕は彼女に恋をした」というモノローグではじまる『恋する惑星』（一九九四年）では、海の向こうのカリフォルニアを夢みるヒロイン、フェイが、「カリフォルニア」という名の店で待ち合わせた警官633番とのデートの約束をすっぽかし、ちょうど一年後の日付を記した手書きの搭乗券を残して、彼の地へと旅立ってしまう。雨に濡れた搭乗券は行き先――一年後のおなじ日、おなじ時刻の待ち合わせ場所が記されている――が滲んで読めなくなってしまうのだが、633番はフェイが店員だったデリを買い取って、ママス＆パパスの「夢のカリフォルニア」をミニコンポでBGMに流しながら、彼女との再会を待つのである。

あるいは、一九六〇年代を舞台にした三部作、『欲望の翼』『花様年華』『2046』では、〈アジア―世界〉的な世界把握がより意識的なグラデーションで描きわけられている。そこでは、主人公の行動範囲がフィリピン、カンボジアといった、香港をハブとした東南アジア圏内にとどまっているのに対し、日本やアメリカは、たとえば義母の再婚先だったり、アパートの大家一家の移住先だったりと、主人公の周囲の人びとの現世的な願いを叶える彼岸として、セリフのなかに示される。

ところが、香港返還やミレニアムをへて今世紀の時代が深まるにつれ、カーウァイの作風に、ある変化がみられるようになる。アジアから地球をまなざす、コスモポリタン的で、ある意味楽天的ともいえた世界把握は影をひそめ、かわりに、〈過去―現在―未来〉といった時間の経過のなかでの関係性や、その過程で失われてしまったもの、さらに、そうした時間的な制約のもとでなお、世界の果てを目指すことに主眼がおかれるようになるのだ。

その転換がもっとも顕著にあらわれていたのが『2046』（二〇〇四年）だった。作中、主人公の小説家、チャウはつぎのように語る――「なぜＳＦを書くのかよく聞かれたが、俺にとって「2046」は部屋番号でしかない」。

一九九七年の香港返還後の「五十年不変」という中国政府の方針を象徴的にあらわしている「2046」という数字は、前作『花様年華』（二〇〇〇年）のなかでは、チャウがヒロイン、チャンとの不倫愛の逢瀬のために借りた部屋の番号であり、そこはかれが最初の小説を書き上げた部屋でもあった。そして『2046』では、その数字は、チャウが間借りしたホテルの隣部屋の部屋番号になり、ホテルの主人の娘の悲恋に着想を得て書いたＳＦ小説のタイトルとなって、その作中で「戻ってきた者は一人もいない」と描かれる、謎めいたユートピアとなる。ここで、カーウァイは二作品にわたって数字を読み替えることによって、失った恋を過去のノスタルジーとしていったん聖化し、さらに小説という架空の世界へ、そして、ＳＦという未来の物語のなかの世界の果てへと、〈聖なるもの〉を転化させているのだ。

そもそも恋とは、われわれにとって聖別する行為にほかならない。神と人間とのいずれの法の領域からも離れたその聖性について、アガンベンは以下のように述べている。

古代ローマの詩人が、恋人は聖なるものだ……と定義づけるとき、それは彼らが神々に奉献されているからでもないし、呪われているからでもない。彼らが他の人間から分離されて、神の法からも人間の法からも離れた圏域にあるからである。この圏域は、もともとは、二重の例外化に由来する圏域であって、聖なる生はこの内へと露出されていたのだ。（ジョルジョ・アガンベン『ホモ・サケル――主権権力と剝き出しの生』高桑和巳訳、以文社、二〇〇三年、一二四頁）

しかし、当たり前だが、聖なる恋がかならずしも成就するとはかぎらない。むしろ叶わないことこそ、恋の本領なのだろう。「2046」と呼ばれる、なにも変わることがなく、永遠の愛を見つけることができるというその場所も、『2046』の劇中小説の主人公タクにとって、やはり約束の地とはなりえなかった。時間とも空間ともつかないレールを疾走する列車に乗り込んで帰還をこころみる長い旅の途中、乗務員のアンドロイドに思いを寄せたタクは、彼女に向かってこう問いかける――「昔の人が、秘密を誰にも知られたくないとき、どういうふうにしたか知ってる?」。

山奥まで行って、木を見つけて、その木に穴を開けるんだ。その穴に秘密を全部しまい込んで、最後に土で塞いでしまうんだ。そうすれば、その秘密は永遠に誰にも聞かれることはない。

それはまた、チャン夫人との恋の秘密を抱えた『花様年華』のチャウが、訪れたアンコール・ワット遺跡の壁の穴に囁きかけてその思いを打ち明けたやりかたでもあった。もちろん、モチーフとしては、『ブエノスアイレス』のフェイが旅行者に託したレコーダーから引き継がれたものでもある。

自分ひとりの心のなかにとどめておくことが耐えがたいような思い。それでいて、ほかの誰かにはけっして語ることができない言葉。「2046」からタクが帰還しようとするとき、世界はそれらの集積として、われわれの前にふたたび立ちあらわれてくるようである。すなわち、声にならない、声にしてはいけない無数の言葉がいたるところに封じ込められた「現在」という世界として――。

二〇一五年十一月二十八日・二十九日の二日間、「鎮魂・翻訳・記憶――声にならない他者の声を聴く」と題されたシンポジウムが、京都市の国際日本文化研究センターで開かれた。シンポジウムは、同年九月五日の日本宗教学会でのパネル発表「震災と記憶――声にならない声を聴く」の内容を承けたもので、パネルのコメンテーターをつとめた磯前順一の呼びかけに応じて、宗教者・宗教学者・ケア従事者・ジャーナリストといった多様な面々が集まり、東日本大震災からのそれぞれの五年間を報告しあう場となった。
一人ひとりの参加者が、どのような立場で震災とかかわってきたのか。当事者、または部外者というたんなる二分法にとらわれてはいけないのではないか。シンポジウムの開会にのぞんで出されたのは、そのような問題意識だった。

たとえば磯前は、自著『死者のざわめき――被災地信仰論』（二〇一四年）をまとめるにあたって、震災直後から何度も東北に足を運んだ。被災地を訪れるとき、かれは自分の目線を震災の外側からのものとして意識していたが、一方で、海外の大学に招かれて震災の講義をする際など、自身が被災者としてみなされているとしか思えないような聴衆の反応に、戸惑いをおぼえることもあったという。代弁することの難しさ。学者として話していたはずの自分が、聴衆には震災の当事者だと認識されていたのだ。

シンポジウムでは、鈴木岩弓・佐藤弘夫・高橋原・金沢豊といった、震災の現場に近い距離でかかわった宗教学者・宗教者で構成した日本宗教学会のパネルからさらに参加者の枠を広げ、より広範な立場からの対話がなされることで、そうした二分法をこえて普遍化できる言葉をさぐることが期待された。そのことは、現在の人文学をめぐる状況にとっても、学問の内と外というこれまでの二分法を再考し、それをよりしなやかなものへと鍛えなおすチャンスにつながるかもしれなかった。

ただし同時に、今回のシンポジウムでは、なにかひとつの結論めいたものを性急に出す必要はなく、参加者それぞれが二日間の内容を持ち帰り、時間をかけてみずからの活動として結実させていけばいいのだ、と留保がなされた。結論を急ぐことで、方法としての対話が「ひとり語り」に陥ってしまいかねないという危惧が、おそらくその背景にあった。もとより、安易な普遍化はあらたな二分法を、しかも暴力的に作り出すことにほかならないだろう。それは、「絆」や「日本」といった、共同体へのノスタルジーを露骨に喚起しようとする言説につかのまの慰めや安心感を見出すことと、その内実においてさほどかかわりがない。

当日、呼びかけに応じて集まった約四十名は、宗教学者や僧侶といった「宗教のプロフェッショナル」が半数以上を占めた。もちろん、五年間の被災の現場との向き合いかたは一人ひとりことなる。しかしそれでも一様に直面することになったのは、震災という現実の犠牲となったおびただしい数の死者たち、ひいては、その何倍にものぼる遺族の存在だった。僧侶ですら遺体が「モノ」に見えたこともあったという壮絶な場で、かれらは、やはりまず宗教のプロフェッショナルとして、死者と生者の鎮魂の問題を問われることとなった。

本書には、そうした経験を踏まえて二日間議論されたことの多くが、論考やコラムとしてまとめられている。ここではその一々の内容にあらためて立ち入ることはしないが、それらのいずれもが、現実のあまりの激しさに打ちひしがれ、いったんは失われてしまった言葉を、それでもふたたび語りはじめるためのとても慎重なこころみだということは強調しておきたい。だから、そこに関与する「わたし」の姿は、きわめて自己主張が希薄な点が特徴である。むしろ、言葉をさぐるという困難な行為をつうじて、「わたし」ないしは「われわれ」という主体が再構築されていく。そして、そのようなプロセスの途上にあってかれらの「プロフェッショナル」もまた、以前とはことなるありかたへと変化をとげていくのだ。

しかし、そうしたこころみのありようがシンポジウムの席上でどれほど普遍化され、参加者たちに共有されたかについては、未知数のまま終わった感がある。蓋を開けてみれば、シンポジウムの会場は参加者たちの生の感情の投げかけによって、何度も重苦しい沈黙に包まれた。たとえば、これまで震災とのかかわりが比較的少なかった参加者が、自分の思いを伝えるために「わたし」との距離で震災を語ろうとしても、それがむなしく空回りしてしまう。そして、沈黙の向こう側では、二度とはおなじ図柄に組みあがることのない「わたし」というジグソーパズルは、すでにバラバラに崩れてしまっているのだった。あるいは、「わたし」を語ろうとすることじたい、実は、パズルを支えていた額縁や台紙について熱心に話しているだけに過ぎなかったのかもしれなかった。

結局、対話の場として二日間のシンポジウムがなんとか成り立ったのは、参加者一人ひとりの強さゆえだったように思われる。席上、あるジャーナリストが絞り出すように言った言葉が印象的だった。「それでもわれわれは現地を取材し、目の前にあることになにかの言葉を与えなければ、それを読者に伝えることができないのだ」。以前の「わたし」がもはや通用しない場で、それでもひとりの個人として、なんとか能動的に状況に向き合おうとする強さ。おそらくは、「プロフェッショナル」であろうとするそれぞれの立場性が、かれらの主体をつくる手がかりになっているのだ。

しかし、一方で疑問も残る。そもそもそうした立場性は「わたし」とは切っても切り離せないもので、あらかじめ個人としての強さが備わっていなければ、それを自覚したり想像したりすることさえ困難なのではないか――、と。

「わたし」が崩れ去った世界で、はたして、あらたな「われわれ」の場を作り出すことは可能なのだろうか？　しかも、「絆」や「日本」といった言説の助けを借りずに。そして、もしそれが実現できるとすれば、いったいどのようなやりかたでだろうか？

古文書学の黎明期を京都で牽引した歴史学者の中村直勝（一八九〇―一九七六）は、戦後、一九六二年に書いた『歴史の発見』のなかで、つぎのように自身の歴史観を述べている。

私どもは、自分の心の淋しさを未来の夢に托そうとして、各種各様の空想を描く。それが希望である。しかし、その希望ははたして実現し得るかどうかに多大の疑念が伴う。どうかすると絶望になるかも知れない。そこで未来から百八十度の転回を試み、過去の実績を探し、そこに救いの手を求める。それが歴史への興味である。（中村直勝「歴史の発見」、『中村直勝著作集』第五巻、淡交社、一九七八年、一七頁）

歴史への興味とは、過去に「救いの手」を求める所為であり、それは、現在の「心の淋しさ」と未来への

「絶望」から導かれるのだという。

それにしても、中村といえば古文書学、とまずは想起されるような、実証的な歴史研究で名の通った歴史家である。そうした歴史家のイメージとは一見似つかわしくない「希望」や「絶望」といった発言は、いったいどのようにして導かれたのだろうか。そのことについて、かれが著作のなかでしばしば言及している「神」の存在を手がかりに考えてみたい。すでに処女作『日本文化史 南北朝時代』（一九二二年）の冒頭で、中村は「神」、とりわけ「歴史の神」という言葉を持ち出して、以下のように語っている。

史料――それを唯一の根拠として一歩たりとも踏み出すまいとする努力は、史料を軽視して之れに触れないで歩もうとする努力と共に、歴史の神の殿堂への航路ではない。吾人は史料の上に的確に両足を踏み付けて、しかもそこから飛び出そうとしなければならぬ。飛び出すのではない。飛び出そうと努力するのである。（中村直勝「日本文化史 南北朝時代」、『中村直勝著作集』第二巻、淡交社、一九七九年、三二六頁）

「歴史の神」がどういった神なのか、同書のなかではそれ以上詳らかにされない。だがそれは、学問の内と外とのぎりぎりの境界を見定めつつ、そこから「飛び出そうと努力する」歴史家の主体をつくる、そうした「神」なのではないだろうかと思われる。あたかも、人びとがたえず約束の地や彼岸を措定するいとなみによって心を安んじ、「わたし」や「われわれ」を形づくってきたように。

中村は第二次大戦敗戦後の一九四六年、京都帝大の同僚・西田直二郎（一八八六―一九六四）につづいて、教職から追放されることになる。国民精神文化研究所員を兼ね、さかんに皇国史観を鼓舞した西田と比較しても、あるいは周囲の目から見ても、それほど戦争協力の言動がなかったにもかかわらずの処分だったという。本人は、処分の背景には神職の家に生まれたという自身の出自の影響がある、と受けとめていたようだ。

そして追放から一二年後の一九五八年、「歴史は酒から始まる」という一節からはじまり、「歴史の淵源は、バッカスの神に在る」と断言しながら描かれる『日本史大概』では、「神」と中村との関係は、かつての

「歴史の神」とのそれよりもさらに屈折をともなって、複雑な陰影をみせることになる。

酒はあらゆる民族が所有する。……それは何故であろうか。人生が楽しいからである。……その反面、人生が憂いからである。……だから、此の相反する双面の神に仕え、その背馳する両面を如何に塩梅するかによって、その国民の、その民族の、その国家の、或いは更にその「人」の、価値如何が決定される。（中村直勝「日本史大概」、『中村直勝著作集』第一巻、淡交社、一九七八年、五三一―五三三頁）

そうして、中村その「人」はといえば、まるで「民族」や「国家」の酒宴からひとり背を向けるように、古文書との語らいの深みへと沈潜していくのである。「古文書と二人でお喋りをしたい。寂しい心を慰め合いたい」（中村前掲「歴史の発見」二三頁）、そう洩らす中村の「心の淋しさ」を、はたしてどう受けとめればよいのだろうか。

DVD『グランド・マスター』（発売・販売元：ギャガ ©2013 Block 2 Pictures Inc. All rights Reserved.）

ふたたび、映画の話に戻ろう。未来という世界の果てに絶望し、現在へ戻ろうとする男を『2046』で描いたカーウァイだったが、最新作の長編『グランド・マスター』（二〇一三年）では、ブルース・リーも学んだ伝説的な武術家、イップ・マン（一八九三―一九七二）の生涯に光を当てている。

そこでは、登場人物たちが約束の地を目指すことはもはやない。その自由すら与えられていないのだ。約束の地を目指すどころか、武術の達人であり、強い男であるはずの主人公イップ・マンも含め、かれらはみな、日本軍の侵略や共産党・国民党の内戦といった、二十世紀アジアの時代に翻弄されつづけることになる。

ところが、映画が進むにつれ、家族や大切な人と離別し、いつ再会できるかもわからない不安定な状況のもとでなお、ひたすら武術の修行に打ち込み、技を研鑽することが、かれの主体をつくる重要な要素となっていることがあきらかになってくる。それは、無数の語れない言葉が封じ込められた「現在」を生きるわれわれにとって、声に出され、喧伝される言説ではむろんないにせよ、静かだが、とても雄弁な言葉たりうるように思われるのだ。一方、イップ・マンと互角にわたりあう技量を持ち、かれと秘かに心を通わせつつも、やがて阿片に溺れたヒロイン、ルオメイはその「言葉」を紡ぐことができなかった。

中村にとっての古文書にも、おなじことがいえるのではないだろうか。パージされ、その十年後に教職に復帰してのちも、中村は戦前の国史を否定しなかった。そして、国家や民族が主体を立てるためにはその起源を語る神話が不可欠だと述べ、神武天皇を二千六百年前に求めることは妥当なのだとまでいった（中村前掲「日本史大概」五三三―五三九頁）。

しかし同時に、中村が「古文書は死物ではない」（中村前掲「歴史の発見」二三頁）、「全く楽しい相手であり、全く厳しい相手である」（同前、一七四頁）といい、京の川に身投げした一組の男女の死亡記録を、紐でひとつに結わえて文書函に戻したみずからの調査での思い出を述懐しながら、「幾千万の古文書に霊あらば、安らかにあれ」（同前、一八一頁）と語るのを読むとき、かれの「わたし」を形成していたのは、実は神話や天皇といった聖化された言説をつうじてではなく、むしろ、誰も見向きもしないような古文書一点一点のなかに封じ込められた言葉との、無限の対話をとおしてではなかっただろうか、と思われてならない。

シンポジウムの二日間を終えてみれば、やはりあらかじめ予想されていたように、なにかひとつの結論めいたものが提出されることはついになかった。しかし、磯前がはじめに示唆した、たがいに「時間をかける」ということ——普遍化が困難な局面にあって、コミュニケーションの即時性をあえてずらし、〈出会い—別れ—再会〉という人生の時間の経過のなかで「あなた」と「わたし」を信じること——、とても日常的で当たり前のことではあるけれど、一種の賭けにも似たそのような今回の集まりのありかたこそ、あらたな対話の場をつくりだす強さを「われわれ」の手元に置くための重要なヒントになるのではないか、そう感じられた。本書で佐藤弘夫が論じたような（第二部）、彼岸の死者との再会に托されてきた希望を、今度は此岸の関係性に引きよせてとらえ、「あなた」とふたたび出会い、語りあうことをつうじて「わたし」も強くあろうとする。学問の枠組みを問う場へのアクセスが、砕け散ったパズルのピースをひとかけらずつ拾い集め、「われわれ」という主体を再構築していくきっかけになる可能性をも秘めているのではないだろうか。

それは、投げたサイコロの目に応じてパズルの絵柄を自由に——かくあるべきと前もって定められたものとはことなる絵柄に——組み替えるような、不確定で終わりの見えないゲームでもある。そこには、つぎの再会がかならずしも有意義で幸福なものになるかどうか、なんの保証もない。たがいの意見や感情が対立し、喧嘩別れしてしまう場合だってあるだろう。あるいは、イップ・マンとルオメイのように、さまざまな事情があって二度と会うことすら叶わないかもしれない。しかし、それでも「あなた」と「わたし」は今日ここでこうして出会い、つかのま議論を交わしたあと再会を期し、いまは「じゃあね」と微笑んで手を振り別れるのだ。

「われわれ」の言葉を紡ぎ、あたらしい言葉で声をあげるために。

終章　声を聴く者の倫理
――マッサージ・傾聴・精神分析――

話し手：須之内震治
聞き手：磯前順一
（解題・編集：金沢豊）

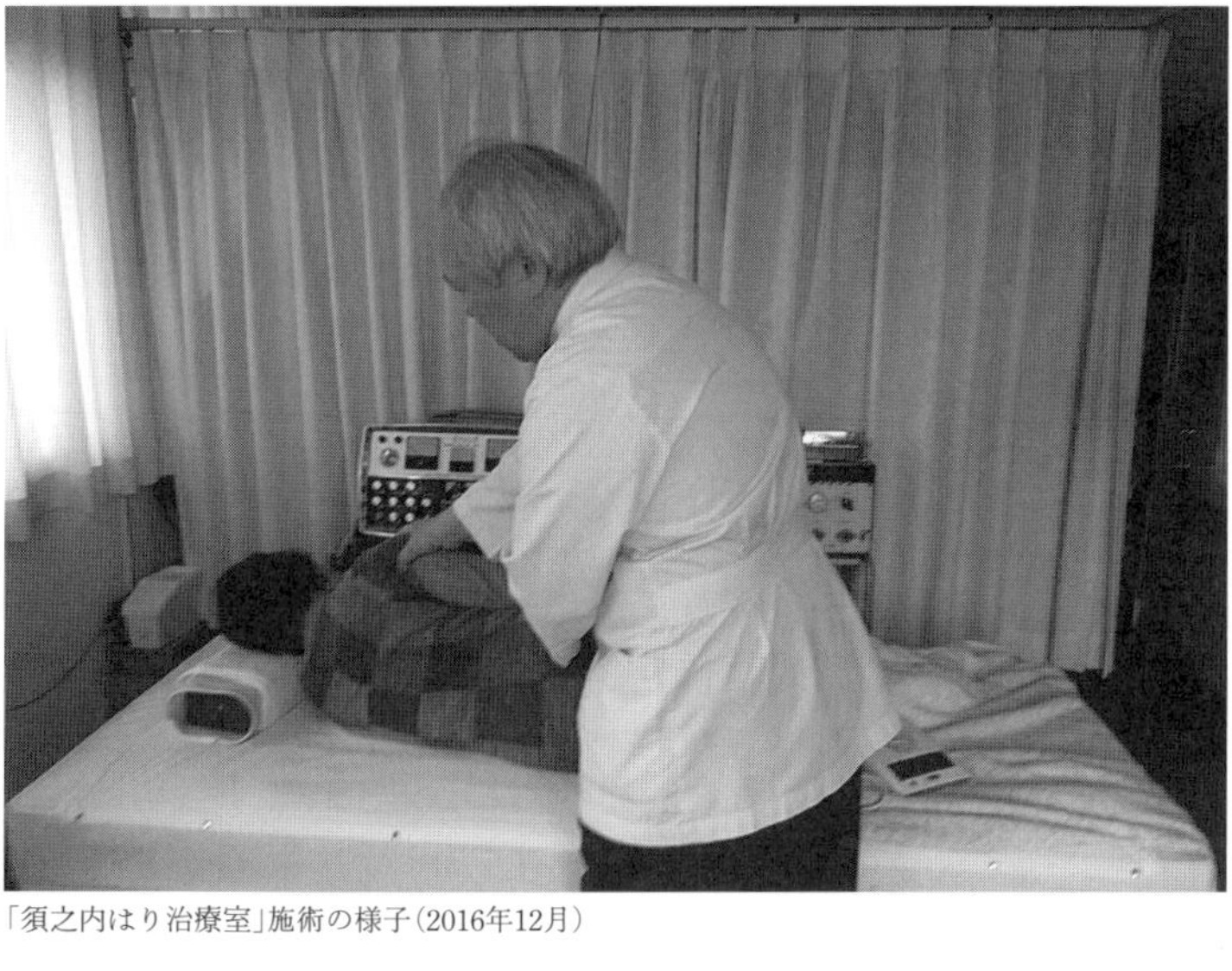

「須之内はり治療室」施術の様子（2016年12月）

【解題】

本書はここまで、死者／生者の関係性について、それぞれの著者の特徴的な立場に委ねる形で編まれてきた。終章に当たる本章は、マッサージ師として茨城県水戸市で治療院を営む須之内震治氏と、編者である磯前順一氏との対談である。

マッサージ師にとって手段と対象と目的は明瞭である。マッサージという手段によって来院する対象に対して、苦痛を和らげるという目的を持つ。対象者の苦痛を和らげる目的を達成することこそがマッサージ師の本懐であり、他の部分に目配せをする必要は本来的に存在しないと考えられる。しかし、須之内氏は、マッサージ治療の過程で対象者から零れ落ちる言葉や気持ちを受け止め、時には流すように神経を張り巡らせている。他者の歪みを敏感に感じ取ることにこそマッサージ師の矜持があることを思い知らされる。須之内氏によって語られた「他者との関わりにおいて歪みを避けることは、そもそもできない」という示唆は重要だろう。

対談者の磯前氏は、他者の心に関わる作法として、自身の弱さや思い込みを挿入しないことに改めて注意を促している。また、東日本大震災以降の、ボランティア活動において見落とされがちな価値の付与、対人支援の制度化することへの警鐘を述べる。全盲のマッサージ師による研ぎ澄まされた肉声に呼応するように、宗教学者として東日本大震災の生み出した問題点や経験を封じ込めずに普遍化させる試みを行なっている。

本書では、死者／生者のあり方が、縦糸と横糸のように交錯してきた。その上から絹衣を掛けるようなインタビューに仕上がったように思う。読者にとって本書全体のねらいが、終章によって一層理解しやすいものへと変化したことを実感いただけるだろう。

見えないことの大切さ

磯前順一　はじめに、須之内さんは京都の会議で背中の方から語りかけると言いましたが、顔を合わせないでするマッサージのやり方が、どういう具合でなされているのかをお聞かせいただけますか。

須之内震治　マッサージ師の中でも、目の見える人のマッサージ師と、見えないマッサージ師がいます。私の場合は、人影がかすかに動くのがわかるぐらいで、顔や表情は全然わかりません。まず、初めてうちに来てくれる患者さんに、私は「全盲ですから」といいます。すると、私が見えないということに対して安心されますね。自分が日頃、まわりの人たちから見られている長所、短所みたいなものがいっさい抜きで対応できるからでしょうか。

その次に、マッサージは体を触りますので、時には鍼をしたりしますので、下着を脱いだりする。その時に、この人は見えないんだということで安心されているわけですね。

さらに、よく話をされる患者さんの痛みとか苦痛の原因は、重労働からきているのか、あるいは細かい仕事、書道、編み物などの作業から来ているのかといえば、そういうわけでもないように思います。たとえば、近所づきあいでストレスを感じたり、震災によって家を流されたり、原発によって地元を追われて水戸に引越して来たけれども、実際、水戸に来て見たら、水戸でもストレスを感じることが多い。そういうことを話す勢いはものすごいのですが、私はそれを施術しながら、横向いてもらったり、うつ伏せになってもらったりして背中から聞いたりしています。そうすると、私自身も気楽だし、向こうも思わぬことまで話すように思います。帰りがけに「たくさん話しちゃって申し訳ない」と、そういう気楽さが出てくるみたいですね。

後ろ向きとまではいきませんが、背中の方から声をかけると、向こうも何か一種のスイッチを入れられたみたいに話される方が多いですね。

磯前　精神分析もカウチという応接室のソファーに座り、医者と顔を合わせることはありません。自分の弱みを握ってしまう人や家族ではないという条件も大切です。個人ではない、誰なのかよくわからないけれどそこにいることが大切だといいます。須之内さんは、全盲であることで安心を与えられるという。きっと見えないことがかえって安心を提供できることがあるのでしょうか。

須之内　見える人たちの常識や、警戒心はとりあえず横に置きやすいのでしょうね。いつのまにか鬱積する日頃のストレスを話せる状態には、だいたい十分ぐらいでスッと入ってしまいます。それがそれほど宣伝もしないのに仕事が続けられている理由かもしれません。

磯前　すると、初めて来た人でもそういうことを喋り出すことはあり得るということですね？

須之内　ありますね。不思議なことに。喋りたい人は最初から喋りたいんですよ。喋りたくない人は、頑なに、何かをガードしていたり拒否していたりしていますので。一度、二度と来ている間に喋り出す方もいるけれど、私のところに来る人はどちらかというと紹介で来る方が多くて、その気楽さも少しあるもしれません。誰かからの紹介で行ってみなさいと言われて、いいと思って来るわけです。そのうちの何パーセントかは、常連になるわけで、そうすると、もうここでは何を喋っても大丈夫、何を聞いても大丈夫となるのです。初歩的すぎて医者には聞けないようなことを聞いてみて、その次、自分が何かきっかけがあると、身の上話が始まるという〝気楽さのスイッチ〟が入るような気がしますね。

磯前　この部屋がその秘密の空間なのですね。精神分析の際も、分析室があなたの心だと言われるのですが、そこ（心）に分析する先生と自分がいて、自分が心の中を旅するような形になのですけれども、治療室で須之内さんという全盲の方が、知っている人ではあるけれども、ある意味で特定の個人ではない人がいることで安心して喋れる。

先ほどおっしゃった〝気楽さのスイッチ〟はどういうことなのでしょう？

須之内　じつは、解決できないことっていうのは、話しても答えはないのです。解決してくれるとは思っていないわけです。たとえば二十年治療に来ていて何でも話していると思っていた人が、結婚して別々に住んでいた娘が十年も前に離婚していて、しかもその娘と同居することになったと突然話し始めたのです。

こういう事って、人に喋るにはある程度の時間がいるようですね。二十年以上付き合っていて、そのような関係にあるんですけれども、震災の場合はまったく違います。

水を飲めと言われたら？

須之内　たとえば、原発の事故から言いますと、南相馬から追われた人が何人もうちに来ます。それから東電で被害者対応をされている人も、夜、眠れないと言ってうちに来る。その人たちの話の内容は正反対なのです。けれど、私は正反対の話を聞かざるを得ないわけです。聞いている間に、自分が壊れそうにならないのは、真正面から聞いていないからだと思います。悪く言えば「気楽さ」があるのではないかなあと、自分は自分を維持するためにそう分析しているんです。

一番辛いことを訴える人というのは、水道をホースでつないで、水道の水を私に直接口の中に飲ませようとするような迫力で「聞いて欲しい！」と喋ります。しかし、聞き手は、息もつかずに飲むわけにはいかないでしょ。ですから、水道のホースを洗面器か何かにジャーっと流して、その飛沫みたいなものを肌で感じる程度でしか、マッサージ師としては受け取れないわけです。

磯前　マッサージ師も普通の人間ですからね。

須之内　そうです。手段としては、流れを見る画家か写真家になったような気分で風景のようにそれを捉えないと、私が先に参ってしまうわけです。そういう人がいるということと、そういう悩みを持ってうちに来たっていうことは、はっきり受け止めますが、内容をそっくり移植されるとなると困ってしまいますね。

磯前　「もっとわかってくれ、もっとわかってくれ！　親身じゃないと嫌だ！」という人はいませんか？

須之内　そうですね。そのような感じで、〝心が壊れている人〟はいますね。壊れていない人は、そこまで私には要求しませんが。

磯前　〝心が壊れている人〟というのは、どういう感じの人ですか？

須之内　たとえば、ノイローゼの人とか、あとは、はっきりした病名はつけられませんが、精神が病んでいる人ですとか、同じことを言い出す人。「なんだかこうモヤモヤするんですよ」と、いつも言いながら、次のこと、次のことを訴えるんですね。昔に比べてそういう人が増えていると思います。昔は、嫁の悪口や姑の悪口を、強烈な言葉で罵るような感じでした。今は、会社を突然リストラされて仕事がない。親の面倒を見なくてはいけない。そういう不安定な状態だということの中に、同じフレーズが繰り返し出て来る人が多いです。

磯前　他人に話す言葉としての体裁をなしていないという。そういう時に須之内さんは、先ほどのたとえのように「飲めと言われた水を飲む」のですか？

須之内　飲まないで、今度は辛い理由は心にあっても、それを筋肉の疲労の方に理由を転化して、その疲労をマッサージで取るという風にやると、心の方のストレスや圧力が緩んでくるという理論を伝えるわけです。心の疲労は、身体や筋肉の疲労に転化していくと、心の鬱積が緩んでくる。そういうのを取り入れて「少しウォーキングでもやって見たら」とか、気分を変える方法を伝えるわけです。

本人は、溶鉱炉の鉄みたいに、もし溢れたら大変な状態になっていますから。真面目だったり趣味がなかったり、一つのことを考えると何日も考えるという悪い方向へ行っていますので、そういうのを緩める方法は、気分を変えるテクニックを教えると、ほんの少し効果があるのです。そうすると、私の言ったことをそのまま信用してくれるようになります。そこからは、私の次の指示も聞いてくれるようになります。

最初の効果は、ほんの少しでいいんです。夜眠れたというだけでいい。首が回らない痛みが取れたというだけで信用してもらえるきっかけになるのです。「酒を夜遅く飲まないで、夕飯の時にだけちょっと飲んで寝て見たらどうですか？」と言うと、「寝酒しないでも寝れるようになりました」とか、信頼の方へつながっていく。

通奏低音みたいに同じことを訴えていたのが、「今度は旅行してみようかな？」と言いだしたりするんですよね。

主体性を患者さんに求める

磯前　悪循環で回っていたのが、別の方向へ行くわけですね。精神分析や傾聴だと身体に触れられませんが、マッサージで身体に触れるというのは大きいのですかね？

須之内　私ところに来る患者さんは、触れられるのが目的で来るわけです。目的が触れられること。精神の安定は自分の要求外のことなんですね。じつは話している間に、心を刺激されると、体の方にも反応が出るということが自覚的にわかるわけです。ですから、もう終わっちゃたんですか？という感じで言うんですよ。「あなた半分以上眠っていたよ」と言うこともあるし、あとは喋っている時もありますが、どっちにしても短いと言う。気持ちがいいと感じていらっしゃる患者さんほど、時間が短いと感じていますね。

　また、そのようにすごい勢いで話す患者さんほど「次はいつ来ればいいですか？」と尋ねます。そういう場合、私は必ず「我慢してください」と言います。「何度も来ようと思わず、どうしようもなくなったら来てください。自分で予約してください」と言います。

磯前　須之内さんが次回はいつと指定するのではなく、自分で決めてくれということですね。それはどういう効果があるのでしょうか？

　精神分析の文脈では、いわゆる「主体が立つ」ということかなと思うのですけれど、患者が須之内さんのいう通りに予定を決めるのではなく、判断はあくまでも自分であって、自分がやろうという意思がないと、依存しすぎてしまうということですか。

須之内　私が一生懸命治療しても、治療後に大事な仕事が舞い込んで夢中で体を酷使したりすると、治療効果は何分の一かになってしまいます。だから完全に直そうと思って定期的に来るのはあまり意味がない。むしろ、自分が主体的にこれを治したいとか、気分を変えたいとか、自分で選んで来てくださいと私は言います。

磯前　やりようによっては毎日来てもらうことも可能になるのではないですか。

須之内　一種の暗示ですね。一ヵ月続けてやらないと大変なことになると暗示をかけることもできると思います。利益追求のためにはその方がいいかもしれない。しかし私は、あまり商売が上手でないのと、儲けるために何人か人を使って手広くやるとか、ダメなんですね。

磯前　それはやはり、よき治療者であるということになりますね。患者さんが自立できていくように支えるという。

須之内　そうですね。暗示で誘導するような治療は、儲けのためにはいいけれども私はあまり好きではないのです。

磯前　そうすると、良い信頼関係ができると、うまく話が聞けるとおっしゃいましたが、反対に悪い信頼関係、マイナスの転移を聞いてしまうということになりかねない。マッサージ師が担っている役割は、プラスにもいくし、マイナスにもいく。大きいものですね。

須之内　たとえば、治らないけれど治療に来ている患者さんもいます。治らない患者さんに対してどう治療するのかという問題もあります。そういう場合、非常手段としては、私の視力は治らないけれども、七十歳まで生きていて、嫌だったというよりは、生きていてよかったと話すことがあります。そうすると患者さんはびっくりしちゃう。自分のことなんて大したことないと気が付いたりするんです。非常手段ですが、自分の障害を利用するということがあります。

磯前　自分の悩みを相対化してちっぽけだと感じる患者さんもいるんですね。

マッサージと被災地の傾聴活動の親和性

磯前　そのような経験を、今回の会議であった被災地の人と重ね合わせますと、たとえば、お坊さんたちが仮設住宅へ行ってお話を伺う時に、話をする人もいれば話をしない人もいる。なかには「お前とは話をしない。どうせ家族も死んでいないのに」と言うこともあるそうです。その時に、訪問する側の彼らが言うには「私にはわかりません」と言う姿勢が大切だと。これは解決がつかない話ですけれど、わかったふりするとドアは閉じるけれど、わからない、正直に接するとドアを開けて話をする。そういう仮設住宅訪問と近いところはあるのでしょうか。

須之内　私は、被災地の仮設住宅訪問の話を聞かせていただいて、一つは、人間というのが、誰かに話したいという心の動きが最初からあるんじゃないかと思うんです。ところが、行政とか、自治体が自分たちの思いを聞いてくれない。その不満が本当の意味でお話を聞かせてくださいと来る人にも話さなくなってしまうのではないかと思うのです。ただその声は、個人個人の経験が影響しますので、「ああ、よく来てくれました」と受け入れる人もいれば、「どうせお前らも国のやつと変わりないんだろ」という気持ちがあって、訪問者を打ちのめすことで、自分のストレスを解消しているみたいな心の動きへと、ねじれてしまう人もいるのではないですかね。

磯前　そういうねじれてしまう人に対して、金沢さんたちは関わっているようです（第一部参照）。自分たちは役に立たないことを認めて話すと対話が可能になるというんですが、それは水道をずらしながら水道を流させるんだと思うのです。

須之内　そうだと思いますね。行政で話を聞く立場の人にもいろんな事情があるんですよね。国とか県とか、自治体側にも規則とかルールに従わないといけない。また、被害を直接受けていない人からの不満も聞かないといけない。被災者の不満の中に、ある程度理解力のある人だったら、「向こうには向こうの言い分もあるよね」くらいの理解はあると思うんですよ。ところが、不満が自分の精神を超えるくらいのすごいものだとやはり、いきなり口移しに「俺のこの気持ちを受け取れ」みたいな人は、一旦ひどい目にあうと「喋ってたまるか！」みたいな逆のストレスになることもあるんですね。それがもし、私のところに来た場合には「あなたがご飯を食べられないのは、多分疲れていて、ストレスから胃腸障害を起こしているんだから、ここと、ここのツボを押すだけで、精神の不満は治らないけれど、ご飯は食べられるようになるよ」と、そちら側からアプローチするわけです。ご飯を食べられなかった人が食べて、寝ていた人が起きられるようになると、今度気持ちって変わるんですよね。その変わらない人が、医療的処置の必要な病気なんだと思います。健康なら変われるんです。

磯前　そうすると、鈴木岩弓先生の関わっている、カフェ・デ・モンクでの話がありましたが、お坊さんがケーキと紅茶を飲みながら愚痴を聞く（第一部高橋論文参照）。説教するのではなく聞く。ケーキと紅茶を提供するのは体を触るのと同じで、栄養をとって食べてもらい、答えはないけれど、聞く。説教しないという点で、マッサージも説教しないで、身体を揉んで聞くということでマッサージと傾聴というのは、近い関係ですよね。

須之内　体をリラックスさせるという意味では近いですよね。糖分とかデンプンとか。エネルギーの元になるわけですね。食べることでホッとする。そういう刺激は、まちがいなく気持ちを変化させますね。自分の好きなものを食べるということで、世間のモヤモヤはどうでもよくなってしまうでしょう。自分の世界に入れるんだと思いますね。

一見関係しないようなものでも関係するんです。ツボ刺激を受けたことのある人ならわかっていただけると思いますが、足の裏を刺激していると、頭の方まで刺激が伝わる時があります。それから、首を揉んでいると、足までだるくなったり、気持ちよくなったりするんです。つまり、身体というのはシステムですから、ある部分を刺激すると全体のシステムに影響するんです。それは一種の治療法として昔から漢方でも王様が家来に「ここが治るのはどういう理由なんだ?」と質問すると、家来は研究して発表するという世界があります。二千年、三千年前から、ツボと内臓、ツボと心、あるものを食べ過ぎるとどういうことが起こるかというのは、体験的なものとしてかなり詳しく記述されているんですね。そういうものから、私たちはいまだに勉強しています。玉石混交で、嘘もたくさんありますが、今でも使えるものも多くあります。

気持ちの変化を促す

磯前　聞いているうちに、話者の心持ちが変わってくるわけですね。答えは求めていないし、答えることもできない。死者を甦らすこともできないし、その人の気持ちを代わりに埋めることもできないでしょうけれども、聞いている中でその人の気持ちも変わってくるということですかね?

須之内　そうですね。患者さんの反応としては、そういった人がまた同じような人を連れてくるんですよ。「お前もここで楽になれ」みたいにね。それはいくらか私のことを信用してくれているということです。

磯前　やはり治療行為には。信用というプラスの転移は精神分析と同じように必要なんですね。聞く時間を提供し、聞いている人がいるという安心は必要なわけですね。しかも、それは必ずしも正解を与えるものではない。

須之内　私はそう思っています。マッサージは通常、治療に来て一時間くらいの時間が充てられて、結果的には、いくら払うという商売ですよね。その中で痛みだけを取ってくれという人もいます。マラソン選手とか、サッカー選手とか、膝の痛みを何日までに取って、試合に出られるようにしてくれという目的の人もあるんですけれども、一時間をどう使おうとも患者さんの自由です。ですから、その時間を自分の不満とかストレスを解消するために喋って喋りまくる人もいますし、深刻な問題を私に提示して、どうしたらいいでしょう?と尋ねる人もいます。私には答えは出せないので「その問題はすごい身体に影響するからとにかく身体を壊さないように、散歩したり、美味しいものを食べたり大事件の中から逃げるようなことも必要じゃないか」と提案するわけです。全然、正面からの答えじゃないです。たとえば離婚問題であっても、原発の賠償、補償問題であっても、私には、全然解決できませんが、そのことで体を壊さないように、その方法を教えることはできると話をずらすわけです。

磯前　そうすると、患者さんの心がひとりでに自分で新しい方向を探したり治癒する力も生まれたりという、そういう空間ができてくるということですね。

須之内　そうですね。極端な話、自分が電気の漏電箇所に指を触らせて、ビリビリしびれて、痛いと感電しちゃうというとき、そのビリビリするところから手を離してみたらどうなの?とか、スイッチきれないの?とか言ってみるわけです。そうするとスイッチは切れないから、そのビリビリする漏電箇所から離れるくらいならできるとか、そういうことを提案します。本人は夢中になっていますから意外とそういった当たり前のことが思いつかないんです。

非当事者の視点

磯前　その人の生活の外側にいるということで視点が違うんですね。それは、被災地の外側から来ている人が、同じ外側から来た人に対して「私は被災地に〇〇回行った」とかいうのです。当事者の人は言いません。どれだけ被災地に近いか、数が多いかっていうことが関わる資格だという揉め事が、一時あったのです。そういったことを通して私が思うのは、外側の人間だから違う視点で関わることができると。家族じゃないからみんなが気づいていないことを提案できる。なまじ当事者で一緒にわかる、わかるというよりは、わからないところに意味を持てるかもしれないと思うのですが、いかがでしょう。

須之内　私は外野の立場ですね。外野的な考え方というのは、話が煮詰まって来た時点でかなり大事なんじゃないかと思いますね。このあいだ、あれは、岩手県の語り部の方がテレビで「私らは村の人にも応援に来てくれる人にも、子どもにも大人にも、津波の話を喋って仮設住宅にいるときまでは話せたけれど、公営住宅できちっと一人一部屋と割り当てられたら、喋るスペース、娯楽室がなくて、結局は孤立状態で語り部、経験者の喋るチャンスがなくなってしまった」と、こぼしているおばあちゃんがいました。一生喋るつもりでいたのに、喋れなくなっちゃったと、方言で気持ちを込めておっしゃっていましたね。

結局、当事者たちというのは、渦の中に巻き込まれてしまうわけです。だったら、そういう人を引っ張り出してよそで喋ってもらうという方法もある。外野はそういうことを考えますが、当事者は、なかなかこれまでの体験と、今の不満がグチャグチャになって余計不満が溜まっちゃうわけですね。そうするとやっぱり生活の外に出て喋ってくれないか、ということを提案すると満足してもらえると思います。そういう意味で当事者というのは大変です。外野は物言いも気楽ですから。

磯前　外野であるということは大事ですね。みんなが内野だったら大変ですもんね。

震災以後の心配と依存について

磯前　宗教のイメージが、東日本大震災以降、新しく塗り変わったと言われます。被災地へ行って「私はキリスト教……」「私は仏教で真理を知っているから……」と一方的に喋る人は被災者にあまりプラスにならない。むしろ被災者が話すことを聞くことが大事だと言われます。ここまでは今回の教訓から出て来たことなのですが、今のお話を聞いていると、ただ聞くだけではなく、聞くということが、喋る被災者が積極的に行動したり、物を考えたり、被災者が変わるために聞くということが大事ですね。ただ憂さ晴らしで聞いていればいいということではないのですね。

須之内　私がこれから心配なのは、被災者の中で、生きる希望もない人みたいに追い込まれる人が出てくることです。それはわたしたちが昔経験した、障害者に対して、私たちは差別意識を感じるけれども、まわりの人は差別を一つもしてないよ、という関係になってしまうことですね。

磯前　それはどういうことですか？　障害者の場合で、差別をしていないと思っているまわりの人と、障害者の方が差別を感じるズレというのは。

須之内　小学校の頃の話をしますと、まず、障害者は珍しいので障害者に対していろいろ質問を投げかけてきます。私の場合は目が見えないので「目が見えないというのはどういうことか」ということをいろいろテストするわけです。それぞれ思い思いにテストをするのです。この指は何本だとか、何指だとか。帽子を私からとってポーンと投げ捨てて「どこに行ったかわかるか？」とか。彼らにしてみたらテストなんですね。しかし、私にとったら辛いわけです。まわりも、わかってはいるんだけれど面白くて楽しいんですね。

それと同じで、人の不幸はそういうふうに扱われることがあります。まわりの人の可哀想にという言葉と、本人たちの必死の生活とのズレ、踏みつけられるような気持ちはあると思うんです。

磯前　そうですね。震災後生き延びても、仮設住宅やその後の生活で、踏みつけられるような思いを持つこともあるでしょうね。

もう一つは、精神分析の先生が言っているんですが「具体的な活動をしないと精神分析がならない」と。その精神分析の部屋というのは人間の心だということですけれども、そこでは問題は解決しない。もし、本人が問題を解決したいときは、分析者はそこから動かないけれども、日常で家族との関係を考え直してみるとか、職場との関係を考えたことをどうやって具体的に動くかだと。それをまた分析室に持ってくるのはいいけれども、分析室で話しただけで心の病気が治っちゃうというようなことはないんですよね。

須之内　わかりますね。それは。たとえば、五年間くらい別の治療院に通っていた人が、突然ある人の紹介でうちに来たりするわけです。そして三回くらい治療したら治っちゃうことが、たまにあるんです。そうするとその人はすごいびっくりしちゃうんです。そのびっくりする理由を私が説明するんです。たとえばあなたは治らないように治療されていたんですよ。というんです。その治療院で治らないように五年間、十年間治療院に来るように、治療する方法があって、それをされていただけで、私は治しちゃっただけなんですよ。そうすると笑い出すわけです。じゃあ私は引っかかっていたのか、と。その人は仕事ができるようになるんです。あなたは何でもなかったのに、悪い方悪い方へ治療を受けていたんだからというと、仕事を始められるんです。三日四日やって一週間するとクタクタになって「やっぱりダメだわ」というわけです。当たり前でしょ。入院患者がいきなり外で仕事すると疲れますから。そういう疲れをうちで取ればいいからと言うと、だんだん復活して来るわけですね。

磯前　日常の生活と、分析室、治療室、そういうのが行ったり来たりしているのですね。

須之内　そうすると仕事の量が増えて、私のことなんか忘れてしまえば一番いいわけですね。

磯前　須之内さんのところへ来ると楽になるので、職場も一緒に来てくれて、一緒にずっといてくれないかという風にならないですか？

須之内　そういう人は、不安症のような人ですね。役所や銀行に勤めているということはすごいストレスらしくて、一週間体力が持たないそうなんです。その人は、水曜日、木曜日になるとフラフラになって必死に土曜日まで、土曜日までと思って、土曜日にマッサージ治療に来るわけです。もう来られないような事情があるとパニックになってしまう。そんな人もいます。私からは「電池切れだね」と言いますが。

磯前　精神分析でもユング派の河合隼雄さんにはこんなエピソードがあります。あまりにも河合先生の分析が上手なので、私と結婚してくれないかという患者さんがいたそうです。毎日一緒に暮らすときっとすごく楽だから結婚してくださいと言われたのですが、河合先生は、それとこれは違うとおっしゃったそうです。

須之内さんと結婚して毎日マッサージしてもらっ

ていたら、何の問題もなくなってしまうよねと言われた場合、須之内さんはどう思われますか。

須之内　無理でしょうね。それは多分、一つの川の向こうとこっちみたいなもので、橋を渡って、別のところへ行くことで、私との縁が一瞬でも切れるわけです。その往来が重要で、患者さんは家に帰ったり、あるいは別の世界に没頭したりしてくれないと意味がないわけです。

磯前　ましてや患者さんに結婚してくれと言われて一緒に暮らしたら、マッサージ師の普通の一面を見て効果が減るということですか？

須之内　効果が減るどころか、マイナスになると思いますね。もっといい治療師を探し出すと思います。求めるものが違って来ると思います。

磯前　あまり日常的な関係になってしまうと、治療の効果も下がって来るという事ですね。

須之内　十分にあり得ます。うちへ来る人は、距離が遠い人ほどありがたがってくれますね。たとえば、京都で仕事をしていて、京都から予約を入れて来るような方の方が、ありがたがってくださいます。

磯前　遠くから来ているぶん、手間をかけているぶん、本気度が違うという事ですね。

須之内　温泉なんかもそうですね。遠くの温泉の方がありがたいですね。隣のスーパー銭湯よりは長野とか福島とか遠くの温泉の方がありがたいという心理状態と似ていますね。

プロのマッサージ師とは？

磯前　精神分析の先生は個人的なことは語りませんが、須之内さんは自分の日常を必要に応じて出すだけで、すべてを出さない方がいいと考えていらっしゃいますか？

須之内　私はそう思っていますね。自分はせいぜい目が見えないとかですね。何か事例を出すときには、患者さんの中から名前を伏せた状態で、具体的な話をすると効果があります。「あなたの状態とよく似ている人がいます。それでもその人は元気に生きていますし、大丈夫ですよ。二十年も前に同じことを言っていて、今でも生きていますよ」と。

磯前　そうすると「自分をさらけ出すのはいいわけではない」「話させることが大事で、自分の話をする事は控える」こう行ったことが、プロのマッサージ師の自覚、必要な姿勢でしょうか。

須之内　私は話好きですから、喋りますけれど、喋っている内容が、相手の心を刺激したり、誘導したりするような話は好きではないですね。基本的に私は学問がないんです。

中学二年まで地元の普通学校には通っていましたが、黒板もノートも見えない状態で話を聞いているだけでした。学校生活も不便なところがたくさんありまして、たとえば、夕方、掃除の時間に板の間の廊下とか、教室を濡れ雑巾で拭くんです。しかし、歩いているとバケツを蹴って倒してしまうんです。みんなに迷惑をかけてしまうんです。人に迷惑にかけるので、ビクビクしながら学校に行って、無事に何もなく帰ってこられれば満点という感じで、おどおどしながら暮らしていたんです。

学校の授業は聞くだけで、予習も復習もできないので、将来の望みはなかったんです。

磯前　もう子どもの頃に、将来の望みはなかったんですか。

須之内　小さい時から何になろうとか、夢を持たないで暮らしていたんです。

たまたま中学二年の担任が、盲学校に同級生が就職しているというので、「盲学校に入るか」と誘われました。私は、すぐに「入ります」と答えて、中学三年生から盲学校に入ったんです。

大げさに言えば、地獄から救われたような感じです。やることなすことすべてが嬉しくて嬉しくて、盲学校生活というのは私のような無知な人間が少しずつ知識を増やしていける。それだけで嬉しかったですね。まわりの人は進学を話題にしていましたけれど、そんなことはどうでもよくて、少しずつ自己流でも知識が入ることで満足していました。英語とか数学とかわからなくても、それでも嬉しかったですね。言葉の知らない人が言葉を覚える、文字を知らない人間が、点字で文字を扱えて、好きな本が読めるとか。まあ普通の誰もが味わえることを中学三年の秋くらいから自分の手に入った感じがしました。

ですから、無学とか文盲とかいろんな言い方がありますけれど、それが少しでも解決しそうになるというのは、希望が湧いて来ましたね。そういう意味での希望ですね。将来どうするかということを考える余裕はなかったですけれども、こういう風に知識とか学問とかいうのは、身につけていくのだなとその時に思いました。

磯前　そのときにその、もっと早く盲学校に入っていれば、基本的なこともわかって、後ろ向きにはならなかったんですか？

須之内　貧しかったですからね。私の時代の生まれ故郷は。ですからその時点で親やまわりを責めても無理だろうと思いました。あとは、能天気でいい加減な人間だというのがよかったのではないでしょうかね。

磯前　「自分にはもっとできるはずで、目が見えれば」とかそんな風に考える人の場合どうなってしまうのでしょうか？

須之内　性格があると思いますけれど、それをプラスにできる人、不自由をバネにして先に進むタイプの人と、私のように不便さがほんの少し解決するだけで感激してしまうという単純な人間というのがいるでしょう。不満でもなんでもエネルギーにして先に突っ走れる人は羨ましいです。私は最初から、バネになるエネルギーがありませんし、この辺でいいよという感じで生きて来ましたので。そんなに先に行こうと考えない人間なので。たとえば、磯前先生のお話を聞くときも、頭を真っ白にして聞いているんですね。前に伺ったことは参考にはしますけれど、次にどういうお話をしてもらえるのかなと考えながら時間を過ごしているので、私の場合は楽しいんですね。だから、そのいろんな話をしてくれる患者さんは、私にとって教師なんです。

磯前　改めて伺いますと、プロのマッサージ師になるというのは、精神的な意味ではどういうことでしょうか？

須之内　私は、マッサージ師は千差万別で、人間ですからいろんな方がいる。患者さんが満足すれば、無言でマッサージをしてお金をいただく人がいてもいいと思います。個人個人、水準があるようでないんです。私はどちらかというと患者さんの苦痛をとることはもちろんですが、その人の人格そのものに興味があるんです。その人と会っていることが楽しいわけです。こんなに苦労しているのに、よく楽しそうでいられるなあとか、こんなに裕福なのに、こんな病的な精神になってしまうんだとかいろいろ考えさせられますね。

人に興味を持つこと

磯前　そうすると被災地で言われる話としては、宗教者が一方的に説教しようと思うとうまくいかない。逆に自分は被災者じゃないし、自分はわからないと無心になって、謙虚になって接すると却ってうまくいく。と。これは、須之内さんの経験と重なると思うのですが、いかがでしょうか。

須之内　私は、被災地に行ってインタビューしなさいと言われたら、被災で体験したそのことに興味を持つと思います。先入観を持たないというのはもちろんですが、それ以上にその方がどんな辛い思いをしたのか、興味を持つと思います。話をしてくれない人でも、あなたのことに興味があるという形で接すれば、気持ちを開いてくれると思うんですね。

私のところに見える患者さんは、私になんらかの期待をして来てくれます。辛さや痛みをとってくれるとか。そういう方に対しては治療のサービスと、気持ちを汲み取るサービスをしてお金をいただいて帰ってもらう。私が、もしお話を聞く係で被災地に行くのなら、集団ではなく、個人に興味を持つと思いますね。集団では、私はできないと思います。

磯前　自分が救ってあげるとか、救いたいという気持ちがある状態とは違いますね。

須之内　治療に来る方は見ず知らずの人も大勢います。過去の病歴とかどこで暮らしたりしているとか、何年生まれですかという基本的な問診を先にするわけです。

そこから、興味を持つのです。興味がないのに施術を行っては失礼なわけです。

磯前　救いたいという気持ちが先走ると、個人が見えなくなってしまうでしょうか。

須之内　個人ですよね。誰しも「私を一番大事にしてください」と人間は思いますよね。五分でも長く治療して欲しいとか、終わるときにはもう終わっちゃったんですね。とかいう言葉に表れます。

ですから、あなたに興味があると思って被災地に行くのが基本だと思います。

磯前　これまでの須之内さんの人生で「諦め」を基本にしながら生きてこられたということが、役に立つことはないのでしょうか。

須之内　点字じゃない文字を墨字と言いますが、そういうもので情報を得ている人と、私とでは情報量が全然違うんです。いくらパソコンが使えても、見える人でしたら、写真も一瞬でわかりますからね。私たちはもう「諦めている」んです。できれば、もっと情報を欲しいとは思っていますけれど、そんなこと言っても、手に入るはずがないと思っていますので。自分の情報であなたを救うというと、私なんかの場合はできないわけです。気持ちを汲んで楽にしてあげようなんて、その人の心の中の莫大な量の辛さなんていうのは、解決不能なわけです。私には無理。

でも、「あなたに興味がある。今日は二時間なら二時間、あなたの一部分の情報を教えてください」というそういう気持ちでお邪魔すると思いますね。

磯前　そういう姿勢は治療の姿勢と関係しているように思います。自分が絶対的に治すというよりも、その人たちが持っている、本人のエネルギーを活かすという。それと、お話を聞くというのは近いのでしょうか。

須之内　そう思いますね。私たちの治療を「物理療法」と呼びます。手を当てるというのはスキンシップであり、その人と接触できるわけです。接触する、触ったり叩いたりするということは自律神経に刺激を与えるということなんです。そうして血液の流れがよくなると、その人の持っている自然治癒力を高めるんですね。私が治すんじゃなくて、辛いこととか苦しいことを話しているうちに、幾らかでも心が休まれば、自分のエネルギーが治す方へ向かうんです。我慢しているエネルギーをほんの少し解放することで、その余力が自然治癒力を高めて、あとは本人の力で治り始めるんです。人間はそういうふうにできていると思います。言葉を持っている人間は、言葉で治せる部分があると思います。

「見えないこと」の可能性

磯前　その時に治す側の治療者、宗教者と言い換えてもいいと思いますが、そちら側に誘惑が起きて、私も辛いんだと言って、あまりにも辛い人たちに対して自分の辛さを共有して告白したいという危険性はありませんか。辛い状況の人たちを見て、自分の辛さも吐き出したいというのはないのでしょうか。

須之内　その人が訴えることとの参考のために、そういう体験をした人を知っているとか、私も体験をしたというような、会話の受け答えの中で提示することはありますけれど、自分の方がもっと辛いと主張して、相手の辛さを封じるのは、自然治癒力とか、免疫力を高めることからするとマイナスになりますよね。

たとえば、あなたはこうすればいいとアドバイスします。本当は、その人もそう思っているかもしれません。でも実際は、できないから悩んでいるんです。その意味で急いで治す、急いで解決しようというのは危ない部分があると思いますね。

磯前　それはどういう意味で危ないのでしょうか

須之内　たとえば、すでに心の中には一つの辛さの塊があるわけです。自分がそう思ってないのに、そこまで言っていないのに、相手に指摘されると、辛さの塊がまだ小さくなっていないのに、もう一つ努力しなくてはいけなくなる。先生なら先生の言った通りにしないと、という風に被災者が思って努力をすると、心の中に二つの辛い塊ができるわけです。つまり、その人にとっては二重の苦労を背負ってしまう可能性があるわけですね。全部がそうとはいいませんが。解決を急ぐような行為はこのような意味で危ないと思います。

震災から六年経っても解決していないわけですから。ボランティアに行って、頑張りを伝えてしまうと、これ以上どうやって頑張ればいいんだという言葉がありましたけれど、三つも四つも心の中に塊を抱え込むような場合もあると思うのです。

磯前　いろいろなことを「諦める」ことで得られる心の状態の習得でもあるのでしょうか。色んなことが思い通りにいくと思う人は他人にもそう接するし、うまくいかないんでしょうね。

須之内　偉い先生というと構えますよね。構えるだけでストレスになりますから。私なんか何にもない人間ですから「俺わからない」という感じで会話が弾む時は、患者さんの方が明るいですね。

磯前　明るくなれるし、素直になれる。

須之内　そうです。おまけに目も見えないんだよというと、明るくなりますね。ちょっとくらい変な格好をしても何も見えないから大丈夫だよ、みたいな気楽さがありますね。

磯前　それは東北で言えば、イタコさんたちが目の見えない方がなっていたということと関係して入るように思いますが。

須之内　目の見えない人は、仕事がないというのが大前提なんです。たいへんな修行をしてその修行に耐えた盲人がイタコになるんです。私の知り合いにも加持祈禱をする人がいました。彼も盲人で見えないということによる説得力といいましょうか、超人性を持っているというか、能力者として認められていました。

磯前　「見えないこと」が超人になる可能性を引き出すこともある。

そうすると、須之内さんには、普通の社会の人には見えないものが見えているということになるんじゃないでしょうか？　冒頭に言っていたように、見えないから信頼してくださっているけれども、見えている。思わぬ本音が相手から出てくることによって構築される社会、須之内さんが見えている社会は、どんな社会なんでしょうか？

須之内　そうですね。基本の中に私は貧しさがありますから。貧しい地域に育って、無学で育っています。結局、私にとっての社会というのは、たとえば、組織のリーダーになって物申す人もいますが、私は自信がなくてできない。むしろ、その人がどうしてそのリーダーになりたいのか、どうしてそういう気持ちが起きるのか、そっちの方に興味があるんです。

磯前　心の動きですね。

須之内　そうですね。人は全部心の動きが違いますんで。私は、もしマッサージをしないで、優秀で、いろんな免許あげるよって言われたら、そういうことをデータ化するような人間になっていたかもしれませんね。

磯前　精神分析にはぴったりですね。

須之内　ぴったりとまではいきませんけれども、社会と心の歪みみたいなことには興味があります。

磯前　歪みですか。

須之内　ほとんどが歪みではないでしょうか。母と子のストレスとか、父と子のストレスとか、それが社会とリーダーと支配される方との歪みとかですね。すべて歪みにつながっていくような気がするんです。

社会の歪みとマッサージ

磯前　じつは、今回の本のテーマの一つが、戦後の歪みということになるんです。震災が戦後の歪んでいるものを明らかにした。東北と東京、あるいは仙台と三陸の海側とか、漁師とエリートの家庭、死んだ人と死なない人とが分かれて、貧しい海浜地域が被害を被っていると、東北へ行ってもみんなが同じように傷ついたわけではなくて、やはり傷ついた人と傷つかない人とが意外に、経済的な問題とも関わって、そのときに、我々の会議でも、宗教者やいろんな人が入って助けたいと思うのですが、多分、思っている以上にすごく難しい問題がいっぱいあって、今日お話いただいたような心の問題、心に届かないという問題があるんですね。

ちょっと私が心配なのは、〝震災もの〟は売れないんですね。ですから一つはもうそういう大変なお話を聞くのは飽きちゃった。考えたくないという人がいっぱいいて。もう一つは、それに対して、いやもうこんなに温かい心の交流があって、ハッピーエンドの話がいっぱいあって、最初はみんなよかったんです。『災害ユートピア』という本が売れたくらいですから。それがだんだんと、自分たちの日常、そんなに綺麗に東北の被災地だけですばらしいお話で終わるわけがないと思っているわけですね。で、そのときにもうちょっとリアリティのある心の世界というのが、「いいよね、人間優しいよね」だけではない、その「歪み」を含めて心を見ないと社会にちゃんと関われないのではないかと。自己満足で世の中いいよね、と東北行って帰って来て京都で言うことは簡単ですけれども、そういう意味で、須之内さんが見ている治療室での心の歪みで苦しんだり、人に暴力を振るったりという、そういう世界がわからないと、そこがなんかすごく震災者で描かれるものって見落としているのではないかと。

須之内　先日福島の被災地の病院が閉鎖されたと聞きました。原発事故で誰もいなくなったはずの町で残された人の健康を守るため、必死で続けていた病院の院長が亡くなったのです。放射能の恐怖のなかで医療活動を続ける病院と、そこを頼って受診する患者さんとは、緊迫した状況のなかでなくてはならない関係になっていたはずです。何とか保っていたバランスが院長の死によって一気に崩れてしまったのです。病院の閉鎖は町に新たな歪みを作ってしまったのです。

磯前　そうすると、須之内さんがここでやっていらっしゃるようなことは、小さな人間の心の社会ではなく、一人一人の心の歪みがあって、そこに関わりながら社会と関わっている、ということになりますね。

須之内　自分はそう思っていますが、たいそうなことではありません。患者さんの背中には筋肉の緊張やしこりが目立ちます。それが首や腰に歪みを作って痛みの素になるわけです。

磯前　いったい、何が歪みを作り出すんでしょうか？

須之内　細かい仕事や重労働はもちろんですが、見逃せないのは人と人が近づけばそこに歪みが生まれると思うのです。

磯前　ああ、人間の環境は、基本的に歪みを持つ関係ですよね。

須之内　嫌なことだけが歪みを生み出すと思われますけれども、プラスの歪みもあるわけです。マイナスの歪みだけではなく。先生と接することによって、その生徒が押し上げられれば、それはプラス方向への歪みになる。人間は共同生活しないかぎり生きていけないようにできていますが、人と接すること自体が歪みを生じさせちゃうんじゃないでしょうか。

磯前　それは不可避なもので、ちゃんと補正していかなければいけない。

須之内　それをコントロールしたり、爆発的な歪みに持っていかないような、プラスに対してマイナスで相殺していくみたいな、そういう行為の一つがマッサージではないかと思います。

磯前　社会的に言えば、特定の人に歪みを集中させないようにするとかですね。歪みはしょうがないけれど、うまく分散しながら治していく、バランスを取るということは大事ですよね。

会議を振り返って

磯前　そういう須之内さんから見て、十一月の会議（第三部コラム参照）というのはどういう風に映ったのでしょうか？

須之内　私が心に残ったのは、その自分の心と被災地を対応させた方が何人かいらした。それは衝撃的でしたね。たとえば、被災を受けたことをある意味「やっぱりそうなったか」「ザマアミロ」という感覚で捉える人がいたり、自分の家庭が正常な状態じゃない方が、奉仕に没頭するみたいなそういう方の話がありました。自分の生活を正すことが大事なように私は思っちゃうんだけれど、その人にとっては、それ以上に奉仕活動に重きをおくという。そういう人がいることが衝撃でしたね。

磯前　それには二つ考えられるんですけれども、自分の持っている問題を何か自分の外側に見つけるわけです。逃避すれば、自分の日常はまったく置き去りにされたまま、被災地に入ってしまう。そうすると日常は全然解決されないけれども、日常を考えなくていい理由ができる。

もう一つは、被災地に行って何かを学んで日常に帰って来たときに、解決できるかもしれない。その二通りのチャンスと失敗の道があったと、私は今回聞いたのですけれども。須之内さんとしては、聞いた世界は、どういう道を辿っていきそうですか。どういう点で衝撃というか……

須之内　視覚障害者が何かをしようとすると、私を支援したり援助したりしてくれる人が必要なんです。ということは、私が被災地で活躍したいと思ったら、私を援助してくれる人を探さなきゃならない。そうすると「いいよ。お前来なくても、俺が行くから」というその援助する人がいたとしたら、「じゃあお前に任せた方が合理的だね」となっちゃうんです。そういう生き方を七十年してきた人間にとっては、家庭を横に置いておいて「俺頑張ってくる」というには、家族の許可がいると思うんですよ。家族が許可しないのにそれをすれば家庭が崩壊するに決まっているでしょ。そこのところが衝撃だったんです。

磯前　それは、私からすれば人間の弱さがあって、今日は精神分析の話をたとえに使っていますが、患者に入れ込むことで自分の問題を忘れたがる。それはいずれ仕返しを受けるわけです。もしかしたら、今日の多くのボランティアの中の何人かが、持っている病かもしれませんね。ボランティアによって自分が何者かになりたい。自分が何者かになれて向こうの人も幸せになれれば、それでいいですけれども。そうなるため、向こうの人が犠牲になったり、あるいは自分の家族と行った日常的なものが置いていかれる。この会議で出て来たような危なさだと思うんですけれども。

須之内　危うい感じですよね。

歪みを生み出す自覚

磯前　「サバイバーズ・ギルト」それを生き残った人の罪悪感と言いますけれども、見ていて難しいのは、罪悪感とどう向き合うのかというのが難しくて、罪悪感にとらわれちゃうと、自分の生活が破滅して、罪悪感とか不安とうまく向き合う能力を持たない人が入ると、大変なのかなと思うのですが。

須之内　確かに。今回はいきなり大きな歪みが生じたので、どうしようもないのですが、小さな歪みのうちに解決できるものは解決しておかないと、大きな歪みが来たときに、それはもう破滅的になりますよね。直接被害を受けていなくてもね。たとえば五百キロ先の親戚の歪みでも、そのまま自分の家庭に飛んでくることもありますから。

磯前　いま問題になった「家庭」、もう一つは「大学」、これだけ臨床宗教師とか、宗教教団のボランティアが流行っていくと、それがビジネスになるわけです。負い目のある人たちは、自分のアイデンティティを探せるし、学校としては、特に宗教系の学校では、それを講座にすることで予算が得られる。そういう意味で本当に自分たちが現地に行ったときに、自分の感情とどう向き合ったか、行く人自体の感情と自分がどう向き合ったかがないと、福島とか東北の名前を借りてビジネスをやって、最後、儲かったのは自分で、東北の人たちが傷ついてしまうということも出てくるのではないかと、私はそんな気がするんです。

須之内　除染という仕事ひとつ見ても、明らかにビジネスライクでやっているわけですから、それとその本当に戻れるのか、戻れないと思いながら遠くから見守っている人との、心の差というのはすさまじいものですよね。

磯前　マッサージ師とか分析家が患者さんに接するときに、自分自身の問題を挿入しないということ、思い込みを入れないということと同じように、傾聴行為の宗教ボランティアも自分自身の感情ときちんと向き合わなければ、問題が出てくるということでしょうか？

須之内　私の場合は、小さな世界で生きていますので、いただいたお金に値する満足感を持って帰ってくれているかというのが問題になるわけですよ。そうすると、その患者さんが、三千円なり五千円なりの値段が安いか、高いかで二度と来なくなるわけですよ。それがやはり国策だったり、一つの復興事業だったり、それに関わる人たちと現地の被災者達との間には、なんにも実感としての対応関係がないわけですね。そこに残酷なことが生まれてしまうんじゃないでしょうか。マッサージは、評判が悪ければ潰れるわけですから、常にみんな覚悟しながらやっているわけで、評判を落とさないで、どうやって自分の仕事を維持するかを考えています。国策の復興事業は評判とは関係なく、ともかくやるだけで、「現地の人はどうでもいいんだ」という人たちが入り込む恐怖は感じますよね。ボランティアもその中に組み込まれるとしたら、怖いですね。

磯前　まあ、歪みとかが必ず伴っているという見方は必要ですね。「自分が関わること自体も歪みを作る」という理解がないまま、善意だけで関わると、とても危ういものが起きかねない気がします。

価値を添えること

須之内　被災地でコーヒーを無料で飲んでもらうよりは、有料の方が、より価値が出てくると思うのです。価値があれば来るわけです。価値がなければ、その店なり傾聴の施設は潰れるわけです。潰れることも、ある意味大事だと思うんですよ。人間は死んでいくという前提があるから、生きている間どうするか。人によっては死後どうするかという発想になるわけですけれど、生きていられる状態だと、緊張感というか価値の創造が生まれない危険性があると思うんです。私は、有料で何かするというのは復興の過程において大事なことだと思います。

磯前　それを被災者からいえば、何年か経って、ずっと無料で食べ物や飲み物をいただいている、無料で話を聞いてくれるということはある意味で辛いことだといえますし、別のそれが当たり前だと思ったら、被災者という立場に自分が甘んじてしまうということですね。

須之内　私もそう思いますね。魅力的でみんなに本当の意味で満足してもらえるものは、無料だからいいとは言えないですね。有料の意味は大きいと思います。

磯前　そこで無料で実施する、やらせていただいているとボランティアが思っているとしても、自分の問題を見ないことにする理由になり、自分の中の弱さが増長しちゃうということもありますよね。今日のお話を聞いていると、マッサージとか、治療者のプロというのは、そこを乗り越えないといけない。

須之内　そこは、本当に大切な部分だと思います。

障害者から見た震災

磯前　マッサージ師であり障害者である須之内さんは、障害者であることがマッサージ師としてのメリットがあるというお立場かと思います。障害者として捉える震災について、お話いただけませんか。

須之内　障害者の九割は置き去りにされていますから、不満だらけですよね。本当に親しい人とか、親戚がいる人は援助を受けていましたけれど、被災現場からとにかく避難所に行った時点で、もう完全に何もできませんので、これからの方針として障害者は、福祉施設で集まるみたいなことが決まったわけですけれど、一般の皆さんに障害者に対して、どうしたらいいかというその構想や提言は難しいと思います。というのは学者の皆さんは専門家ではあっても、障害者に関する情報が少ないと思います。障害者はあまりに幅が広いですから。車椅子の人もいれば、呼吸器をつけた人もいるし、視覚障害も、聴覚障害もいるし、緊急時に行政が対応できる状況ではないと思います。

磯前　ボランティアはそれに対応できたのでしょうか。

須之内　全然できてないでしょうね。最初は。

磯前　だんだんできるようになってきているのでしょうか。

須之内　結局、被災者の声を聞き、被災者が語り部になって活動を始めたというくらいですね。また、次の震災が起これば、また数えきれない問題が出てきて、前よりは少し良くなったけれど、改めて対策を考えようという風になると思います。神戸の地震がありましたが、神戸の対策が東日本に生かされたのかというと、そうは言えません。障害者が大変なことは一緒ですが、障害者がどうしたらいいか自治体もわからないままだと思います。

磯前　一つは障害者と呼ばれる人が多様で、その多様性にきちんと対応できない。そういうことがあって、災害が起きた時に、障害者と一括して呼ばれる人がケア、サポートが遅れると理解してよろしいのでしょうか。

須之内　そうです。そこへもってきて、個人の情報をみだりに出せないという法律ができてしまったので、障害者のリストを出してくれと役所に行っても出してくれません。個人の許可がないから無理です。

磯前　障害者の方への支援に入れないということですか。

須之内　置き去りにせざるを得ないんですね。役所も置き去りにする理由になるのです。

磯前　東北ではそういう議論はされているのでしょうか。

須之内　偉い人の間ではされていません。障害者の間ではされています。いちおう日本盲人会連合ですとか、要するに団体が中央から下部組織まで地方にありますのでそのルートのあるグループはやっています。でもまだ、隠れた障害者もありますので、完全ではないですね。

磯前　生活は徐々に障害者の方たちも復興してきたのでしょうか？

須之内　そうですね。わりと視覚障害者は組織がしっかりしていますので、あと、それなりにマッサージ師とか鍼師とか商売をやっていますので、しっかりしていますが、完全に国の手当とか、家族の援助で生きている人は、とても無理な状態ですね。

磯前　やはり、十一月の会議では社会からこぼれ出る人、被災者ということでしたが、さらにそういった被災者からこぼれ出る人もいるということですよね。

須之内　ですから私はわりと、会議を客観的に見られたんですよね。私たちの話をそこに入れれば混乱するだけですから。まず外野的な立場から聞けたわけですね。自分の世界をそこで濡れ雑巾のように持ち込んでビシャビシャとみなさんに触らせると、混乱しますから、私は最初からやめました。

被災地の内と外

磯前　私が今、被差別部落と宗教という研究会をやっているんですが、そこには被差別部落出身の方もいるんですね。被害者だからお前たちはわからないだろうという立場は絶対とっていないんです。意外に（そういう姿勢を）とるのは、もうちょっと近い人、被差別部落に出入りしている人が、当事者の立場を装うことはあるんですね。自分の問題をすり替えるということがあるんだろうと思います。意外に当事者の人たちは状況がひどいので、いまさら単純に言挙げしてもうまくいかないので、長期的な視点や、ある種の諦めを持ちながら関わっている。一番危ないのは、被災地でいえば、被災地に通っている被災地の外側の人が、当事者の立場に立っちゃうということ。私は、それはすごく自分の弱さに溺れてしまうことなのかなと思うんです。被災という出来事を言い訳に自分を正義に置いたり、自分を弱さに置いたり、一方でそれに反発する人は、だから自分は行かないんだという。「行かないのはまともだ」と、行かないことを正当化する人と、行くことで自分が被災者であるように振る舞う人が、常に震災でも部落問題でもあって、韓国と日本の間にもあるように思えてなりません。弱さに耽溺して自分を正当化しちゃうというのは、意外と当事者じゃない人がやっている気がします。

須之内　障害者と結婚する人の気持ちはさまざまでしょうが、私の妻も、いちおう健常者と言われている人間なんですけれども、私が係わっているグループに妻もいたわけです。あのころは皆心のバランスを維持するためにグループ活動をしていました。何年かして結婚の話が持ち上がるとその波紋が妻の家庭を混乱させてしまったんですね。私は遠くの田舎にいたので詳しくは分からなかったんですが妻は大変だった様です。

障害者が何かをするとその周囲で混乱が生じることはいつも意識していないといけないと思います。でも、それを怖がって閉じこもっていると何も実現しないのでそれも困るわけです。

結婚のきっかけには偶然や強い意志などいろいろですが強烈な個性に吸い込まれるように結婚するカップルや、うちみたいに混乱の後に結婚したのに喧嘩ばかりしている夫婦もいたりして面白いです。四十年余りたっても障害者問題は解消できない部分が多いですね。特に結婚となると話がこじれる例が多いです。社会的な差別問題に通ずるところがありますね。

磯前　被災地と被災地の外側の人ですよね。何らかの問題を抱えながらそこに入って行くと。私は五年間見ていて、被災地や被差別部落に関わる学者を見ていて思うのですけれども、そういう関わり方をする動機は悪くない。しかし、その動機をそういうふうに自分の問題に持ち帰っていける人なのか、忘れるためにずっと忘れようとする人なのか、そこで全然、その被災地とか障害を持っている人の生活は変わってくるだろうと思います。自分を持ち込める、自分の弱さを認められない言い訳のために被災地や障害者と関わると、あまりいい結果が生まれてこないのではないかと五年間見ていて思うのです。

須之内　私もそう想像しますね。

これからの支援

磯前　これまで、宗教も可能性があると、いい部分が出てきましたけれども、これからはそこに関わろうとした人たちが、何ができたのか、自分に問題があったのかということを、マッサージ師にしても精神分析家にしても資格がいるように、いま一度考える時期に来ているのではないかと思うのです。

須之内　分野がありますね。心をマイナスの状態にしたものをゼロに戻してあげようと思いながら奉仕活動する人とか、とにかく便利屋さんのように困ったことは何でも言ってと使い走りをする人とか、いろんな分野があっていいけれど、できれば前向きな方向へ、後ろから少し押してやれるような方法はどうしたらいいのか、それはある程度、教育を受けて、接すると効率が上がると思うのです。それは資格であってもいいし、講習を受けるだけでもいいし、単純にがむしゃらなボランティアというのは怖いような気がしますね。がむしゃらであることがいいのは、本当に最初の一カ月二カ月であって、そのあとは、周囲の被害者を傷つけないようにとか、前向きな方向へ持っていけるようなテクニックとか、精神的な技術とかを講習する先生とかができたらいいですよね。

磯前　それを東北大学中心に臨床宗教師制度でやろうとしているんでしょうけれど、やはり制度化するときにこれからいくつか困難があって、私は、現地に行こうとする宗教者が、自分を褒めたり、どこかで何か自分の弱さを、目を背ける理由にならないような自己分析をするようなプログラムも入ってこないと、まずいんじゃないかと思います。たとえば精神分析ですと一週間に三、四回通って四年くらいかかるんですね。そうしないと自分の問題を持ち込んでしまう。持ち込まないプロとして話を聞く。というのには三、四年。私なんか十年かかっているのですけれど。そういうのがきちんとプログラムとして、自分の問題として何があるのかという時期に入ってこないと、マッサージや精神分析の心をいじる人と同じようになれないまま、現地に行ってしまう可能性があるだろうと思います。

トレーニングを受けていないから、自分は傾聴行為はやらないという宗教学者の先生もいます。でも、それは自覚的だと思うのです。学者と傾聴行為ができる宗教者とは違うと。ただ宗教者であるから傾聴行為ができるとは限らないので、そこで臨床宗教制度がいるのですが、心の問題を含めた制度なのか。自分の問題は見逃して、自分はプロだと思えるのか。今日の話の中心ですけれども、須之内さんの話を聞いていると、心の問題がある程度解決できないと被災地に迷惑をかけることがあるんじゃないかなと。自分の生活も破滅していくのではないかと思うのですね。

須之内　何日か前にラジオを聞いていて、ボブ・ディランは五万人の前で演奏するのは難しいことではないけれども、五十人の前でやるのはすごく難しいと言ったそうですよ。五万人は聴衆、聞き手だけであって一人の顔もわからないみたいなもんです。五十人だと一人一人の個性が、先の水道水じゃないですけれど、こっちに伝わってくるわけです。それに満足させるだけ、凌駕するだけの演奏とか、トークとかするのはすごく難しいと言ったそうです。やはり一人一人に向かうというのは難しいですよね。現実には。やっぱり東北のボランティアというのは何となく想像できますけれど、誰々さんにどうしたらいいだろう？というと具体的すぎますからね。あなたのところには行きません、というとすごいガッカリされますからね。やはり一対一というのは難しいですね。

磯前　私は冗談ではなくて、臨床宗教師の制度の中に三人の職種の人の講義を入れるべきだと思うのです。一つは精神分析。これはカウンセラーではなくて、カウンセラーって比較的相手の欲望を肯定してしまうので、それだけではダメで、カウンセラーではなく精神分析。自分をちゃんと理解する、感情を理解する。それからマッサージ師。身体をさわれて心も触れる。もう一つはタクシー運転手。千差万別の人が乗って来て、嫌なこともいいこともどういうふうに限られた時間で対応するのか。こういう姿勢で活躍する人の話を聞いていかないと、宗教というものが一人一人違う現場に、自分の一方的な現場に入るのでなければ、こういう人たちの知恵に学んでいかなければいけないと思いますね。

＊本書のもとになった諸報告の記録

二〇一五年九月五日　日本宗教学会パネル「震災と記憶――声にならない声を聴く」（於創価大学）

司会・企画：高橋原（東北大学）

鈴木岩弓（東北大学）「被災地における死者の記憶」

高橋原「死者の記憶と向き合う人々と宗教者の対応について」

金沢豊（浄土真宗本願寺派総合研究所）「いわゆる「傾聴」という行為が形づくるもの」

佐藤弘夫（東北大学）「記憶される死者の系譜――葬祭形態の過去と現在」

コメント：磯前順一（国際日本文化研究センター）

二〇一五年十一月二十八―二十九日　国際日本文化研究センター・シンポジウム「鎮魂・翻訳・記憶――声にならない他者の声を聴く」（於国際日本文化研究センター）

企画：磯前順一、司会：磯前順一／北浦寛之（国際日本文化研究センター）

第一部　声にならない他者の声を聴く

導入報告：山形孝夫（宮城学院女子大学）「『死者のざわめき』から浮かび上がる問題」

コメント：細川周平（国際日本文化研究センター）／磯前順一

金沢豊「いわゆる「傾聴」という行為が形づくるもの」

コメント：北村敏泰（中外日報社）／須之内震治（須の内はり治療室室長）

第二部　記憶と弔い上げ――死者をどのように鎮魂するか

鈴木岩弓「被災地における死者の記憶」

コメント：鈴木英生（毎日新聞社）／小滝ちひろ（朝日新聞社）

高橋原「死者の記憶と向き合う人々と宗教者の対応について」

コメント：安部智海（浄土真宗本願寺派総合研究所）／多比良孝司（共同通信社）

佐藤弘夫「記憶される死者の系譜――葬祭形態の過去と現在」

コメント：吉永周平（京都新聞社）／島薗進（上智大学）

第三部　分立しつつ重なり合う信仰と知――既成の「宗教」概念を超えて

木越康（大谷大学）「宗教的立場を超えることの意味
――宗教に関する学の原点」
コメント：寺戸淳子（専修大学）／石川重元（真言律宗海龍王寺）
磯前順一「信仰と知」
コメント：加藤智也（健康科学大学）／竹本了悟（浄土真宗本願寺派総合研究所）／マルクス・リュッターマン（国際日本文化研究センター）

二〇一六年三月二十三日　公開シンポジウム「あらためて〝いのち〟について京都で考える」（於浄土真宗本願寺派総合研究所）
企画・司会：竹本了悟
第一部　自分自身への「ざわめき」を見つめる～自らの救いとしての宗教
鼎談者：寺戸淳子／鈴木英生／安部智海
第二部　周囲の人々への「ざわめき」を見つめる～他者を救う営みとしての宗教
鼎談者：鈴木岩弓／加藤智也／金沢豊
全体コメント：磯前順一

あとがき

佐藤　弘夫

「序章」で磯前順一さんが述べているように、この本の出発点は東日本大震災と、それに続く福島第一原発の事故でした。

磯前さんはこの災害の直後から繰り返し東北の被災地に足を運び、一人の研究者として、一人の人間として、真摯に大量死と原発の問題に向き合ってきました。磯前さんの問題意識はやがて、復興が進んで被災地に光が当たれば当たるほど、それと表裏をなす影の部分の闇が深まっていくことに到り着きました。さらには、震災という歴史上の偶発的な事件を超えて、「死者のざわめき」をどう聴き取るか、生者と死者はいかなる関係にあるべきか、という人文学の普遍的課題のレベルにまで思索を突き詰めていくのです。

その間、私は何度も磯前さんと被災地や死者供養の場をご一緒させていただき、磯前さんの思考が止まることなく先に進み続けるのを目の当たりにしてきました。その旅の過程で、この事態をどう受け止め、問題意識をどう深化させていくべきかという点をめぐって、繰り返しお話を伺い意見の交換をすることができました。それは、元来抽象的な思考が苦手な私にとって、自分の壁を乗り越えるための得難い体験となりました。

もう一人の編者である鈴木岩弓さんは私の学生時代からの友人であり、東北の霊場に対する地道な実地調査をもとにした手堅い論考を重ねてきた研究者です。

東日本大震災は岩弓さんをも変えました。仙台では、震災で発生した多くの身元不明者を含む大量の死者をどのように供養するかという緊急の課題に応えて、宗派を超えた宗教者による弔いボランティア「心の相談室」が立ち上げられました。二〇一一年五月、その組織が装いを新たにして再出発を遂げると、国立大学の教員という宗教的に中立的な立場にあるゆえに、岩弓さんは請われてその事務局長に就任しました。岩弓さんの歩みはそこで立ち止まることなく、大学で研究・教育を行う傍ら、日本版チャプレンともいうべき臨床宗教師の育成を目的とした「実践宗教学寄附講座」の創設に尽力し、多数の宗教教団のご支援を得て、二〇一二年四月に東北大学大学院文学研究科への設置が実現するに至りました。

振り返ってみれば震災以降六年余りの間、私自身はなにごとかをなすわけではなく、伴走者として、思索を深め実践を展開するこのお二人のそばに、ただ佇んでいただけのような気がします。それでも、立ち位置を異にする私たち三人が常に共有してきたものは、この震災と事故を一過性の事件として終わらせてはならないという信念でした。そこから研究者として何を汲みとり、何を作り上げていくかという問題意識でした。

視点と方法は異なっても、私たちは研究の主要な対象として、「宗教」を扱うという共通点を持っています。今回の震災ではさまざま意味で、私たちの社会において、死者を含めた超越的存在＝カミの果たす重要な役割が大きくクローズアップされました。

災禍はいかに文明が進歩しようとも、人類にとって避けることのできない宿命です。戦争や民族紛争、今回の原発事故のように、文明が災禍を肥大させる場合さえありました。かつてこの列島に住む人々は、繰り返される自然災害の原因を超越的存在＝カミに求めるしかありませんでした。カミと自然災害の因果関係については、科学的知識の量や共有するコスモロジーによって時代ごとに解釈が異なりましたが、とてつもない災害が生起するたびに、人々はカミとの関係性において降りかかる災いの必然性を了解しようとしました。災害はいつも多数の死を伴いました。カミや死者の実在を前提として、列島の住人たちは理不尽な死を遂げた人と現世を超えた長く親密な関係を築くことによって、互いの痛みを少しずつ和らげようとしてきたのです。

だが、近代に向けてのカミの世界の縮小は、そうした関係の継続を許しませんでした。生者と死者それぞれの世界のあいだには厳密な線が引かれ、峻別されるようになりました。人間の世界からは死者だけでなく多様なカミも排除され、特権的存在としての人間同士が鋭く対峙しあう近代社会が到来するのです。

今回の被災地、とりわけ三陸沿岸には、数百に及ぶ神楽、鹿踊り、剣舞などの民俗芸能を伝える団体がありました。その多くが津波によって甚大な被害を受けました。本格的な復興の着手に先駆けて、短期間で多くの地域で神事と祭礼が再開されました。被災地の人々は、単なる民俗芸能としての役割を超えて、新たに人々を結びつける絆として神事を位置付けようとしたのです。

国家が誕生する以前から、人はカミや死者とともにありました。両者の関係は決して幸福なものばかりではありませんでした。カミの名のもとに収奪が正当化され、無数の命が奪われました。カミを共同体から追放し、人間が社会の主役になることを目指したのが近代化のプロセスでした。そのカミが、いま三陸で再生に向けての新しい力を発揮しようとしているのです。

常にカミを必要としてきた人間とは、いったいどのような存在なのでしょうか。カミや死者を他者として社会から締め出した近代とは、どのような時代だったのでしょうか。この震災と事故の先に、私たちは目に見えぬものたちといかなる関係を築き、どのような未来を描くことができるのでしょうか。

この論集は「序章」でも書かれているように、磯前さんが中心になって、こうした問題意識を共有できる方々に呼びかけて開かれた二回のシンポジウムの成果をまとめたものです。シンポジウムへの参加に引き続き、この論集に原稿をお寄せいただいた執筆者の皆様に、心から御礼を申し上げます。人とカミ、人と死者がいかなる関係にあるべきかという問題は、人間と人類の根幹に関わる大問題であって、簡単に答えを出せるようなものではありません。それでも、その道行きで私たちが重ねてきた議論の成果を一人でも多くの方と共有し、ご批判を受け内容を豊かにしながらさらに先を目指すことができれば、これ以上の喜びはありません。

本書の編集の実務は、龍谷大学世界仏教文化研究センターの金沢豊さんにお願いしました。金沢さんには原稿の依頼から催促と編集、そして出版社との交渉といった面倒な仕事を誠実に丹念に行っていただきました。金沢さんなくして本書が陽の目を見ることはありませんでした。編者を代表して甚深の謝意を表させていただきたく存じます。

本書の出版は、思想史関係の本を専門としているぺりかん社にお願いいたしました。採算を取ることが困難なこのような学術書の出版を快諾いただいたぺりかん社の藤田啓介さんに、深く感謝申し上げます。

本書の刊行にあたって、国際日本文化研究センターの所長裁量費の助成を受けました。同センター所長の小松和彦さんに、厚く感謝いたします。

二〇一八年二月

編者略歴

鈴木 岩弓（すずき いわゆみ）
1951年東京都生まれ。東北大学総長特命教授・同大学名誉教授。国際日本文化研究センター客員教授。東北大学大学院文学研究科博士後期課程満期退学。宗教民俗学・死生学専攻。
主著―『いま，この日本の家族――絆のゆくえ』（共編，弘文堂），『講座 東北の歴史』第六巻（共編，清文堂），『変容する死の文化――現代東アジアの葬送と墓制』（共編，東京大学出版会）

磯前 順一（いそまえ じゅんいち）
1961年茨城県生まれ。国際日本文化研究センター教授。文学博士（東京大学）。宗教・歴史研究。
主著―『死者のざわめき――被災地信仰論』（河出書房新社），『闇の思考――他者・外部性・故郷』（法政大学出版局），『喪失とノスタルジア』（みすず書房）

佐藤 弘夫（さとう ひろお）
1953年宮城県生まれ。東北大学大学院文学研究科教授。国際日本文化研究センター共同研究員。文学博士（東北大学）。日本思想史専攻。
主著―『死者の花嫁』（幻戯書房），『ヒトガミ信仰の系譜』『死者のゆくえ』（以上，岩田書院），『鎌倉仏教』（ちくま学芸文庫）

編集補助――**金沢 豊**→執筆者紹介参照。

執筆者紹介（掲載順）

序章
磯前 順一→編者略歴参照。

第一部
山形 孝夫（やまがた たかお）
1932年宮城県生まれ。宮城学院女子大学名誉教授。東北大学大学院文学研究科博士後期課程満期退学。宗教人類学専攻。著書『砂漠の修道院』（平凡社ライブラリー），『黒い海の記憶――いま，死者の語りを聞くこと』（岩波書店）。

高橋 原（たかはし はら）
1969年東京都生まれ。東北大学大学院文学研究科実践宗教学寄附講座教授。東京大学大学院人文社会系研究科博士課程修了。博士（文学）。宗教心理学専攻。著書『ユングの宗教論――キリスト教神話の再生』（専修大学出版局）。

金沢 豊（かなざわ ゆたか）
1980年京都府生まれ。龍谷大学世界仏教文化研究センター博士研究員。国際日本文化研究センター共同研究員。龍谷大学大学院文学研究科博士後期課程修了。博士（文学）。仏教学専攻。論文「苦悩を抱える人々と共に居るということ」（宗教者災害支援連絡会編『災害支援ハンドブック 宗教者の実践とその協働』春秋社）。

安部 智海（あべ ちかい）
1978年山口県生まれ。浄土真宗本願寺派総合研究所研究助手。国際日本文化研究センター共同研究員。龍谷大学大学院文学研究科博士後期課程単位取得。真宗学専攻。著書『ことばの向こうがわ』（法蔵館）。

第二部
木越 康（きごし やすし）
1963年カリフォルニア州生まれ。大谷大学学長。大谷大学大学院文学研究科博士課程単位取得退学。宗教学・仏教学・真宗学専攻。著書『ボランティアは親鸞の教えに反するのか――他力思想の相克』（法蔵館）。

鈴木 岩弓→編者略歴参照。

佐藤 弘夫→編者略歴参照。

竹本 了悟（たけもと りょうご）
1977年広島生まれ。龍谷大学大学院文学研究科博士後期課程単位取得。浄土真宗本願寺派総合研究所研究員。NPO 法人京都自死・自殺相談センター代表。国際日本文化研究センター共同研究員。論文「親鸞と田邊元における救済論の比較研究」（『日本浄土教の諸問題』永田文昌堂）。

第三部
加藤 智也（かとう ともや）
1960年東京都生まれ。医療法人財団青山会本部事務局勤務。作業療法士。横浜国立大学大学院（教育学研究科）修了。論文「神経症性障害」（『精神機能作業療法学』第２版，医学書院）。

磯前 順一→編者略歴参照。

寺戸 淳子（てらど じゅんこ）
1962年東京都生まれ。専修大学兼任講師。国際日本文化研究センター共同研究員。文学博士（東京大学）。宗教人類学専攻。著書『ルルド傷病者巡礼の世界』（知泉書館）。

小田 龍哉（おだ りょうすけ）
1973年徳島県生まれ。同志社大学大学院博士課程在学中。国際日本文化研究センター共同研究員。文化史学・宗教学専攻。論文「土宜法龍と「事」ども」（『熊楠研究』第10号）。

終章
須之内 震治（すのうち しんじ）
1947年茨城県生まれ。須の内はり治療室室長。鍼灸マッサージ師。茨城県立盲学校高等部専攻科卒業。

磯前 順一→編者略歴参照。

＊視覚障碍者のための点訳・音訳を許可します。

装訂――鈴木 衛

〈死者／生者〉論
傾聴・鎮魂・翻訳

2018年３月10日　初版第１刷発行

編　者　鈴木 岩弓
磯前 順一
佐藤 弘夫

発行者　廣嶋 武人

発行所　株式会社 ぺりかん社
〒113-0033 東京都文京区本郷1-28-36
TEL 03(3814)8515
http://www.perikansha.co.jp/

印刷・製本　創栄図書印刷

Printed in Japan
ISBN 978-4-8315-1504-9